Inhalt

Retirez-vous, censeurs atrabilaires;
Fuyez, dévots, hypocrites ou fous;
Prudes, guenons, et vous, vieilles mégères:
Nos doux transports ne sont pas faits pour vous.

Zieht euch zurück, ihr eifernden Zensoren;
Schließt Frömmler, Moralisten, Narren eure Ohren;
Nicht sollt ihr eifernden Megären mit uns rechten;
Hinweg mit euch, ihr Stolzen, Selbstgerechten;
Denn dieser Blätter süße Heimlichkeit;
Ist nie und nimmer euch geweiht.

Honoré Gabriel Riquetti, comte de Mirabeau,
in «Le Rideâu levé «, 1786.

Das Recht der ersten Nacht

Die Flagellation, die Züchtigung wurde zu einem wesentlichen Bestandteil der ausgelebten Libertinage im *‹Ancien régime›*, die letztlich ausschließlich sexuelle Bedeutung bekam. Die damals erschienenen Bücher, *‹Histoire de Dom B›, 1741* von Jean-Charles Gervaise de Latouche und *‹Thérèse philosophe›*, 1748 vom Marquis d›Argens, gelten als die der bedeutendsten libertinen Werke des 18. Jahrhunderts und dank ihrer expliziten Beschreibungen sexueller Akte mit Züchtigungen waren sie die in den Boudoirs der damaligen Zeit meist diskutierten und nachempfundenen Geschichten. In diesen Geschichten wurden erstmals Zusammenhänge zwischen der Züchtigung und dem sogenannten *‹Liquor genitalis›* hergestellt, der nach damals gültiger Ansicht analog zum männlichen Samen von der Frau beim Orgasmus ausgestoßen wird und zu mehr Verlangen und schließlich zur geschätzten Nymphomanie führe.

Das Züchtigungsrecht des Lehnsherren gegenüber seiner Ehefrau und seinen Untergebenen war seit alters her in der französischen Gesellschaft fest verankert. Auch im Deutschen Kaiserreich war laut Gesindeordnung für das Haus- und Hofgesinde und Leibeigene das Züch-

Amelie und Hendrik Blomberg

Le Dressage de Haute École * Die hohe Schule der Lust

Impressum

Schweitzerhaus Verlag

Schrift * Wort * Ton
Karin Schweitzer

Frangenberg 21 * 51789 Lindlar
Telefon 02266 47 98 211
eMail: mail@schweitzerhaus.de

Satzlayout: Karin Schweitzer, Lindlar
Coverfoto: 1751 F. Boucher, Ruhendes Mädchen
(Marie-Louise O'Murphy, Wallraf-Richartz Museum)
Erstellt: 1. Januar 1751

Besuchen Sie uns im Internet:
www.schweitzerhaus.de

Auflage 2019

ISBN: 978-3-86332-052-2

SV

tigungsrecht der Herrschaft festgeschrieben. Im ‹*Ancien regime*› wurde die verbundene Empfehlung, dass die Züchtigung zur Erreichung des Erziehungszieles erforderlich und angemessen sein müsse, dahingehend ausgelegt, dass sie für sexuelle Dienste gleichermaßen gelte. Von Frauen und Mädchen wurde erwartet, dass sie im Unterwerfen unter die männliche Sexualität ihre eigentliche Lust erkennen können.

Da dieser Roman in der Zeit um 1768 spielt, sind die beschriebenen Szenerien entsprechend der damaligen Zeit rau, was sich so auch in der Literatur, wie z.B. Honoré Gabriel Victor de Riqueti, Marquis de Mirabeau›s Roman ‹*L›education de Laure*› und den Romanen des Marquis de Sade widerspiegelt.

Amelie Blomberg

Der Landgraf

Am Tag des Batholomäus 1768, stellten sich neue Bewerberinnen für die Stelle als Stubenmädchen in Schloss Ransdow in Weidenau, hoch oben in Ostpreußen, in der Nähe zu Tilsit, vor. Der Landgraf Maximilian von Ransdow und seine Gattin benötigten neue Mägde für ihren Gutshaushalt.

Felder, Wiesen und Wälder im Umkreis von 20 welschen Meilen besaß der Landgraf und er regierte seine Ländereien mit eiserner Hand. Er war sechs Fuß und vier Zoll groß und eine allseits imposante Erscheinung mit seinem üppigen grauen Haar und dem glattrasierten markanten Gesicht. Er strahlte permanente Dominanz und Stärke aus und das Dienstpersonal im Schloss und die Leibeigenen in den umliegenden Siedlungen und Bauernhäusern begegneten ihm stets mit großer Achtung. Das Zentrum seines Refugium war das hoch herrschaftliche alte Herrenhaus, Schloss Ransdow, mit den angrenzenden Wirtschaftsgebäuden und Ställen. Erbaut aus schweren grauen Granitblöcken und dunkelroten Ziegelsteinen wirkte es wie eine Trutzburg, die es sicherlich in vergangenen Zeiten auch einmal gewesen war. Alles überragend war der mittlere Trakt, das privat vom Grafen und seiner Gattin genutzte Kavaliersgebäude, an dessen wenig verzierter Front die mit Pflastersteinen belegte Kutschenauffahrt zum groß geschwungenen Treppenaufgang des Eingangportals endete. Im Westen schloss sich ein nach hinten gerichteter Trakt für das Dienstpersonal an und im Osten ein kleiner, aber wenig genutzter Gebäudeteil für Gäste und seltene Empfänge an. Dahinter befanden sich die Verwaltungs- und Nutzgebäude für die Forstverwaltung, denn der Graf war auch herzoglicher Jagd und Forstaufseher. Auf der Rückseite des Schlosses, nach Süden erstreckte sich ein weiter Schlosspark mit gepflegten Blumen und Rosenbeeten, Zierbäumen und einem steinernen Brunnenbecken. Am Ende des Parks befanden sich weitere eingeschossige Gebäude für die Landwirtschaft, die Ställe für die Schweine-, Rinder-, Schaf- und Gänsezucht und ein großer Komplex, genannt *‹Das Gestüt›*, in dem der Landgraf seine ertragreiche Pferdezucht betrieb. An das Gestüt schlossen sich bis hin zu den Kiefer- und Birkenwäldern, weitläufige Auslauf- und Weidekoppeln für die Pferde an. Der schmale Bach, die Harle, schlängelte sich, aus den Wäldern kommend, am Gestüt und dem Schloss vorbei, füllte mäßig den verbliebenen Schlossgraben und verlor sich nach Norden in die Weite.

Hier lebte der Landgraf fern ab der restlichen Welt in seinem Reich allmächtig und kümmerte sich engagiert um seine Landwirtschaft, die Vieh- und Pferdezucht und auch die Jägerei. Wobei die Pferdezucht und die Jägerei zu den großen Passionen des Grafen gehörten, die er mit Freude und Energie betrieb. Jagdausflüge in die weiten Wälder seines Refugium mit befreundeten Adligen aus der angrenzenden Umgebung auf Hoch- und Niederwild waren stets eine willkommene Abwechslung und ein gesellschaftliches Ereignis. Ganz anders bestimmte die Pferdezucht das Leben des Grafen. Die Zucht und der Verkauf, hauptsächlich für das Militär des Herzogs oder gar bis hin zu königlichen Gestüten in Berlin, sicherten und mehrten seinen Reichtum, sodass er und seine Gattin ein angenehmes Dasein in dieser rauen Gegend führen konnten. Ständig ließ der Graf weiterbauen und modernisieren, sodass auch seine Bediensteten und Handwerker in den Genuss der erfolgreichen Pferdezucht kamen. Es versteht sich von selbst, dass der Graf, von Kindesbeinen an mit Pferden aufgewachsen, ein ausgezeichneter Reitersmann war und oft sein Können seinen Freunden zeigte, die sich gerne zu Treibjagden zu Pferde einladen ließen.

Seine größte Passion allerdings war etwas ganz anderes. Die konnten Außenstehende nur erahnen und das Dienstpersonal schnell zum ehrfürchtigen Wegschauen bewegen. Aber diese Passion stand in seinem täglichen Leben an allererster Stelle. Es war sein von alters her angestammtes alleiniges Recht über alle seine Leibeigenen zu verfügen und dies galt insbesondere für sein weibliches Dienstgesinde im Schloss und in den beiden kleinen Siedlungen in den Wäldern. Dieses Recht hatte er durch seine Gattin Isabelle, eine ehemalige Comtesse, die er aus dem preußisch-französischen Krieg gegen Österreich aus Frankreich mit nach Ransdow gebracht hatte, ganz besonders zu schätzen gelernt. Seit dem ihre beiden Söhne, das Schloss verlassen hatten und dem König von Preußen in Potsdam dienten, unterstützte die Gräfin ihren Gatten, dieses Recht als Landgraf einzufordern. Es war, wie sie es ihm von Frankreich erzählt hatte, das *‹Jus de deflorement corporel›, das alleinige Recht ‹De premici et de deflorement›*, das Recht eines Landherrn auf *‹Vorkost und Entjungferung›* aller seiner leibeigenen Frauen und Mädchen.

Und da war noch ein anderes verbrieftes Recht, das er sich nicht nehmen ließ in Anspruch zu nehmen. Es war das alte *‹Jus Primae Noctis›*, das Recht der ersten Nacht, oder wie es in Frankreich hieß und weidlich vom hohen Adel genutzt, das *‹Le Droit du Seigneur›*, das Recht des Hohen Herrn.

Aber mehr noch als dieses formale Recht, das immer das körperliche *‹Besteigen›* einer jungfräulichen Braut im Ehebett beinhaltete oder bei einer neuen jungen Magd, war es dem Grafen wichtig, seinen Leibeigenen deutlich zu zeigen, wer der Herr war. Mit seiner offen gezeigten vitalen Potenz sollten sie erkennen, wie er den Erhalt seines Geschlechtes bewahren und ihnen täglich Brot und Unterkunft sicherte. Bei Hochzeiten von älteren Frauen oder bei der Wiederverheiratung von Witwen war er nicht so rigide mit der Ausübung seines Rechtes. Da ließ er sich meistens das Recht der ersten Nacht für ein paar Stück Vieh oder Getreide vom Bräutigam abkaufen. Etwas anderes war es, wenn die Braut, die ihm vorgestellt wurde, sehr hübsch, jung und von anmutiger Gestalt war. Dann loderte sofort das Feuer in ihm auf und die Braut musste sich ihm nackt zeigen, auf dass er dann, nachdem er sie mit seinen Händen begutachtet hatte, entschied, ob er sein Recht der ersten Begattung wahrnahm.

Der Gattin des Landgrafen, die ihre Herkunft aus Frankreich nicht verleugnete und auch äußerlich nicht verbarg, war in einer eleganten dunkelroten Robe mit weiten knöchellangen Faltenrock gekleidet, die ein weitherziges offenes Dekolleté zeigte und stand mit den Mägden wartend in der Eingangshalle. Sie war eine hochgewachsene 40-jährige Frau, mit anziehenden feinen Gesichtszügen und hatte ihre Haare mit einem bestickten Zierband hochgebunden. Sie war sich ihrer Erscheinung bewusst und legte viel Wert auf Etikette und wenn ein seltener edler Besuch zu Besuch kam, dann trat sie ihm äußerst gepflegt und nobel gekleidet entgegen. Ihre langen blonden Haare trug sie dann stets hochgesteckt und ihren Hals zierte ein schwarzes Seidenband mit einem goldenen Amulett. Sie war eine sehr erfahrene Frau, die die besonderen Wünsche ihres Gatten respektierte und tatkräftig unterstützte. Ihr war nicht nur sehr daran gelegen, ihren Gatten beschäftigt zu halten, denn ab und zu holte sie sich den Rittmeister in ihr Gemach, sondern sie bemühte sich aus der Tradition ihres französischen Hauses geboren, in einer besonderen Art fürsorglich um die Mädchen, die ihrem Gatte die Möglichkeit gaben seine Lust auszuleben. Da es nur ein oder zwei Hochzeiten im Jahr unter den Leibeigenen des Grafen gab und er sein Recht der Entjungferung der Bräute so selten vollziehen konnte, hatte seine Gattin für einen stetigen Ersatz junger Mädchen als leibeigene Dienstmägde gesorgt, die die Lust des Grafen auf allabendliche Begattung befriedigen mussten. Als französische Adlige war es für sie selbstverständlich, dass sich ihr Gatte seines Rechtes bewusst war, jede jungfräuliche Dienstmagd zu entjungfern und danach zu allen seinen Vergnügungen zu benutzen, denn nur an diesen Diensten seiner Mägde hatte der Graf Interesse. Die gesamte Hauswirtschaft und Versorgung des Schlosses, auch die Beaufsichtigung des Dienstpersonals lag in den Händen der Gräfin, die dabei von der Mamsell, als Leiterin der Hauswirtschaft unterstützt wurde; die ihr bei den groben Arbeiten die Aufsicht abnahm und die Notwendigkeiten dem Dienstpersonal zuwies. Zurzeit hatten sie neben den älteren Dienstmägden, eine junge Magd, die dem Grafen seit Anfang des Jahres ihre Gunst bezeugen musste, sich aber als zu einfältig erwies, um einen gewissen hohen Esprit ihrer Liebeskunst zu erreichen. Der Landgraf hatte Verlangen nach einer neuen, besonderen Jungfrau, er brauchte diese Abwechslung und seine verständnisvolle Gattin hatte nach neuen Mädchen gesucht. Isabelle, die seit achtzehn Jahren mit dem Landgrafen verheiratet war, hatte sich spontan bemüht den Wunsch ihres Gatten zu erfüllen.

Als Frau des Grafen war es nicht schwer für sie, mit ihrer vornehmen Art und großzügigen Angeboten neue Mädchen für ihren Gatten zu finden. Dabei war es nicht leicht, aus den umliegenden Ländereien genügend schöne leibeigene Mädchen zu bekommen, da die jeweiligen Eigentümer entweder selbst bestimmte Dienste der jungen Mägde in Anspruch nahmen oder aber doch sehr hohe Auslösungen verlangten. So wollte Baron Falkendorff für eine anmutige Jungfrau neben 50 Schillingen auch ein Pferd. Dazu kamen dann noch Entschädigungen für die Eltern der Mädchen, die sich aber nur auf ein paar Schillinge beliefen. Das Verlangen des Grafen nach diesem wirklich schönen Mädchen war aber so groß gewesen, dass er in die Forderungen des Barons einwilligte. Dies hatte aber die Folge, dass sich in den näheren Adelsgeschlechtern die große Bereitschaft des Landgrafen, hohe Auslösungen zu zahlen, herumsprach und der Landgraf konnte nicht ein oder zwei Pferde im Jahr aus seinem Gestüt abgeben. In den letzten 3 Jahren war die Gräfin öfter mit der Kutsche bis hoch nach Livland im Norden gefahren, um nach Dienstmägden zu suchen. Und so hatte die Gräfin jetzt wieder drei hübsche Bewerberinnen für die Stelle eines Stubenmädchens oder Dienstmagd geholt, um sie ihrem Gatten in der Eingangshalle des Schlosses vorzustellen.

Mit einem kritischen Blick prüfte sie die Kleidung der Mädchen, die sich etwas verloren vorkamen in dieser kühl wirkenden Eingangshalle mit ihrem Steinboden, dem riesigen, aber leeren offenen Kamin und der breiten Marmortreppe, die rund geschwungen in das obere Stockwerk führte.

«Mein Gemahl», sprach die Gräfin, als der Landgraf aus der Bibliothek, die angrenzend im Osttrakt lag, heraustrat: «Diese hübschen Bewerberinnen für die Arbeit als Eure Mägde stehen zur Auswahl parat. Die eine ganz rechts, ist für die Dienste als euer Stubenmädchen gedacht. Die anderen beiden als Hilfen für unsere Mamsell im Haushalt. Begutachten Sie sie und lassen Sie mich Ihre Entscheidung wissen. Soll ich Sie jetzt allein lassen?«

«Nein, bleib hier» brummte der Landgraf, denn er sah schon schnell, dass er für seine Entscheidung nicht lange brauchen würde. Er betrachtete einzeln die Gesichter der von seinem Erscheinen verschüchterten Mädchen. Fest mit seinen schwarzen Reitstiefeln auftretend und die Reitgerte in der Hand haltend, schritt er die Reihe ab. Ganz außen stand Anna, ein schwarzhaariges junges Mädchen und ihr Gesicht hatte ihm sofort gefallen. Anna besaß melancholische Augen, eine sehr schlanke Figur und kleine, aber voll entwickelte Brüste; Äußerlichkeiten, die ihre Bewerbung unterstützten, denn der Graf erwählte immer nur die Schönste aus der Reihe derer, die ihm vorgestellt wurden, zu seinem persönlichen Stubenmädchen. Er war nochmals die Reihe der drei Bewerberinnen durchgegangen, betätschelte sie, ließ sie sich drehen, hob einzeln ihre Röcke hoch und besah sich ihre nackten Popos, denn Hosen trugen Dienstmägde nicht. Seine Hand wanderte bei einer jeden zwischen ihre Schenkel und befühlte deren Schamlippen, ob sie eng und fest waren. Als seine Hand zwischen die Schenkel der Ersten glitt, schrie sie kurz auf.

«Bist du gesund?», sprach er mit seiner lauten Stimme zu dem Mädchen, das den Schrecken, die Finger des Landgrafen an ihren Schamlippen zu spüren, schnell vergaß.

«Ja, ich bin gesund», kam es leise über ihre Lippen.

Nachdem der Landgraf das gleiche mit dem zweiten Mädchen gemacht hatte, kam er zu Anna. Als sie die Finger des Landgrafen an ihrer Muschel fühlte, kam ein leichtes Aufstöhnen über ihre Lippen. Dem Landgrafen gefiel der süße feste Popo besonders und er gab ihr ein paar Klapse. Nachdem auch Anna seine Frage beantwortet hatte, ob sie gesund sei, fragte der Landgraf sie nach ihrem Namen.

«Anna!», antwortete sie brav.

«Gut. So sei entschieden, mein Weib. Sie sind hübsch und werden uns sicher befriedigend dienen können. Diese Anna hier will ich ab heute als mein Stubenmädchen nehmen. Bereitet sie vor.» Und damit verließ er mit festem Schritt die Halle.

Die Gräfin wandte sich an die Mamsell: «Martha, weisen Sie diesen Beiden eine Kammer im Gesindetrakt zu und führen Sie Anna in das Stubenmädchenzimmer. Ich komme gleich nach.»

Niemand warnte Anna. Die Mamsell wusste es, schwieg aber wie in allen Jahren. Der kleine Plonski wusste es und auch der Kämmerer Dikota, aber sie verspürten beinahe Schadenfreude, als sie die ahnungslosen Mädchen, nachdem entschieden war, mit ihrem Kleiderbündeln zu ihren Kammern im hinteren Teil des Schlosses gebracht hatten und die Mamsell Anna über eine enge Wendeltreppe im Turm hinauf ins obere Stockwerk zu einem Zimmer neben dem Gemach des Landgrafen führte.

Anna war überrascht und erstaunt über das große Zimmer, in das sie geführt wurde. Sie hatte eine Kammer erwartet. Aber hier sah sie ein richtiges Bett mit echtem Bettuch aus Leinen, vor dem Fenster ein Tisch und zwei Stühle und daneben an der Wand eine Anrichte mit einer blechernen Wasserschale und mit einem kleinen Spiegel an der Wand. Anna sah sich um, sah die Holzvertäfelung an den Wänden und die blaue Stofftapete darüber, die hoch bis zur mit Stuckornamenten verzierten Decke reichten. Die Mamsell ging zum Fenster, öffnete es und lächelte Anna freundlich an.

Anna schaute hinaus.

«Das ist der Schlosspark», sagte die Mamsell. «Es ist die Südseite und die Sonne scheint immer hier in das Fenster hinein.»

Ehrfürchtig erwiderte Anna: «Das ist ein sehr schönes Zimmer. So ein schönes Zimmer habe ich noch nie gesehen.»

«Hier wirst du dich wohlfühlen. Wasser musst du immer von unten in den Kannen mitnehmen, auch für den Grafen. Das werde ich dir noch zeigen. Unten im Küchenbereich haben wir einen Brunnen mit einer Pumpe, sie wird mit frischem Wasser vom Bach da draußen gespeist.«

Wenig später trat die Gräfin in Begleitung einer anderen jungen Dienstmagd ein.

«Dies ist dein Zimmer», erklärte sie Anna. «Deine Sachen kannst du in dem Schrank verstauen. Du wirst ausnahmslos die Dienstmagd-Kleidung tragen, die auf dem Bett liegt. Der Graf wünscht es so und du wirst als sein persönliches Stubenmädchen alles tun, um ihn zufrieden zu stellen!», und sie ergriff Annas Kinn und schüttelte deren Kopf leicht hin und her.

«Wirst du gehorsam sein?»

«Ja. Gnädigste!»

«Nenn mich Madame. Das reicht.»

«Jawohl, Madame.»

«Gretel, stell die Weinkaraffe auf den Tisch und die Gläser dazu,, dann kannst du gehen!», und zu Anna gewandt sprach sie: «Du wirst nachher hinuntergehen und mit dem Gesinde im Gesindesaal das Essen einnehmen. Die Mamsell wird es dir zeigen. Danach gehst du wieder auf dein Zimmer und wirst hier brav auf den Landgrafen warten. Er wird dir heute Abend deine weiteren Aufgaben erklären.» Dabei kam ein Lächeln über ihr Gesicht und mit ihrer Hand strich sie über die Wange des Mädchens.

Als die Gräfin und die Mamsell allein mit Anna waren, setzte sich die Gräfin auf einen der Stühle: «Anna, die blaue Kleidung auf dem rechten Haufen ist deine Dienstkleidung, die du anziehst, wenn du deine Arbeit verrichtest. Zieh dich jetzt aus und leg schon die Kleidung an.»

Anna begann sich zaghaft auszuziehen und nahm als Erstes ein Paar weiße Seidenstrümpfe, die sie noch nie zuvor in der Hand gehalten hatte und streifte sie über. Sie reichten hoch bis knapp zur Mitte ihrer Schenkel. Unter dem Bett standen ein paar flache lederne Schuhe, in die sie hinein schlüpfte. Dann nahm sie das Kleid, hielt es ehrfurchtsvoll in die Höhe und betrachtete es. Der Halskragen und die Ärmelenden waren mit geklöppelter Spitze besetzt und von oben bis unten führte eine Knopfreihe mit weißen Knöpfen. Sie schlüpfte hinein und betrachtete sich im Spiegel. Anna war überrascht: «Es sieht wunderschön aus.»

«Na, das soll es auch sein. Du trägst es, weil es deine erste Nacht im Schloss ist», sagte die Gräfin und zupfte das Kleidchen unter dem schmalen Gürtel zurecht. Dann sagte die Gräfin etwas, das Anna nicht richtig verstanden hatte. Hatte die Gräfin gesagt, dies hat der Landgraf so verfügt, oder - sie war sich nicht sicher - hatte sie gesagt, der Landgraf verfüge so über sie. Sie begriff nicht, was die Gräfin damit sagen wollte, traute sich aber auch nicht zu fragen. Anna war sich bewusst, dass sie alles tun musste, was der Graf verlangte und sie war sich sicher, dass sie sein Gemach sehr wohl in Ordnung halten könnte, denn das hatte sie im Haushalt ihrer

Eltern gelernt. Sie war Gehorsam gewohnt, denn auch zu Hause setzte es oft ein paar Rutenschläge, wenn sie nicht parierte.

Und noch etwas sagte die Gräfin zu Anna: «Rede den Grafen immer mit ‹*Hoher Herr*› an. Das mag es besonders gerne hören. Martha, erklären Sie ihr noch, was Sie hier oben wissen sollte und führen Sie sie zum Abendessen. Ach ja, zeigen Sie ihr auch noch, wo sich der Salon und die Bibliothek befinden, damit sie das weiß.»

Nachdem die Gräfin gegangen war, forderte die Mamsell Anna auf, ihr in den Flur zu folgen. Anna hatte beim Herkommen schon die großen Ölgemälde in den schweren Rahmen gesehen, die an den Wänden zwischen den Türen hingen und Frauen und Männer in nobler Kleidung zeigten.

«Hier gegenüber befinden sich der rote und der blaue Salon, die als Gästezimmer benutzt werden, wenn hoher Besuch kommt. Neben deinem Zimmer hier, befindet sich das Gemach des Grafen, da werde ich dir morgen früh erklären, was du zu tun hast. Hier neben seinem Gemach kommt die große steinerne Treppe von der Einganghalle hoch. Achte daher darauf, dass die Zimmertüren immer geschlossen sind, da die Einganghalle nur selten im Herbst und Winter beheizt wird. In deinem Zimmer ist ein kleiner Ofen. Ich zeige dir morgen, wie du ihn zu bedienen hast, ebenso den Kachelofen im Gemach des

Grafen. Hier gegenüber der großen Treppe ist ein Badezimmer. Schau hinein.»

Die Mamsell öffnete die Türe und ließ Anna hineinschauen. Anna sah zwei geflochtene Korbstühle, eine große Wanne aus Eisenblech und zwei dicke Holzfässer, die an der Wand angebracht waren.

«Die Holzfässer an den Wänden sind oben offen und müssen mit Wasser von unten gefüllt werden. Dazu musst du auf den Hocker steigen und sie nachfüllen. Warmes Wasser wird auf dem Ofen dahinten in der Ecke gemacht. Der Graf badet einmal die Woche. Komm mit.»

Auf der anderen Seite der Treppe zeigte die Mamsell auf eine Türe. «Dies ist das Gemach der Gräfin. Sie hat neben ihrem Gemach ein eigenes kleines Badezimmer. Aber darum brauchst du dich nicht kümmern, da sie ein eigenes Stubenmädchen hat. Hier auf der anderen Seite, zum Norden, ist der kleine Spiegelsaal, von wo man auch auf den Balkon über das Eingangportal gehen kann. So, komm mit hinunter.»

Anna staunte. Soviel Luxus hatte sie nicht erwartet und dass sie so freundlich von der Gräfin eingewiesen und jetzt von der Mamsell sogar das Schloss gezeigt bekam, stimmte sie überaus glücklich.

«Hier links, diese Türe, dahinter befindet sich die sogenannte Bibliothek, die als Arbeitszimmer vom Grafen und der Gräfin genutzt werden. Daran schließt sich, mit einer Verbindungstüre, der große Salon an, den die hohen Herrschaften nutzen, um ihre Mahlzeiten einzunehmen. Wir können aber auch hier diese direkte Türe benutzen.» Anna blickte in einen riesigen Raum mit offenem Kamin, vielen Bildern an den Wänden, großen Fenstern, die bis zum Boden reichten und einem übergroßen Tisch in der Mitte, umstellt mit vielen vornehmen Stühlen. Anna war tief beeindruckt.

Ankunft

Die Mamsell führte Anna in den Westtrakt des Schlosses. Sie durchschritten verschieden Räume mit Schränken voll wertvoller Gläser und Porzellan. Dahinter befanden sich Räume mit Anrichten und der große Küchenbereich mit Herden, Backöfen und breiten Arbeitstischen.

Die Mamsell nahm Anna bei der Hand, öffnete eine weitere Türe und trat mit Anna in den Speisesaal für das Dienstpersonal und führte sie zu einem freien Platz an dem langen Tisch. Etwa zehn Dienstmägde oder Küchenmädchen saßen dort und sechs bärtige Männer, von denen sie den Plonski und den Kämmerer schon kannte.

Anna bemerkte, dass die Unterhaltung am Tisch erstarb und alle Blicke auf sie gerichtet waren.

Die Mamsell sprach kurz angebunden zu den Sitzenden: «Das ist Anna, das neue Stubenmädchen des Grafen.»

Der Plonski feixte etwas dem Kämmerer ins Ohr, auf dass dieser schallend lachte. Einige der Dienstmägde tuschelten miteinander, immer mit Blick auf sie gerichtet. Anna wusste nicht, was es bedeutete, dass sich alle seit ihrem Eintreten so anders verhielten. Aber sie sagte sich, dass der

Grund wohl war, dass sie hier neu war und erst alles nach und nach kennenlernen musste.

Die Gräfin trat herein und augenblicklich herrschte absolute Ruhe. Unbemerkt nahm sie wahr, wo Anna saß, eilte zur Mamsell und sagte dieser etwas leise ins Ohr. Dann drehte sie sich um und sprach zu allen: «Nehmt euer Mahl und plappert nicht soviel dummes Zeug herum. Danach geht ihr wieder an eure Arbeiten bis zur Nachtruhe.»

Als die Gräfin den Speisesaal verlassen hatte, kam die Mamsell mit einem Teller in der Hand zu Anna und trug unter dem anderen Arm einen großen Topf. Mit dem riesigen Schöpflöffel füllte sie Annas Teller bis zum Rand. Anna konnte es kaum glauben, was sie da sah. Es war ein Bohneneintopf mit großen Fleischstücken vom Huhn. Fleisch hatte sie seit Tagen nicht bekommen und mit Freude aß sie die Suppe. Sie aß langsam und kostete jeden Bissen.

An der rechten Seite neben ihr saß die Gretel, die vorhin den Wein für den Grafen in ihr Zimmer gebracht hatte. Nach etlichen Minuten sprach sie vorsichtig und leise Anna an: «Du bist die Neue, nicht wahr? Ich bin Gretel.»

Anna war erfreut. «Ja, ich hab dich oben gesehen. Ich bin Anna.»

«Du bist das neue Stubenmädchen, das dem Grafen dienen wird, nicht wahr?»

«Ja», antwortete Anna eilfertig: «Ich werde ihn bedienen. Heute Abend darf ich ihm den Wein bringen.»

Gretel kicherte. «Nicht nur das. Du musst ihm dienen, du hast das Kleid an!»

Anna wusste nicht, was Gretel damit meinte und bemerkte, dass ihre andere Nachbarin ebenfalls kicherte. Es verwirrte sie und sie fragte sich, was das mit dem Kleid bedeuten könne. Aber als sie die immer noch kichernde Gretel fragen wollte, schritt die Mamsell ein: «Seid ihr wohl ruhig. Kein Wort mehr jetzt. «

Anna aß fertig und Gretel traute sich nicht mehr ihr etwas zu sagen. Die Mamsell kam zu ihr, überreichte ihr eine Schale mit Äpfel: «Die sind für dich und auch für den Grafen, wenn er denn Lust hat. Aber heute Nacht hat er wohl auf was anderes Lust. Du kannst jetzt hoch gehen.»

Als Anna aufgestanden war und mit der Schale zur Türe ging, kam die Mamsell hinter ihr her und gab ihr eine Flasche in die Hand. «Dies ist Holunderbeeren Schnaps für den Grafen. Nach dem Essen will er wohl einen trinken. Das tut seinem Magen gut.»

Verstört ging sie hoch in ihr Zimmer und setzte sich auf einen der Stühle. Sie nahm sich vor, dem Grafen zu seiner Zufriedenheit zu dienen, um den anderen zu zeigen, dass sie dienen kann. Sie kann sehr gut servieren, das hat sie oft zu Hause machen müssen, auch im Dorfkrug hatte sie öfter aushelfen dürfen und war immer gelobt worden, dass sie eine brave Dienerin sei. Sie nahm ein Tuch und wischte liebevoll die Gläser für den Grafen aus. Hatte die Gräfin nicht gesagt, dass der Graf ihr heute Abend weiteres sagen würde, wie sie ihm zu dienen habe? Wahrscheinlich, will er seine Kleidung besonders gewaschen und gefaltet haben. Wahrscheinlich will er immer eine frische Kanne Wasser in seinem Gemach haben und sie wird immer seinen Notdurfteimer ausleeren müssen. Aber diese Gedanken machten Anna nichts aus. Sie war es gewohnt alle Arbeiten, auch die weniger angenehmen in einem Haushalt zur Zufriedenheit der hohen Herrschaften zu machen.

Anna schaute sich in ihrem Zimmer um. Ihr Gemüt änderte sich. Hat sie es nicht unglaublich gut vorgefunden? E*in behagliches Zimmer, ein riesiges Bett, in dem zwei Personen Platz hätten mit einer richtig dicken Matratze und eine doppelte Zudecke aus schwerem Leinen. Eine schöne neue Arbeit in einem wunderschönen Schloss und alle, die Gräfin und die Mamsell sind ausgesprochen freundlich. Ob der Graf auch so freundlich ist? Wenn ich ihm gehorsam diente, würde er bestimmt freundlich sein.* Irgendwie fühlte sie sich stolz, einem so hohen Herrn, der einen so übermächtigen Eindruck machte, dienen zu dürfen.

Erste Nacht

Es dauerte eine volle Stunde, bis der Landgraf in ihr Zimmer trat. Er schaute sich kurz um, zog seine weite und halblange Jacke aus und hängte sie an einen Haken an der getäfelten Wand.

«Na, meine Kleine. Wie gefällt es dir hier?»

«Hoher Herr, mir gefällt es sehr gut. Es ist alles so wunderschön.»

«Na. Du bist doch auch wunderschön», sagte er, als er zu ihr an den Tisch kam, die Reitgerte auf den Tisch legte und sich auf den Stuhl fallen ließ. Anna war aufgesprungen und beeilte sich, dem Grafen Wein anzubieten: «Darf ich Ihnen ein Glas Wein einschenken? Hoher Herr.»

«Ja. Fülle mir ein Glas. Das brauche ich jetzt, nach dem Ritt - und dann zieh mir meine Reitstiefel aus!»

Anna reichte ihm ein gefülltes Glas, kniete sich auf den Boden, zog beide Reitstiefel des Grafen aus und stellte sie zur Seite.

«Lass mich dich ansehen», sagte der Graf und Anna stellte sich vor ihn. Er betrachtete sie von oben bis unten und dann wieder zurück. «Du hast ein liebliches Gesicht, Anna. Nicht wahr, du bist Anna.»

«Ja, hoher Herr.»

«Gefällt dir auch das Kleid?»

«Ja. Hoher Herr. Es ist sehr schön. Es fühlt sich so samtweich an.»

«Ein Kleid der Unschuld. Die Unschuld ist immer samtweich.»

Anna sah den Grafen an. Sie verstand nicht, was er meinte.

«Aha, ich sehe die Flasche mit dem Schnaps der Mamsell. Das ist sehr gut. Das hast du gut gemacht. Schenke mir auch davon ein Glas ein. Das wird mir nach dem üppigen Essen und dem Ritt helfen. Den Ritt brauchte ich, um wieder zu Kräften zu kommen. Um eine junge Stute zuzureiten benötigt man kräftige Schenkel, aber auch gelockerte Muskeln.»

Der Graf schaute in Anna Gesicht und lachte plötzlich aus vollem Hals. Dann stürzte er den Schnaps hinunter und trank vom Wein.

«War es schön eine Stute zu reiten, Hoher Herr?»

Der Graf musste wieder lachen: «Nein, ich habe meinen Hengst geritten. Aber ich werde eine junge Stute reiten. Ha, ha, ha. Weißt du, meine Kleine, wie man eine junge ungezähmte Stute zureitet?»

«Nein, ich habe nie geritten.»

Der Graf lachte: « Na, das erwarte ich auch. Ha, ha, ha. Ich will es dir sagen. Erst wird die Stute bestiegen, dann wird sie durch festen Halt der Hände im Zaum gehalten, meine kraftvollen

Schenkel werden um ihren Körper gepresst, um sie zu zähmen und dann wird Galopp geritten. Verstehst du es?»

Anna nickte geflissentlich mit dem Kopf: «Ja. Hoher Herr.»

«Wenn du mir gehorsam dienen wirst, dann werde ich dir alles über das Reiten lehren und wir werden zusammen reiten.»

Anna lächelte zustimmend, weil der Graf wieder laut lachte. Aber im Grunde genommen wusste sie nichts vom Reiten und wusste nicht, was sie antworten sollte. Sie fand es interessant, dass ausgerechnet der hohe Herr mit ihr über das Reiten sprach und fühlte sich geehrt, dass er ihr alles über das Reiten lehren will.

Der Graf ergriff ihre Hand. «Komm her zu mir. Lass dich ansehen. Du bist sehr schön.»

«Danke. Hoher Herr,» antwortete Anna brav

Kurz hob der Graf ihr Kleid hoch und betrachtete ihre Scham. Anna bekam einen hochroten Kopf.

«Du bist wirklich sehr schön. Dreh dich um!»

Anna tat wie geheißen. Sie dachte sich, dass der Graf nur genau wissen will, ob sie gesund sei. Aber das war sie und sie wusste, dass sie makellos war, worauf sie auch stolz war. Der Graf ergriff einzeln ihre Pobacken, ließ dann das Kleid wieder fallen und drehte sie zu sich: «Setzte dich auf meinen Schoß. Ja, so ist gut. Sag mir, wie alt bist du?»

«Ich bin letzte Woche achtzehn geworden», antwortete sie stolz.

«Achtzehn. Ja, das ist ein guter Jahrgang. Knackig, feurig und fest. Sehr gut. Du bist ein Leichtgewicht.»

«Ja, hoher Herr. Ich werde zunehmen. Das Essen ist sehr gut hier. Ich werde gut und zu ihrer Zufriedenheit arbeiten können.»

«Bleib, wie du bist. Du siehst sehr schön aus. Du bist eine Augenweide. Und wenn du gehorsam bist, wirst du mich zufrieden stellen können. Ha, ha, ha.»

«Ich werde sehr gehorsam sein, hoher Herr», kam es unterwürfig über Annas Lippen.

«Das will ich auch meinen. Andernfalls gibt es ein paar Peitschenhiebe oder ich schicke dich zurück. «

Anna erschrak. Nein, zurückschicken, das durfte auf keinen Fall geschehen! Ihre Familie würde sie nie mehr aufnehmen, sondern sie verstoßen oder gar verkaufen: «Hoher Herr, das wird nie nötig sein.»

«Das gefällt mir aus deinem süßen Mund zu hören. Gehorsam ist die erste Pflicht hier und Gehorsam erwarte ich. Immer. Du wirst heute Nacht meine Dienerin sein, meine Stute, mein Glück, verstehst du?»

Anna verstand es nicht. *Meine Stute, heute Nacht, mein Glück,* das waren Worte, deren

Zusammenhang sie nicht begriff. *Was meinte der Graf damit?*

Der Graf strich ihr mit der Hand über den Kopf und tätschelte ihre Wangen. «Hast ein hübsches Gesicht. Dein Lächeln gefällt mir. Mit Lächeln kannst du mich immer aufheitern.»

Der Graf fuhr mit dem Zeigefinger seiner Hand über Annas Kehle in ihren Ausschnitt, dann strich er mit dem Finger über die sich abzeichnenden Spitzen ihrer Brüste unter dem Kleid.

«Was weißt du über das *‹Jus de premici et de deflorement›*?»

Anna stotterte: «Hoher Herr, ich weiß es nicht. Ich weiß nicht, was Sie meinen.»

«Dies ist mein uneingeschränktes Recht als Landgraf. Das Recht auf Vorkost und Defloration.»

«Verzeiht. Hoher Herr. Ich verstehe gar nichts. Verzeihung.»

Schallend lachte der Graf: «Das macht nichts. Du bist wirklich ein unschuldiges Mädchen. Umso besser. Hast du das Wort Defloration schon einmal gehört?»

«Nein, hoher Herr.»

«Hör gut zu. Übersetzt heißt es: *‹die Blume pflücken›*.»

«Nein, hoher Herr, das habe ich noch nie gehört. Die Blume pflücken?»

«Ach, meine Kleine. Es ist ein uraltes Recht,

dass der Landgraf das Recht hat jede Blume zu pflücken.»

«Das ist schön», antwortete Anna mit kindlicher Unschuld, «Blumen pflücken ist etwas Wunderbares.»

«Ja, da hast du vollkommen Recht. Es ist etwas Wunderbares.»

Der Graf begann die oberen Knöpfe ihres Kleides aufzuknöpfen. Anna schaute irritiert zu sich hinunter, aber sie traute sich nicht irgendetwas zu sagen.

«Ich pflücke liebend gerne eine Blume. Besonders die, die mir gefallen.»

Als der Graf die Knöpfe bis zu ihren Schoß geöffnet hatte, und seine Hand sich auf ihren nackten Busen legte, wurde sie unruhig.

«Sag mir, meine Kleine. Was macht man, bevor man eine Blume pflückt, die einem gefällt? Na, sag schon.»

«Was soll ich sagen. Hoher Herr. Man schaut sich die schönen Farben an und sucht sie sich aus.»

«Gut. Ja. Man schaut sich die Schönheit an und ich suche mir immer die Schönste aus. Sag mir, was macht man danach?»

«Der Duft! Man riecht an der Blume. Hoher Herr.»

«Sehr gut, meine Kleine. Man erfreut sich an der Schönheit ihres Wuchses und genießt ihren betörenden Duft, bevor man sie pflückt. Stimmst du mir zu?»

«Ja. Hoher Herr.» Anna empfand es anstrengend, den Worten des Grafen zu folgen und herauszubekommen, was er von ihr hören wollte. Schöne Blumen mochte sie, auch den Duft. Sie wunderte sich, dass der Graf, von dem man sagte, er sei ein barscher und strenger Mann, heute Abend so angenehm mit ihr erst über das Reiten und jetzt über Blumen redete. Dabei vergaß sie fast, dass seine eine Hand, zwar sehr zärtlich, aber bestimmend auf ihrem nackten Busen lag.

Der Graf legte seine Hand um sie und zog ihren Kopf zu sich heran. Mit seiner Nase berührte er ihre Wangen, ihren Mund und schließlich länger verweilend, ihrem Hals unter ihrem Ohr.

«Ein betörender Duft. Der Duft einer Blume.»

«Danke. Hoher Herr», antwortete Anna leise.

«Der frische und betörende Duft einer Blume von edlem Wuchs, die gepflückt wird.»

Dies verstand Anna wieder nicht. *Was meinte er damit, eine Blume von edlem Wuchs, und? Er will eine Blume pflücken? Hier sind doch keine Blumen.* Sie wurde von diesem Gedanken abgelenkt, als der Graf begann ihre Brustspitzen zärtlich zu kneten und mit den Fingern an ihren Brustwarzen zupfte.

«Lustige kleine Brustspitzen, die mir da entgegenstehen. Auch von herrlichem Wuchs. Du bist sehr anmutig. Ich mag so kleine jungfräuliche Brüste», murmelte der Graf vor sich hin und knöpfte Annas Kleid weiter auf. Als er den letzten Knopf geöffnet hatte, streifte er ihr Kleid zur Seite und seine Hand glitt zwischen Annas Schenkel. Er strich erst mit einem Finger über ihre Schamlippen, dann kam ein zweiter und dritter. Die Finger teilten ihre Schamlippen und der mittlere kreiste um ihre kleine Perle. «Meine Blume. Welch eine Freude, sie jetzt zu pflücken.»

Anna wurde unheimlich zumute. *Seine Blume? Aber was für eine Blume? Wie will er jetzt eine Blume pflücken?* Sie wollte etwas sagen, aber der Graf legte seine Finger auf ihren Mund: «Von jetzt ab wirst du nichts mehr sagen und deinen Mund nicht mehr öffnen, nur wenn du gefragt wirst oder ich deinen Mund besitzen will. Meine kleine Stute.»

Meinen Mund besitzen? Was meint der Graf denn damit, durchfuhr es Anna. Sie erschrak noch mehr. *Wieso sagt er zu mir, meine kleine Stute?* Was sollte sie machen? Der eine Arm des Grafen hielt den ihren mit Druck fest umklammert, sodass sie sich nicht bewegen konnte, während seine andere Hand unaufhörlich zwischen ihren Schenkeln und über ihre Schamlippen strich. Mit fester Hand schob der Graf ihre Schenkel auseinander und betrachtete ihre mit leichtem Haarflaum besetzte Scham.

«Würdest du nicht auch eine schöne Blume pflücken?», sprach der Graf leise.

«Ja, hoher Herr», antworte Anna schnell, die jetzt wieder die Finger des Grafen an ihrer Scham spürte, wie sie die Lippen teilten und ihre empfindlichste Stelle streichelten.

«Du hast eine wunderschöne Blume, meine Stute.»

In Annas Kopf wirbelten die Gedanken und sie ergab sich der streichelnden Hand des Grafen. *Jetzt weglaufen? Das geht nicht, es ist finstere Nacht. Und wohin? Würde der Graf sie nicht einfangen und bestrafen?* Diese Gedanken stürmten auf Anna ein, bis der Graf sie mit beiden Händen umfasste, sie einfach hochhob, vom Stuhl aufstand und sie zum Bett trug. Behutsam legte er sie auf die Matratze und breitete zuvor ihr Kleid unter ihren Po weit aus. Er beugte sich vor, küsste ihre Schamlippen und spreizte ihre Schenkel weit auseinander. Seine Nase drückte sich auf ihre Schamlippen. Anna hörte förmlich, wie er die Luft einsog. «Der Duft meiner Blume.»

Anna fühlte sich wie gelähmt. Sie bemerkte, dass der Graf seinen Gürtel öffnete und seine Hose abstreifte. Aus dem Augenwinkel heraus sah sie das steife Glied des Grafen steil nach oben gerichtet. Sie wollte schreien, aber kein Ton kam aus ihrem Mund. Der Graf stieg über sie und legte sich mit seinem Körper zwischen ihre Schenkel.

«Schau mich an. Kennst du das Recht des hohen Herren, das ‹jus de deflorement corporel?»

«Nein, hoher Herr.»

«Ich werde es dir sagen. Spürst du mein pochendes Glied an deiner Scheide, deinem Kätzchen, deiner Blume?»

«Hoher Herr. Was machen Sie mit mir?»

Diese Situation mochte der Graf über alles. Die sich sträubende Jungfrau vor ihm im Lager mit weit gespreizten Schenkeln, er bereit sein steifes Glied hineinzustoßen und sie zu entjungfern.

«Es ist das alleinige Recht, das ich habe. Das *jus de deflorement corporel!* Mein Recht auf *‹körperliche Entjungferung›* einer Braut oder der Magd. Ich werde dich entjungfern. Ich werde dich zur Frau machen. Ich werde jetzt eine jungfräuliche Blume pflücken!»

Genau in diesem Moment führte er sein Glied mit der Hand an ihre Spalte und stieß zu.

Ein gellender Schrei kam aus Annas Mund, aber der Graf lachte und stieß weiter sein hartes Glied in den jungfräulichen Körper. Der Landgraf lag mit seinem vollen Gewicht auf Anna, er stützte sich nicht ab. Sie gehörte jetzt ihm, einzig und allein ihm. Jedes Mal, wenn er sein hartes Glied bis zum Schaft in sie hineintrieb, schrie das Mädchen auf. Und immer wieder zog er sein

Glied aus ihrer Möse heraus, um dann noch lustvoller wieder zuzustoßen.

Anna konnte vor Schrecken nicht mehr schreien. *Was tut der Graf mir an? Warum steckt er dieses Ungetüm in mich und bewegt sich so heftig? Jetzt bin ich entehrt!*, schoss es ihr durch den Kopf. Hatte sie das nicht einmal gehört, dass Männer Mädchen entehren? Hatte der Graf sie jetzt entehrt? Warum? Er war doch so freundlich gewesen. Jetzt stieß er ein langes dickes Glied unaufhörlich in sie hinein und hielt ihre Schultern so fest, dass sie sich nicht regen konnte.

Der Graf spürte die ekstatische Härte in seinem Glied, das druckvolle Kribbeln in seinen Hoden, die Kontraktionen seiner Muskeln im Unterleib und mit dem Röhren eines brünstigen Hirsches entlud er sich in das Mädchen. Mit einem nicht enden wollenden Orgasmus pumpte er seinen Samen Stoß für Stoß in den jungfräulichen Leib.

Zugeritten

Ermattet war der Graf nach etlichen Minuten der Ruhe von Anna heruntergerollt. Seine Hand glitt über ihren Körper, umfasste abwechselnd prüfend ihre Brüste und streichelte dann wieder ihre Schamlippen.

Er richtete sich auf und beugte sich vor, um ihre Scham zu inspizieren.

«Hmm, eine wunderbare jungfräuliche Blume habe ich gepflückt. Und jetzt steh auf, nimm die Kanne Wein mit, wir gehen hinüber in mein Gemach.»

Anna konnte nicht glauben, was geschehen war.

Anna setzte sich auf den Bettrand. Ihre Scham tat weh, sie legte das Kleid über den Stuhl und drehte sich unschlüssig herum.

«Was ist?», rief der Graf streng zu ihr hinüber, als er vor dem Bett stand und genüsslich sein erschlafftes Glied rieb, «Du brauchst kein Kleid mehr. Stuten brauchen kein Kleid. Hier nicht und nicht, wenn du in meinem Gemach bist.»

Anna sah an sich hinunter und entdeckte die weiße Flüssigkeit, die die Innenseite ihrer Schenkel benetzt hatte.

«Das ist mein Samen, meine Stute. Ich hab

dich besamt, so wie es sich für eine gehorsame Stute gebührt.»

Anna erschrak, aber der Graf fuhr fort: «Die nächsten Tage wirst du immer nackt sein, um mir zu dienen. Ich will meine schöne Stute in ihrer ganzen schönen Nacktheit um mich haben. Hast du das gehört, antworte!»

«Ja. Hoher Herr. Ich werde nackt sein.»

Der Graf wendete sich, holte seine Reitgerte und ging zu einer Türe in der hinteren Ecke. Diese Türe hatte Anna noch gar nicht entdeckt, weil der Schrank sie verdeckte. Mit dem Krug in der Hand ging sie zur Türe, durch die der Graf schon geschritten war. Anna war wie in Trance, ganz erfasst von dem, was sie eben erlebt hatte. Es hatte weh getan und unheimlich lange gedauert, bis der Graf fertig war. *Ob er seinen Samen in mich gespritzt hat? Und warum will er mich nackt und wieso nennt er mich eine Stute?*

Diese Gedanken verflogen, als sie in das Gemach des Grafen eintrat. Der Graf hatte schon zwei Kerzen entzündet, die dem Raum eine gespenstische Atmosphäre gaben, denn die Sonne war untergegangen. Das Gemach war riesig groß, Bilder hingen an den Wänden, schwere rote Vorhänge an den Fensterseiten und überall auf dem Boden lagen Teppiche, auf denen etliche lederne Hocker standen. Eindrucksvoll war der große Alkoven, der im hinteren Teil neben dem offenen Kamin stand. Er war breiter, als er lang war und das Stoffdach wurde von vier schmalen Holzsäulen gehalten.

«Komm her, meine Stute», befahl der Graf.

Anna wollte eigentlich etwas fragen, nämlich, wo sie den Wein hinstellen solle. Aber als der Graf sah, dass sie ihren Mund öffnen wollte, ergriff er sie und bedeckte mit der ganzen anderen Hand ihren Mund: «Was habe ich dir gesagt. Wenn du dienst, machst du deinen Mund nur auf, um zu antworten, wenn du gefragt wirst, oder ich ihn benutzen will. Hast du verstanden? Stute!»

Mit der pressenden Hand des Grafen vor den Mund nickte Anna eilfertig. *Warum nennt er mich jetzt immerzu Stute? Wieso darf ich den Mund nur öffnen, wenn er ihn benutzen will? Was bedeutet das denn?*

«Stell den Wein auf den Tisch dahinten und dann komm zu mir.»

Als Anna vor dem Grafen stand, dessen Glied vom andauernden Reiben schon wieder aufrecht stand, sprach der Graf: «Schau nur hin. Schau auf mein Glied. Mit diesem harten Degen habe ich dich entjungfert. Es war ein Genuss dich zu entjungfern, deine Blume zu pflücken. Jetzt bist du durch mein hartes Glied zur Frau geworden. Knie dich nieder. So ist es gut, mach deinen Mund auf. Mach ihn weit auf. Noch weiter. So jetzt stecke ich mein Glied in deinen Mund. Auch dafür ist dein Mund geschaffen. Schließe deine Lippen und säubere mein Glied mit deiner Zunge. So ist gut. Ja. So wirst du es von nun ab immer machen, ohne dass ich es sagen muss. Wenn ich meinen Samen verschossen habe, dann wirst mit deinem Mund mein Glied säubern. Das ist die erste Anweisung, wie du mir zu dienen hast. Hast du verstanden, Stute?»

Er zog sein Glied aus ihren Mund. «Jetzt will ich eine Antwort!»

«Ja. Hoher Herr. Ich habe verstanden.»

«Jetzt mach deinen Mund wieder auf, ich will mein Glied wieder hineinstecken. Bewege deinen Kopf vor und zurück. Ja, so ist gut, du bist lernfähig. Ich werde dich schon dazu erziehen, dass du mir gehorsam dienst und das wird in den nächsten Tagen sehr ausführlich und konsequent geschehen. Es wird von dir keinerlei Widerstand geben. Wir werden heute Nacht mit deiner Ausbildung beginnen. Deine Ausbildung zu einer gehorsamen Stute. Du wirst lernen, wie eine ungezähmte Stute erzogen wird, damit sie ihrem Herrn viel Freude bereiten kann. Und jetzt höre genau zu und konzentriere dich mit deinem Mund auf mein Glied. Jetzt nachdem du keine Jungfrau mehr bist, wirst du als eine junge Stute von mir mehrmals täglich zugeritten werden. Das werde ich dir Schritt für Schritt zeigen und vor allen Dingen, wie eine junge Stute zugeritten wird. Ich werde dich das zu einem späteren Zeitpunkt noch ausführlicher lehren. Hast du das alles begriffen, was ich dir gesagt habe? Antworte!»

«Ja. Hoher Herr.»

«Dies wird heute eine lange Nacht und ich denke, wir werden jetzt gleich mit dem ersten Ritt beginnen. Mein Glied ist prall. Steh auf!»

Mühsam stand Anna auf. Ja, sie hatte begriffen, dass sie zu einer Stute erzogen werden sollte. *Aber was hatte der Graf da alles gesagt? Was bedeutete es, zu einer Stute erzogen zu werden? Eine Erziehung mit zutiefst beglückenden und auch schmerzhaften Empfindungen? Dieser Satz hatte sie sehr verängstigt. Was wird das für eine Erziehung sein? Was heißt das, dass ich durch Zureiten erzogen werde?* Anna wirbelten alle diese Fragen durch den Kopf und sie bekam schneller als erwartet eine Antwort.

«Weißt du, was es heißt, wenn eine junge Stute zugeritten wird? Ich meine nicht die Pferde im Gestüt, ich meine dich. Einzig und allein dich!»

Anna schüttelte den Kopf.

«Wenn ich die nächsten Tage nach meiner Stute rufe, bist du gemeint und wirst sofort zu mir kommen, vor mir knien und darauf warten, dass du zugeritten wirst. Im Gestüt reite ich nur meinen Hengst. Und dort stehen auch Stuten in den Ställen, die regelmäßig von dem Hengst bestiegen und besamt werden. Du bist jetzt meine Stute. Eine wunderschöne junge Stute, die ich besteigen und besamen werde. Eine so junge unerfahrene und ungezähmte Stute, wie du es bist, wird von mir konsequent zugeritten. Und zugeritten wirst du mit meinem harten Glied in deinen Öffnungen und ein solcher Ritt kann sehr lange dauern. Dies alles geschieht in verschiedenen Stellungen, die du erlernen wirst. Aber wie gesagt, Schritt für Schritt. Ritt für Ritt!» Der Graf lachte.

Anna wurde fast schwindelig. *Was hatte der Graf da alles gesagt? Ach ja, sie war gar kein Stubenmädchen mehr. War sie jetzt eine Stute? Die ausgebildet werden soll? Zu einer gehorsamen Stute? Und schlimmer noch, er sagte dauernd, sie soll konsequent zugeritten werden? Was heißt das? Sie soll mit seinem steifen Glied zugeritten werden? Dieses lange Ding, dass sie eben so gewaltig in ihrem Körper gespürt hat*? Anna war entsetzt. Dies war wohl gewesen, was der Graf ganz am Anfang mit Reiten meinte, nämlich dass sie von diesem dauernd in ihre Spalte stoßende Glied zugeritten wird. Ihr schauderte, als ihr dies alles bewusst wurde. Jetzt konnte sie ermessen, warum alle Bediensteten unten im Speisesaal getuschelt hatten. Sie alle wussten, dass sie die neue Stute des Hohen Herrn war. Sie alle wussten, was es bedeutet, eine Stute zu sein, nämlich, dass der hohe Herr sein Glied in ihre Spalte stecken würde. Und hatte der Graf nicht eben gesagt, dass es heute eine lange Nacht werden und sie noch öfters zugeritten würde? Anna wurde es angst und bange.

Da sie nicht sofort geantwortet hatte, wiederholte der Graf in ernstem Ton seine Worte: «Hast du verstanden, was ich gesagt habe? Antworte!»

«Ja. Hoher Herr ich habe verstanden.»

«Ich glaube, du hast mich noch nicht richtig verstanden. Du weißt noch nicht, was es heißt eine gehorsame Stute zu sein.»

Er drehte sich herum und zeigte ihr die Reitgerte: «Weißt du, was das ist? Antworte!»

«Das ist eine Peitsche!»

«Ja. Genau. Hier nimm sie!» Er reichte ihr die Gerte, «Die bekommst du zu spüren, wenn du nicht gehorchst. Beuge dich nach vorne. Deine Kopf auf den Boden, deinen Po schön hoch. Du bekommst von mir jetzt einen Hieb mit der Peitsche, damit du weißt, wie es sich anfühlt.

Laut klatschte der Hieb auf Annas Po und ein Schmerzensschrei kam aus ihrem Mund.

«So. War das schlimm? Du wirst dir damit denken können, wie schlimm es dir ergeht, wenn du von mir bei Ungehorsam bestraft wirst.»

Der Landgraf ging hinüber zu einer Chaiselongue und setzte sich nieder: «Komm zu mir, meine junge Stute. Setz dich neben mich. So, ja, aber rücke näher an mich heran und ergreife mein Glied. Streichele es vorsichtig und hör genau zu. Ich will dir jetzt einige deiner Aufgaben erklären. Aufgaben, wie du mir zu dienen hast, und zwar nur deine Aufgaben als meine Stute. Kannst du lesen und schreiben?»

«Ja. Hoher Herr.»

«Gut, dann wirst du morgen von der Mamsell genau erklärt bekommen, was du hier als Stubenmädchen zu tun hast. Sie hat eine Liste, nach der du arbeiten wirst. Um all diese Sachen möchte ich mich nicht kümmern müssen. Verstanden?»

Anna nickte beflissentlich.

«Gut. Dann jetzt zu deinen Aufgaben als meine Stute. Du weißt, dass du hier in diesem Zimmer immer nackt sein wirst und wenn ich nach meiner Stute rufe, dann wirst hierherkommen und dich mir nackt anbieten und warten, was ich mit dir machen werde. Wenn ich dich so zu mir rufe, dann heißt es, dass du wie auch immer mit meinem Glied zugeritten wirst. Das ist die Grundlage der Ausbildung einer Stute. Du bist eine wirklich wunderschöne junge Stute, du hast ein niedliches Gesicht, schöne kleine Brüste, eine edle glatte Haut, einen wunderschönen kleinen Popo und da unten meine Lieblingsstelle. Eine süße Spalte, die meinem Glied sehr viel Freude machen wird. Deine Aufgabe ist es, mein Glied vorab hart zu machen. Es muss hart und steif sein, nur dann kann eine Stute für mich befriedigend zugeritten werden!»

Anna erinnerte sich an die Worte der Gräfin heute Nachmittag, als sie sagte, dass der Graf am Abend kommen würde, um ihre Aufgaben zu erklären. Jetzt wusste Anna, warum die Gräfin dabei so offen gelächelt hatte. Dies waren also ihre Aufgaben, die der Graf ihr erklären würde und das hatte Anna nicht erwartet. Sie spürte die Hand des Grafen an ihren Schamlippen und bemerkte, dass sie dort ein wenig feucht wurde.

Der Graf hatte es wohl auch bemerkt: «Aha, meine Stute blitzt?»

Irritiert fragte Anna: «Blitzt?»

«Ja. So nennt man das, wenn eine Stute rossig wird, also paarungsbereit. Wenn sie bereit ist, das Glied des Hengstes zu empfangen. Jetzt lernst du Lektion für Lektion alles über das Reiten. Ich habe es dir versprochen.»

Anna sackte förmlich in sich zusammen. Es wurde ihr klar, was der Graf damit gemeint hatte, ihr alles über das Reiten beizubringen. Sie erkannte, dass damit nicht gemeint war, dass sie reiten könnte, sondern dass sie seine Stute sei, die zugeritten wird - und dass er dies immer mit seinem steifen Glied machen würde.

«Also, meine kleine Stute. Ich denke, du bist wieder bereit, mich zu empfangen. Auf zum nächsten Ritt!» Der Graf stand auf und zog Anna an der Hand mit sich. Anna hatte es fast erwartet, dass er das sagte. Er ging mit ihr zu einem großen mit Leder gepolsterten Hocker.

«Knie dich davor und beuge deinen Körper über den Hocker. Es ist mein Lusthocker. Darauf werden junge Luststuten zugeritten oder wenn sie böse sind, gepeitscht!» Er drückte Annas

Oberkörper auf den Hocker. Anna wusste nicht, was um sie geschah. Sie bemerkte, dass der Graf jetzt ebenfalls hinter ihr kniete und mit beiden Händen ihre Pobacken auseinanderzog.

«Welch ein herrlicher Anblick. So schlanke Lenden und eine Spalte voller Liebreiz, die mein Glied erwartet!» Und er rückte näher an sie heran, bis sie sein Glied an ihrer Spalte fühlte.

«So, meine Stute. Hör gut zu. Jetzt verlange ich, dass du still hältst. Jetzt wirst du zugeritten, wie es sich von einem richtigen Reiter gehört. Dies ist die beste Stellung, um eine so junge Stute wie dich zu zähmen und das geschieht am besten mit einem harten Glied in deiner Spalte. Sei ganz locker und vor allem gehorsam, denn es wird ein ausdauernder Ritt. Jetzt habe ich große Lust, meine Stute ausdauernd zuzureiten.»

Anna fühlte noch, wie der Graf mit einer Hand ihre Schamlippen teilte und im nächsten Moment stieß der Graf sein hartes Glied in sie hinein.

«Jawoll. Das ist Reiten. So wird eine Stute zugeritten, so besteigt ein Hengst seine Stuten, so wird eine junge Stute besamt!» Dabei stieß er immer wieder sein Glied bis ans Heft in Anna hinein.

Es dauerte sehr lange. Anna spürte die rhythmischen Bewegungen des prallen dicken Gliedes des Grafen tief in ihren Leib. Oft stöhnte sie auf, wenn er sein Glied besonders tief in sie hineinschob und er ihren Oberkörper fest auf den Hocker presste. Fast ununterbrochen jubelte der Graf und lobt sie als seine brave Stute und benutzte die schlimmsten Worte, die sie je gehört hatte. Anna wurde sich jetzt bewusst, dass sie wohl wirklich eine Stute geworden war, die wahrscheinlich täglich das Glied des Grafen empfangen musste. Sie bemerkte die schneller werdenden Stöße und mit einem langanhaltenden Schrei aus der Kehle des Grafen entlud sich dieser in sie.

«Ja, das war ein guter Ritt. Ach, wie liebe ich es auf junge Stuten zu steigen.»

Mit zufriedenem Grunzen stieg der Graf von Anna herunter und befahl ihr, sein Glied mit ihrem Mund zu säubern. Sie leckte brav sein Glied und schmeckte jetzt den Samen des Grafen, intensiver als vorhin. Ein Schreck durchfuhr sie, als sie daran dachte, dass ihre Spalte wohl voll gefüllt war mit seinem Samen und mehr als einmal wurden ihr ihren neuen Aufgaben bewusst. Nämlich täglich den Samen des Hohen Herrn in ihre Spalte und ihren Mund zu bekommen.

«Na, schmeckt dir mein Samen? Antworte!»

«Hoher Herr», stotterte Anna zuerst, aber dann sagte sie: «Ja, er schmeckt mir.»

«Das ist brav, meine Kleine. Ich werde später eine ganze Ladung meines Samen in deinen Mund spritzen und du wirst ihn brav hinunterschlucken. Ich mag nicht, wenn mein Samen verloren geht. Er soll in meine junge Stute. Jetzt weißt du eine weitere Aufgabe. Aber bevor wir mit deiner Erziehung weitermachen, benötige ich ein Glas des Weines. Wenn es meiner Stute dürstet, dann hol dir ein Glas Wasser aus der Karaffe!»

Anna ging zu dem kleinen steinernen Waschbecken an der Wand unter dem die Wasserkaraffe stand. *Hatte der Graf nicht eben gesagt, er will mit ihrer Erziehung weitermachen? Werde ich nochmals zugeritten?*

Der Graf unterbrach ihre Gedanken: «Komm her zu mir, meine kleine Stute. Wir werden uns etwas ausruhen, um wieder zu Kräften zu kommen. Der Abend ist noch lang und meine kleine Stute muss heute Nacht noch öfter zugeritten werden.»

Jetzt hatte Anna ihre ärgste Befürchtung bestätigt bekommen. Gleich noch öfter zugeritten zu werden, bedeutete, dass der Graf sie wohl noch öfter diese Nacht besteigen würde. Anna war entsetzt. Das hatte sie nicht erwartet. Aber was sollte sie machen? *Es ist besser, wenn ich mich in mein Schicksal füge und versuche, den Grafen gnädig zu stimmen,* dachte sie. *Vielleicht wenn ich ihm gehorsam diene, so wie er es verlangt. Es war schlimm, was der Graf mit ihr machte, aber andererseits ging es ihr gut. Sie hatte ein schönes Zimmer, auch hier das Gemach des Grafen gefiel ihr sehr. Außerdem würde sie wohl immer genügend zu Essen bekommen.* Sie dachte an die lange Hungerzeit letzten Winter zu Hause. *Ja,* sagte sie sich, als sie sich zu dem Grafen an die Seite setzte und ihm das Glas Wein reichte, *ich werde ihm eine gehorsame Dienerin sein* - und schnell verbesserte sie ihren Gedanken, *ich werde eine gehorsame Stute sein.*

Da sie etwas gezögert hatte, fragte der Graf: «Ist alles in Ordnung?»

«Ja. Hoher Herr.»

«Dies ist alles sehr neu für dich, nicht wahr? Aber durch die anfangs schmerzhafte Erfahrung musst du durch. Du bist jetzt durch mein Glied auf dem Weg der Frauwerdung gebracht, als ich deine Blume gepflückt habe und es wird noch viele weitere neue Erfahrungen für dich geben. Deine Gefühle schwirren sehr wahrscheinlich wild durcheinander. Ab jetzt wirst du auch langsam die großen Freuden der Lust spüren, die du jetzt nur erahnen kannst. Auch das werde ich dich lehren. Du wirst es schnell lernen. Du wirst die nächsten Wochen von mir täglich zwei bis dreimal zugeritten, dies wird deine Lust langsam entstehen lassen und du wirst dann erfreut sein, wenn ich nach meiner Stute rufe. Dann bin ich sicher, dass meine Stute blitzen wird, nur wenn sie meine Stimme hört. Weil sie weiß, dass sie gleich von mir zugeritten wird. Du hast bis jetzt mein Glied brav und gehorsam in deine Spalte empfangen. Wirst du weiterhin als meine Stute so gehorsam mein Glied in deiner Spalte empfangen? Antworte!»

«Ja, hoher Herr. Ich werde gehorsam sein.»

«Ich möchte den ganzen Satz hören!»

Anna war sich bewusst, was sie jetzt sagen musste. Sie konnte auch gar nicht anders: «Hoher Herr, ich werde weiterhin gehorsam Ihr Glied empfangen.»

Der ganze Sinn und die Folgen für sie wurden ihr jetzt bewusst. Auch, was sie dem Grafen jetzt geantwortet hatte. *Was hatte der Graf gesagt? Zwei bis dreimal täglich würde ich mit seinem Glied zugeritten werden? Und ich habe ihm jetzt versprochen, dass ich immer sehr brav sein Glied empfangen würde. Habe ich das wirklich gesagt?* Anna war entsetzt über sich selbst.

«Das hast du sehr brav gesagt, meine kleine Stute. Es freut mich, dies aus deinem süßen Mund zu hören. Ein Mann wie ich braucht eine solche brave Stute, nur dann kann sie erfolgreich zugeritten werden. Du wirst sehen, dein Körper wird aufblühen, da du sehr viel Samen von mir bekommen wirst. Verkrampfe dich auch nicht, wenn ich eindringe, dann wird auch für dich der Empfang meines Gliedes angenehmer werden. Du solltest täglich Lockerungsübungen machen, draußen einen großen Bogen um das Schloss laufen. Laufen lockert die Lenden und die Muskeln der Schenkel, die dich dann aufnahmebereiter machen.»

Der Graf unterhielt sich noch sehr lange freundschaftlich mit ihr, aber Anna bemerkte, dass es dem Grafen einzig und allein darum ging, ihr zu erklären, wie sie als seine Stute ihm und seinem Glied besser dienen kann. Er gestand ihr auch, dass, vorhin als er sie klassisch zugeritten habe, so nannte er es, dies ihm außerordentlich gefallen habe und sein Glied besonders hart durch ihre kleine Scheide geworden war. Dass es ein großes Glücksgefühl für ihn war, sich in seine Stute so entladen zu können.

Nach dem dritten Glas Wein wurde sein Glied wieder steif. «Umfasse mein Glied fester und beweg deine Hand kräftig auf und ab. Mach ihn richtig steif. Ich denke, es ist Zeit, dass meine Stute wieder zugeritten wird!»

Anna stöhnte auf. *Schon wieder,* dachte sie. *Wie oft will er mich noch besteigen.* Fest umfasste sie sein Glied, das jetzt wieder eine pralle Größe erhielt. Sie wusste, dass sie nicht aufhören durfte kräftig zu reiben. Der Graf hatte ihr auch erzählt, dass er 99 Stellungen kannte, wie eine Stute zugeritten wird. Wie mochte sie jetzt zugeritten werden? Anna ergab sich ihrem Schicksal. Es war wohl ihr vorbestimmtes Los, die Stute des Grafen zu sein.

«Wir gehen hinüber zum Alkoven. Es ist besser, wenn wir liegen. Komm mit!»

Der Graf legte sich auf den Rücken in die Mitte des Bettes, dann zog er Anna zu sich heran und befahl ihr sich über ihn zu knien.

«Rücke etwas höher, bis mein Glied genau unter deiner Möse ist. Jetzt wirst du lernen, wie eine Stute das Glied ihres Herrn reitet.»

Mit der Hand dirigierte er die Spitze seines Gliedes an ihre vom letzten Ritt noch feuchten Schamlippen.

«So jetzt, lass dich hinunter. Setz dich mit deiner Möse genau auf mein Glied. So ist es gut.»

Mit einem kurzen Ruck zog er Anna an den Händen ganz auf sein Glied, sodass er tief in sie hineinstieß.

«Jetzt beweg deine Lenden, Stute. Immer hoch und runter. Stütze dich mit den Händen ab.»

Anna bemühte sich, aber das Glied des Grafen kam so tief in ihren Leib, dass sie jedes Mal aufschrie, wenn sie ganz auf ihm saß. *So muss ich als Stute also meinen Herrn reiten?* fragte sie sich.

Wie eine Bestätigung, hörte sie die Stimme des Grafen: «Na, meine Stute. Habe ich dir nicht versprochen, dass ich dich lehren werde zu reiten. Jetzt reite auf meinem Glied. Schön hoch und runter mit dem Popo. Lerne, wie man reitet. Schöne kleine Titten hat meine Stute. Herrlich zum Anfassen und kneten. Reite weiter!»

Es war sehr anstrengend für Anna, aber immer, wenn sie in ihren Bewegungen nachließ, erhielt sie vom Grafen feste Klapse mit seiner Hand auf ihre Pobacken. Es schien Anna, als würde es nicht enden wollen, bis sie schließlich sehr feste Stöße des Grafen von unten in sich spürte und er sich entlud.

Als sie sich vollkommen ermattet neben den Grafen fallen ließ, sagte dieser: «Na ja. Das war für eine so junge unerfahrene Stute schon ganz gut. Aber du sitzt noch nicht gut im Sattel und dies werden wir öfter üben müssen!»

Dabei zog der Graf ihren Kopf zu sich heran und küsste sie auf den Mund. Überrascht spürte sie seine Zunge, die sich zwischen ihre Lippen presste. Der Graf hatte sie bisher nicht geküsst. Seine Zunge wirbelte mit Gewalt in ihrem Mund, mit seinen beiden Händen hielt er ihren Kopf und Anna musste sich diesem Kuss hingeben.

«Du wirst in Zukunft zweimal täglich zwanzig Kniebeugen machen, mit den Händen hinter den Kopf. Dies wird dich lehren, wie du mir als Stute zu dienen hast. Das wird deine Schenkel stärken, damit du besser und ausdauernder reiten kannst. Aber schön, dass du mit deinem zarten Körper so ein Leichtgewicht bist, da kann ich mich mehr auf mein Glied konzentrieren. Ja. Morgen ist auch noch ein Tag und ich habe extra mein Gesinde beauftragt alle notwendigen Arbeiten zu machen, die ich nicht beaufsichtigen muss. Dann kann ich mich ganz meiner neuen Stute hinwenden und sie weiter kräftig zureiten. So, jetzt werden wir schlafen. Ich habe heute genug entladen und muss erst neuen Samen ansammeln. Bleib nah bei mir, zieh die Decke hoch und dann wird auch meine kleine Stute schlafen. Sie braucht für morgen neue Kräfte.»

Anna lag erschöpft neben dem Grafen und konnte lange nicht einschlafen. Das hatte sie nicht erahnt, als sie heute Morgen mit der Kutsche hierher gebracht worden war. Sie konnte es irgendwie noch gar nicht richtig erfassen. Sie wollte als Stubenmädchen anfangen und jetzt war sie eine Stute? Die täglich das Glied des Grafen empfangen musste? Sie erinnerte sich an den Besuch der Gräfin vor einem Monat bei ihren Eltern, und das sehr lange Gespräch, und ihre Eltern fast mit der Gräfin in Streit gerieten. Ihre Eltern wollten sehr viel Geld für sie haben und die Gräfin handelte sie stur herunter. Zuvor hatte die Gräfin darauf bestanden, sie nackt zu sehen. Jetzt erinnerte sich Anna auch an Wortfetzen, die sie von dem Gespräch ihrer Mutter mit der Gräfin mitbekommen hatte. Die Gräfin hatte gesagt, dass sie sehr schön sei und der Graf sich sehr freuen würde. Ihre Mutter hatte daraufhin wieder den Preis erhöhen wollen - und plötzlich erinnerte sich Anna an ein Wort, das gefallen war: «Leibeigene». Ja, so muss es gewesen sein. Die Gräfin hat sie als Leibeigene gekauft und sie von Anfang an als zukünftige Stute ihres Gemahls gesehen. Leibeigene. Ja, sie war jetzt eine Leibeigene und es war wirklich so, ihr Leib gehörte dem Grafen und er durfte ihn für seine Freuden benutzen.

Aufgewühlt dachte sie über diesen Tag nach. Immer wieder kam ihr das Bild in den Sinn, der Graf mit seinem riesigen Gemächt in der Hand, darauf wartend, dass er es in sie hineinstecken konnte. Sie war jetzt seine Stute und nur zu seiner Lust da. Mit Schaudern dachte sie daran, was der Graf wohl morgen mit ihr machen würde. Wie sie morgen als Stute zugeritten würde.

Junge Stute

Als die ersten Sonnenstrahlen schräg durch das Fenster fielen, war der Graf aufgestanden, ohne das junge Mädchen, das brav neben ihm geschlafen hatte, aufzuwecken. Er hatte nach der Mamsell geläutet und als sie ihm frisches Brot aus der Schlossbäckerei und einen frischen Krug Wein gebracht hatte, sagte er ihr, dass sie in zwei Stunden wieder kommen und sein neues Stubenmädchen in ihre Arbeiten einweisen solle. Der Graf registrierte den Blick der Mamsell auf das splitternackte Mädchen, das in seinem Alkoven lag, denn er hatte das Laken zurückgezogen.

«Ich glaube, ich habe eine gute Bewerberin ausgewählt. Sie ist eine wunderbare gelehrige und gehorsame Stute.»

Die Mamsell nickte nur kurz und verschwand in das Zimmer des Stubenmädchens. Sie nahm das blutbefleckte weiße Kleid, öffnete das Fenster und befestigte es an die eigens dafür vorgesehenen Haken. Dann verließ sie das Zimmer.

Der Graf setzte sich an den Tisch verzehrte ein Brot und trank ein Glas Wein. Dabei betrachte er das nackte im Alkoven liegende Mädchen.

«Ja», sprach er zu sich selbst, «Eine gute

Wahl. Sie wird eine wunderbare Stute.»

Er dachte an gestern Abend, als er dieses unschuldige junge Mädchen entjungfert hatte. Dies war sein Genuss. Davon konnte er nicht genug bekommen. Der erste Stoß in eine überraschte Jungfrau, die weit aufgerissenen Augen und der Schrei des Mädchens, der seine Lust so richtig anheizte, das war sein Verlangen. Er wollte die Enge ihrer Möse um sein Glied spüren. Dies himmlische Gefühl, wie es ihm nur eine Jungfrau geben konnte. Und ein von ihm entjungfertes Mädchen zu seiner Stute erziehen zu können, war seine große Passion. «Ja. Die richtige Pferdezucht und das Abrichten einer jungen Stute, die mir genügend Befriedigung bringt. Das ist meine Passion.»

Er hatte Erfahrung im Zureiten von jungen Stuten, er wusste, wie er sie gefügig machte, um seinem Glied höchstmöglichen Genuss zu bringen. Auf diese Weise erhielt er immer wieder die Bestätigung, trotz seiner 66 Jahre, ein vollwertiger Mann zu sein. Er liebte seine Gattin, die, seitdem zwischen ihnen das Feuer etwas erloschen war, ihn seit mehr als zehn Jahren mit wunderbaren Stuten versorgte. Soll sie ihre Freuden beim Rittmeister suchen, sagte er sich. Er war da großzügig, denn er wusste, wie schwer es war, solche Mädchen zu finden und war ihr deshalb sehr dankbar. Und diese Anna war ein wahres Geschenk. Sie war sehr gehorsam und sie war es gestern Abend von Anfang an. Oft genug hatte er Probleme gehabt ein Stubenmädchen zu entjungfern, wenn sie sich wehrten oder wild herumzappelten. Diese Anna war von Anfang an anders. Sie hatte sich äußerst brav entjungfern lassen, sodass es für ihn eine besonders große Befriedigung gebracht hatte. Sie hatte wohl auch schnell erkannt und akzeptiert, von jetzt ab seine Stute zu sein, deren einzige Aufgabe es ist, seine Wollust zu befriedigen. Wenn nicht, dann wird er es ihr mit großer Freude beibringen.

In Gedanken überlegte er verschiedene Stellungen, wie er seine Stute weiter zureiten würde. Er wusste, dass er ihr noch sehr viel beibringen musste, um alle sein Verlangen stillen zu können. Er ermahnte sich, nicht zu schnell mit der Erziehung fortzufahren, diese Stute ist zu wertvoll. Bei diesen Gedanken wurde sein Glied steif. Er stand auf, ging zum Alkoven und weckte Anna zärtlich mit seinen Händen.

Anna schlug die Augen auf und wusste im ersten Moment nicht, wo sie war. Nur schemenhaft kamen ihr nach und nach die Erinnerungen an letzte Nacht. Ja, sie war von diesem Graf entjungfert worden und danach nochmals zwei oder dreimal bestiegen worden? Langsam kam die ganze Tragweite in ihr Bewusstsein zurück. Sie war jetzt eine Stute, seine Stute, wie der Graf sie immer nannte. Und er hatte ihr mehrmals erklärt, dass seine Stute zugeritten wird. Mit seinem Glied zugeritten wird. Dass es ihre Aufgabe hier sei, brav und gehorsam das Glied des Grafen in ihrem Leib zu empfangen. Dass es Bestandteil ihrer Erziehung war, zugeritten zu werden. Sie schloss wieder die Augen, aber dann hörte sie die Stimme des Grafen.

«Na, ist meine kleine Stute ausgeschlafen? Guten Morgen, die Sonne ist schon aufgegangen.»

Anna richtete sich auf und rieb sich die Augen. Der Graf, er trug einen dunkelroten Hausmantel, hatte sich zu ihr auf das Bett gesetzt. Zärtlich strich er mit seiner Hand über ihre Wangen.

«Hat sich meine Stute von gestern Nacht gut erholt. Antworte mir.»

Anna war erstaunt, wie freundlich der Graf zu ihr sprach. Schnell antwortete sie: «Ja, ich habe sehr gut geschlafen.»

«Na ja, ich habe dich auch letzte Nacht ganz gehörig heran genommen. Aber es ist fein zu hören, dass es dir gut geht. Steh auf. Am Tisch findest du frisches Brot und etwas Wein zur Stärkung.»

Als Anna aus dem Bett gesprungen war und sie zum Tisch am Fenster ging, spürte sie die Blicke des Grafen auf ihrem nackten Körper. Aber sie hatte nichts, um ihn zu bedecken und ihr fiel plötzlich ein, dass es ihr auch befohlen worden war, immer nackt zu sein. Flink ergriff sie ein

Brot und trank einen kleinen Schluck Wein.

«Jetzt ist es Sieben. Um Neun kommt die Mamsell und wird dich unterweisen. Komm her zu mir», befahl der Graf.

Als sie vor ihm stand, öffnete er seinen Hausmantel und mit Schreck gewahrte Anna das aufrecht stehende steife Glied des Grafen.

«Komm näher meine Stute. Ergreife mein Glied. Es verlangt nach dir», dabei lächelte er sie an.

Anna ergriff das Glied des Grafen und bewegte es nur vorsichtig mit ihrer Hand. Der Graf packte ihre Hand: «Fester, meine Stute. Das musst du lernen.» Ohne seine Hand von ihrer Hand zu nehmen, schob er Anna zu dem großen Lederhocker.

«Knie dich über den Lusthocker, so wie du es gestern Nacht schon gelernt hast. Du wirst zugeritten. Eine junge ungezähmte Stute gehört am Morgen schon zugeritten. Ein Morgenritt lockert die Lenden. Dann ist die Stute für den Tag vorbereitet und wird freudig auf dem Mittagsritt warten.»

Anna schloss die Augen, als sie sich hinkniete und über den Hocker beugte. *Mein Gott,* dachte sie, *ich werde schon wieder zugeritten - und Mittagsritt, heißt das, heute Mittag auch schon wieder?* Sie spürte die Hand des Grafen, der seine mit Spucke befeuchteten Finger zwischen ihre Schamlippen schob. Sein Zeigefinger öffnete ihre

Spalte, drang tief ein und bewegte sich kraftvoll hin und her.

«So wird die Möse einer Stute vorbereitet, wenn sie in der klassischen Stellung auf dem Bock zugeritten wird. Merk dir den Ausdruck *‹klassische Stellung›*. Wenn ich dir in Zukunft sage, dass meine Stute die klassische Stellung einnehmen soll, dann heißt das, dass du auf allen Vieren kniest, deine Beine weit auseinander spreizt und gehorsam mein steifes Glied erwartest. Los, spreize deine Beine weiter auseinander, ich will die Möse meiner Stute sehen. Dies ist eine Lektion», und er gab ihr einen festen nachdrücklichen Klaps auf ihren Po.

Wieder gab sich Anna ihrem Schicksal hin. Es war genau wie letzte Nacht. Sie spürte das harte Glied des Grafen an ihrer Möse und mit einem gewaltigen Stoß, der Anna laut aufschreien ließ, stieß er bis ans Heft in sie hinein.

«Ja, das ist der richtige Morgenritt. Tut es gut?»

Anna konnte nur mit dem Kopf nicken, da sie stöhnend die jetzt immer härteren und tiefen Stöße des Gliedes erdulden musste. Sie merkte, dass der Graf, der eben beim Frühstück und am Bett noch so freundlich zu ihr gewesen war, jetzt ein starker fordernder Mann war, der ihren Körper nun ganz für seine Lust beanspruchte.

Der Graf bestürmte die Festung seiner jungen Stute mit immer härter werdenden Stößen, die Anna laut aufschreien ließen.

«Schrei nur. Das mag ich hören. Eine Stute, die durch meine kraftvollen Stöße erregt wird, ist immer eine Freude. Du spürst meine Kraft, nicht wahr? Die Nacht hat mir gutgetan und die ganze Kraft zurückgegeben, die ich jetzt brauche, um dich hart zuzureiten. So gehört eine Stute zugeritten.»

Anna wimmerte nur noch. Sie hoffe auf baldige Erlösung, aber die ließ sehr lange auf sich warten.

Als der Graf mit ihr fertig war, aufgestanden und ihr sein Glied in den Mund gesteckt hatte, damit sie es säuberte, war sie erleichtert diesen Ritt überstanden zu haben. Dankbar schleckte sie an seinem Glied.

Der Graf erhob sich und schloss seinen Hausmantel: «Das war wieder ein guter Ritt. Du bist eine erstklassige Stute. Steh auf und hole meine Reitsachen aus dem Schrank da drüben. Ich werde jetzt zu den Ställen gehen und einen Ausritt mit meinem Hengst tätigen. Dies wird auch meine Lenden lockern. Ich werde zum Mittagsmahl zurück sein. Danach wünsche ich meine Stute hier in meinem Gemach. Du kannst dich jetzt wieder ins Bett legen und dich noch etwas mehr erholen. Dann wird die Mamsell kommen!»

Die hohe Schule

Als der Graf in die Bibliothek eintrat, sah die Gräfin, die an ihrem Schreibtisch saß, auf: «Bonjour, mon chéri!»

«Bonjour, ma chérie!»

«Comment faire votre jument?»

«Elle est très bien!»

«Vous avez choisi votre fleur?»

«Ja, meine Liebe. Ich habe ihre Blume gepflückt. Eine wunderschöne Blume. Eine rosa Rose. Taufrisch und so zierlich. Ein Genuss. Ich danke dir, mein Liebling.»

Der Graf beugte sich vor, schlug ihr Kleid auseinander, ergriff ihre nackte Brust und küsste seine Frau lange. Außer Atem sagte sie: «Mein Gemahl! So stürmisch! Hat dich die Nacht so erhitzt?»

«Isabelle. Es war eine Nacht im Paradies. So wie ich es mir immer wünsche. Sie ist eine wunderbare Stute, so weich, so zart, so zierlich, so eng.»

«War sie brav?»

«Ich sage dir, ganz erstaunlich. Eine ganz brave Stute. Von der ersten Minute an. Sie hat sich brav entjungfern lassen. So ein Genuss. So gehorsam. Ein kurzer Schrei, als ich eindrang.

Herrlich, so süß. Er klingt mir noch im Ohr. Ihr Blick, ihre großen Augen. Die Überraschung in diesem lieblichen Gesicht. Ich wurde so hart, wie schon lange nicht mehr. Stoß für Stoß war es purer Hochgenuss. Eine Köstlichkeit, eine Delikatesse. Reine Lust.»

«Maximilian! Du erregst mich!»

«Du hättest dabei sein sollen.»

«Du wolltest es nicht. Ich wäre gerne dabei gewesen.»

Der Graf holte sich einen Stuhl und setzte sich zu seiner Frau. «Isabelle. Ich weiß, du verstehst mich. Du hast mich immer verstanden und du bist die Einzige. Wenn ich eine Blume pflücken will, dann will ich ich sein. Es ist wie in einem schönen Herbstnebel über den Koppeln. Ich betrachte die anmutige junge Stute, die noch nie von einem Reitersmann bestiegen. Ihre zarten Lenden, die elegante Linie. Ihr Widerstreben, wenn ich aufsitze. Wenn ich sie zügeln muss, um sie zu führen, wenn dem langsamen Schritt der leichte Trab folgt und dann im erhitzenden Galopp endet.»

«Ach, mein Schatz. Du bist durch und durch ein Reitersmann.»

«Ich verspreche dir, Isabelle. Wir werden uns auch gemeinsam an unserer jungen Stute erfreuen.»

«Wie oft hast du sie zugeritten?»

«Ach Isabelle. Ich müsste nachdenken. Es waren ein paar wundervolle Ritte, auch noch heute Morgen.»

«War sie gehorsam?»

«Ja, Isabelle. Es ist erstaunlich. Von ihrer Entjungferung an. Kein Wort der Auflehnung, kein Eigensinn, kein Widerstand. Eine brave gehorsame Stute hast du da für mich gefunden.»

«Das freut mich sehr für dich, mein Maximilian.»

«Weißt du! Ich habe ein unbestimmtes Gefühl, ja, ich bin mir sogar sicher, dass wir hier ein ganz außergewöhnliches Mädchen haben. Selbst heute Morgen. Ich befahl ihr, sich über den Lederhocker zu beugen. Gehorsam kniete sie sich und beugte sich auf das Leder. Kein Wort des Widerspruchs, noch nicht mal eine Frage. Sie gehorchte einfach. Ich befahl ihr, sie solle die Beine weit auseinander spreizen. Sie tat es brav und unverzüglich.»

«Meinst du, wir könnten sie erziehen? Ich meine, die richtige Erziehung?»

«Du meinst, die Erziehung zur Hohen Schule?»

«Ja, mein Schatz. Ich meine die strenge Erziehung. Würde dir das gefallen?»

«Ich glaube, das würde mir gefallen. Ich denke auch, dass sie dafür prädestiniert ist, mein Liebling.»

«Ich habe mich gestern ein wenig mit ihr unterhalten. Ich habe auch diesen Eindruck bekommen. Sie ist sehr brav, sehr zurückhaltend und sehr devot. Ich glaube, sie ist formbar. Ich glaube, wir könnten ihr helfen den wahren Sinn des Lebens zu erkennen.»

«Ach. Isabelle. Wie edel und galant du dich immer ausdrückst. Ja, ich stimme dir zu. Lass es uns versuchen. Ich übergebe sie in deine Hände, in deine Erziehung.»

«Es wird nicht zu deinem Schaden sein, mein Gemahl. Du weißt, wie sehr ich um dein Wohl bedacht bin. Ich werde sie konsequent und streng erziehen, damit sie dir sehr viel mehr Freuden schenken kann als eine einfache Magd.»

«Isabelle, du bist so verständnisvoll. Welches Glück ich mit dir habe.»

«Was willst du jetzt machen, Maximilian?»

«Ich will zum Gestüt.»

«Aber wirst du deine Stute heute Mittag zureiten?»

«Ja. Natürlich Isabelle. Auf den Mittagsritt will ich nicht verzichten!»

«Nein das sollst du auch nicht. Ganz im Gegenteil. Da wir uns jetzt entschlossen haben, sie richtig zu erziehen, solltest du sie so oft wie möglich zureiten. Gerade an diesem ersten Tag nach der Entjungferung ist das außerordentlich wichtig, dass sie nach und nach spürt, wozu sie da ist und wie sie zu dienen hat. Sei heute Mittag zum Essen hier. Ich werde sie mir gleich auch noch mal ansehen. Wir werden dann heute Mittag mit ihr zusammen das Mahl einnehmen. Wir werden ab jetzt Bestandteil ihres Lebens sein.»

«Isabelle. Ich wundere mich immer wieder. Ich werde heute Mittag hier sein.»

Mamsell

Die Mamsell weckte Anna durch kräftiges Schütteln. Erschöpft war Anna nach dem Morgenritt, wie der Hohe Herr es nannte, im Bett eingeschlafen.

«Guten Morgen», sagte die Mamsell, «hast du gut geschlafen?»

Anna streckte ihre Arme auseinander. «Ja, das habe ich. Wie spät ist es?»

«Es ist kurz nach neun. Bist du noch sehr erschöpft?»

Anna konnte nur ein kurzes «Ja» antworten. Die Mamsell schaute Anna eine ganz Zeitlang mitleidig an. Sie streckte ihre Hand aus und streichelte Annas Schulter.

«Hat dich der Graf hart ran genommen?»

«Ja, das hat er», antwortete Anna gedehnt. *Die Mamsell weiß alles,* dachte sie. *Sie weiß, dass ich jetzt die Stute des Grafen bin und von ihm zugeritten werde.* Weil die Mamsell sie so freundlich und warmherzig ansah, traute sie sich zu sagen: «Sie wissen, was er mit mir macht?»

«Ja, mein Kind. Ich weiß es. Ich kann mit dir fühlen.»

«Es war so schlimm.»

Die Mamsell seufzte und drückte Anna fest an sich. «Ja, das erste Mal ist immer schlimm und man wird es ein Leben lang nicht vergessen.»

Anna schluchzte laut: «Es war nicht nur einmal. Es war mehrere Male.»

«Anna, mein armes Mädchen.»

Anna schüttelte sich und richtete sich auf. Sie sah in die warmherzigen Augen der Mamsell und fand Vertrauen. *Eine liebe Frau,* dachte Anna. Ihre dunkelroten Haare hatte die Mamsell hochgesteckt und sie trug eines von diesen blauen Dienstkleidern, das Anna auch in ihrem Zimmer gezeigt worden war. Allerdings hatte die Mamsell eine große weiße Schürze über ihre etwas fülligen Hüften gebunden. Die Mamsell zog Annas Kopf zu sich heran und lehnte ihn an ihre Schultern.

Anna überkamen bei den Gedanken an das Geschehene glasige Augen und ein paar Tränen kullerten an ihrer Wange herunter. Die Mamsell zupft ein Taschentuch aus ihrer Rocktasche und trocknete die sie. «Weine nicht, meine Kleine. Sei tapfer. Sei froh, der Graf scheint mit dir sehr zufrieden zu sein. Er hat es mir heute Morgen gesagt, als ich ihm das Brot brachte.»

«Er hat es Ihnen erzählt?», schreckte Anna auf.

«Nein, nein. Er hat zu mir gesagt, als ich dich in seinem Bett sah, dass er zufrieden ist.»

«Das hat er gesagt?»

«Ach, Kleine. Ja, er hat mehr gesagt. Er hat zu mir gesagt, du seist eine wunderbare gelehrige und gehorsame Stute.»

«Ja, das bin ich wohl», stöhnte Anna. «So nennt er mich jetzt immer. Ich sei seine Stute.»

«Ich weiß, Anna. Aber wenn er das sagt, heißt das, dass er wohl sehr zufrieden mit dir war.»

Anna blickte hoch: «Zufrieden? Mit mir? Was bedeutet das?»

«Anna. Ich weiß nicht, wie ich dir das jetzt erklären soll. Du bist so jung und das alles ist so neu für dich. Ich kann verstehen, dass es dich verwirrt. Du wirst es noch begreifen. Der Graf wünscht sich ein liebes Mädchen, das ihn zufrieden stellt. Und allem Anschein nach war er sehr zufrieden.»

«Und das, was er mit mir macht, das wünscht er?»

«Ja, Anna. Du bist jetzt sein neues Mädchen. Seine neue Stute. Diene ihm brav und gehorsam, dann hast du hier ein gutes Leben. Deine Arbeit, die du als Stubenmädchen machen musst, werde ich dir schnell erklärt haben. Hier ist auch eine Liste. Es sind nicht viele Punkte. Morgens das Gemach ausfegen, das alte Wasser wegbringen, neues Wasser und Wein holen und immer für frisches Obst sorgen. Es sind nicht viel mehr Arbeiten auf der Liste. Du musst nicht so viel arbeiten, wie die anderen Bediensteten, auch brauchst du die vorgeschriebenen Zeiten im Schloss nicht einzuhalten.»

«Ja», Anna stöhnte, «Ich hab es jetzt von ihm schon beigebracht bekommen, wie ich ihm zu dienen habe. Es ist so anstrengend.»

Mitfühlend nickte die Mamsell mit dem Kopf: «Denk immer daran, wir Frauen sind dazu gemacht, den Männern Freude zu machen. Tue es gehorsam, das mag er am meisten.»

Anna schüttelte sich, aber sie bekam Vertrauen zu der freundlichen Mamsell: «Er nennt mich immerzu, seine Stute, die zugeritten werden muss.»

«Ja, das weiß ich. Nimm es nicht so schwer. Ich weiß, das er es mag, dich so zu nennen. So nennt er seine liebsten Mädchen immer. Er ist halt durch und durch ein großer Reitersmann. Na ja, eigentlich ist es auch gar nicht so verkehrt. Eine junge Stute muss zugeritten werden, ich meine eine richtige Stute. Solange bis sie gezähmt ist, brav auf die Befehle hört und man auf ihr reiten kann. So ist das auch mit dir. Für seine Lust bist du seine Stute, der er durch Erziehung beibringen will, wie sie ihm zu dienen hat. Wenn ich dir einen Rat geben darf, lerne so schnell wie möglich, was der hohe Herr von dir wünscht. Sei sehr sauber, wasche dich oft. Du hast einen schönen Körper, pflege ihn, denn mit dem musst du ihm dienen.»

«Ja, mit dem muss ich ihm wohl dienen», kam es aus Annas Mund resignierend, «Dann wissen Sie, was es bedeutet, wenn er sagt, eine

Stute muss zugeritten werden?»

Die Mamsell nickte mehrmals mit ihrem Kopf und trocknete eine weitere Träne auf Annas Wange. Dann sagte sie leise: « Ich weiß, was das beim Grafen bedeutet, wenn er es sagt. Es ist ein schlimmes Wort, aber er mag es nun mal. Aber ich habe dir ja eben gesagt, woher das stammt, nämlich von den richtigen Stuten und da der Graf auch begeistert richtige Stuten zähmt und abrichtet, sagt er es auch, wenn er dich besteigt. Er hat halt immer ein großes Verlangen und seine Lust stillt er, wenn du als seine Stute zugeritten wirst.»

Anna schaute die Mamsell schweigend an. *Sie weiß, was das Wort wirklich bedeutet,* dachte Anna. Als wenn sie Annas Gedanken lesen konnte, sagte die Mamsell: «Ja, meine Kleine, ich weiß genau, was das Wort bedeutet, wenn seine Stute zugeritten wird. Sie bekommt das Glied des Grafen.»

«Dann bedeutet das Wort immer nur, das er sein Glied in mich hineinsteckt?»

«Ja, Anna. Komm, keine Tränen mehr. Ja, es stimmt. Wenn der Graf sagt, dass du zugeritten wirst, dann bedeutet es das immer und dass er nach einem ausdauernden Ritt seinen Samen in dich entladen will.»

«Will er seine Stuten eigentlich immer so oft zureiten?»

Die Mamsell lachte wieder: «Ja. Der Graf ist

ein kraftvoller und sehr vitaler Mann, der in der Blüte seines Lebens steht und ein solcher Mann braucht eine gehorsame Stute. Hat er dich auch heute Morgen zugeritten?»

«Und wie. Heute Morgen war er ganz wild. Er ist so groß und es tut so weh.»

«Ach, mein Kind. Was soll ich dir sagen. Ja, ich weiß, er ist sehr groß. Er ist halt ein kraftvoller Mann.»

«Sie wissen das?»

«Ach, meine Kleine», lachte die Mamsell: «Was glaubst du. Ja ich kenne ihn. Mir ist es früher auch mal so ergangen, wie dir jetzt.»

«Er hat Sie auch zugeritten?»

«Ja. Er hat mich auch zugeritten. Ich war auch mal seine Stute, aber das ist so lange her, mehr als fünfzehn Jahre. Ich kann mir sehr gut vorstellen, was er alles mit dir macht. Mit mir hat er auch alles, aber auch alles gemacht, was ein Mann mit einer Frau machen kann. Du kannst Vertrauen zu mir haben. Ich sage dir, vom Grafen zugeritten zu werden ist nicht schlimm, vielleicht in den ersten Wochen schon, aber wenn du brav seine Lektionen lernst, wird es nicht mehr so unangenehm sein. Es ist doch viel schöner im Bett vom Grafen zu liegen und ihn zu empfangen, als draußen bei Wind und Wetter auf den Feldern hart zu arbeiten, wie alle die Erntehelferinnen das machen müssen. Vergiss das nie, das ist ein ganz wichtiger Ratschlag von mir, besonders, wenn der Graf mal wieder etwas mit dir macht, was vielleicht schmerzhaft ist.»

«Oh. Schmerzhaft?»

«Ich will dir jetzt keine Angst machen. Es gibt da ein paar Stellungen, die der Graf liebt, wenn du zugeritten wirst, die ein wenig schmerzhaft sind. Aber dies wird er dir erst später zeigen. Denk noch nicht daran. Öffne dich ihm immer bereitwillig, dann ist es einfacher.»

Anna überkam eine gewisse Niedergeschlagenheit. *Was wird der Graf noch alles mit mir machen? Was wird er mir zeigen?*

«Hat er dir schon gesagt, dass du Lockerungsübungen machen sollst?»

«Ja, das hat er. Ich soll Kniebeugen machen.»

«Ja, mach das. Wenn er merkt, dass du es nicht machst, dann wird er bestimmt böse. Du musst dich ganz locker machen, wenn du ihn empfängst. Nicht verkrampfen, empfange ihn ganz offen. Öffne dich ganz, wenn er eindringen will. Du wirst sehen, nach einiger Zeit wird es dir sogar gefallen.»

«Es wird mir gefallen? Meinst du? Wie kann einem das gefallen, was er mit mir macht?»

«Anna. Du bist jetzt eine Frau. Den Frauen ist es bestimmt, den Mann zu empfangen. Finde dich damit ab, dann wird alles leichter. Wenn du dich dagegen wehrst, dann wird alles nur noch schlimmer.»

«Er hat mir seine Peitsche gezeigt.»

«Seine Gerte. Aber denk da nicht dran. Der Graf ist ein gutmütiger und rücksichtsvoller Mensch. Wenn er merkt, dass du ihm gehorchen willst, wird er dich verwöhnen. Glaube es mir. Ich kenne ihn.»

«Er hat gesagt, dass er mich heute Mittag nach dem Mittagsmahl wieder zureiten will.»

«Hmmm. Das wirst du erdulden müssen. Er wird dich sehr oft zureiten. Komm, ich helfe dir kurz bei der Arbeit, dann sind wir schnell fertig und können hinunter in den Speisesaal gehen. Ist deine Dienstkleidung hier?»

Anna stand auf: «Ich darf hier keine Dienstkleidung tragen. Ich muss in diesen Zimmern immer nackt sein, das hat er so bestimmt.»

«Ach so. Macht nichts. Ich helfe dir schnell, dann kannst du deine Dienstkleidung anlegen und mit mir hinuntergehen.»

Le Dressage

Plötzlich trat die Gräfin in das Gemach. Anna sprang von dem Stuhl hoch.

«Guten Morgen, Anna», sagte die Gräfin, «Geht es dir gut?»

«Ja, Madame. Mir geht es gut.»

Die Gräfin strich Anna über das Haar und betrachtete ihren nackten Körper. «Das ist schön zu hören. Mein Gatte war sehr zufrieden mit dir. Er hat es mir eben gesagt. Hol mir bitte ein Glas Wasser.»

«Ich habe zu unserer Anna gesagt», sprach die Gräfin zur Mamsell, während Anna für die Gräfin das Glas Wasser holte und es ihr reichte, «dass sich unser hoher Herr sehr lobend über sie geäußert hat. Erstaunlich. Sie scheint eine Bereicherung für unser Schloss zu sein. Deshalb haben mein Gemahl und ich beschlossen, dass sie die strenge Erziehung erhält, damit sie sich hier wohlfühlt und sich in unser Schlossleben schnell eingewöhnen kann. Ich möchte, dass Sie ihr helfen, die Dienste für den hohen Herrn zu seiner Zufriedenheit zu leisten. Ich weiß, Sie können ihr mit Rat und Tat zur Seite stehen und wissen, wie sie zu dienen hat. Elle est maintenant une jument de dressage.»

«Oh! Le dressage?»

«Ja. Martha. Mein Gemahl und ich haben uns dazu entschlossen. Sie wissen, was Sie zu tun haben.»

«Ja. Madame. Das weiß ich. Ich werde es gerne tun. Ich habe Anna auch schon in ihre Arbeiten im Gemach des Hohen Herrn eingewiesen und wir haben das schnell erledigt.»

«Martha. Anna braucht diese Arbeiten nicht mehr zu machen. Eine der Dienstmägde soll es machen. Am besten die Gretel, die hat es ja auch bisher gemacht. Sehen Sie zu, dass Anna ihre besonderen Dienste zur Zufriedenheit meines Gatten ausführen kann. Ihre Aufgabe ist eben jetzt anders, denn sie soll ja nur ihm dienen und ihm ganz zur Verfügung stehen. Nur das ist wichtig. Achten Sie auf die Hygiene, Sauberkeit und das sie immer frisch und anmutig aussieht.»

«Jawohl Madame. Dafür werde ich sorgen.»

Die Gräfin überreichte der Mamsell ein verschraubtes Glas: «Hier, halten Sie das. Sie soll es regelmäßig auftragen. Ich werde es Ihnen zeigen. Anna, leg dich auf das Bett und spreize deine Beine. Ich möchte deine Katze sehen.»

Anna lief rot an, legte sich aber gehorsam auf das Bett und öffnete ihre Beine. Die Gräfin beugte sich vor, berührte ihre Schamlippen mit ihren Fingern und teilte ihre Spalte.

«Oh ja. Die Lippen sind ganz gerötet. Anna du hast ein schönes Kätzchen. Nicht wahr, Martha? Ein süßes Kätzchen. Das muss du pflegen,

Anna. Martha, öffnen Sie das Glas!»

Die Gräfin steckte einen Finger in das Glas mit Salbe und bestrich Annas Schamlippen. Anna empfand es als angenehm, die Kühle der Salbe tat ihr gut.

«Anna. Ich möchte, dass du sie benutzt. Es wird dir helfen. Es ist eine Melissensalbe, die du auf deine Schamlippen auftragen musst. Aber nur ganz wenig, nicht zu viel. Es macht deine Schamlippen geschmeidig und dann kannst du den Grafen leichter empfangen.»

Die Gräfin schaute sich sehr genau Annas Kätzchen an und cremte weiter ihre Schamlippen ein. «Du hast wirklich ein schönes Kätzchen, Anna. So weich und so zart. Mit der Salbe bleibt es zart. Die habe ich von meiner Schwester aus Frankreich, sie ist extra für Frauen gemacht.»

«Extra für Frauen?»

«Ja. Für die Schamlippen. Man nennt sie ‹*Crème pour le vagin*›, Vaginalcreme», und lachend fügte die Gräfin hinzu: « Meine Schwester nennt sie immer ‹*Creme de jument*›.»

«Was heißt das, Madame?»

«Übersetzt heißt das ‹Stutensalbe›.»

«Oh Gott. Stutensalbe. Was für ein Wort!»

«Anna! Sie wird in Frankreich extra für die Schamlippen junger Stuten hergestellt, die von ihrem Herrn zugeritten werden. In Frankreich ist es im Adel üblich, dass sich die hohen Grafen und Fürsten alle junge Stuten halten, die von ihnen zugeritten werden. Die Salbe ist sehr begehrt und hilft wirklich.»

Zur Mamsell gewendet sagte sie: « Martha. Und sehen Sie zu, dass Anna soweit wie möglich von allen anderen Aufgaben befreit wird und sich ganz meinem Gatten widmen kann. Und noch etwas. Geben Sie Anna immer gut zu e ssen. Auch gleich beim Mittagsmahl.»

Die Gräfin drehte sich um, ging Richtung Türe und schaute nochmals zurück. «Sie wird nach dem Mittagsmahl meinen Gatten wieder empfangen müssen!»

Anna war schockiert. Ihr wurde klar, was die Gräfin damit meinte, dass sie nach dem Mittagsmahl wieder den Hohen Herrn empfangen muss.

Die Mamsell setzte sich neben Anna: «Das ist doch schön, dass die Gräfin sich auch so lobend über dich äußert. Und es ist toll, dass ich dich von allen lästigen Arbeiten befreien kann. Dann kannst du dich leicht auf den Hohen Herrn konzentrieren.»

«Die Gräfin weiß, dass ich heute Mittag vom Grafen wieder zugeritten werde?»

«Ja, das weiß sie.»

«Oh, wie schlimm. Sie weiß das. Und, Martha, sie hat gesagt, dass ich die strenge Erziehung erhalte. Was hat sie denn damit gemeint?», fragte Anna etwas niedergeschlagen.

«Anna! Mein Kind. Du hast doch gehört. Du

sollst dich hier wohlfühlen und dich hier schnell einleben. Das möchte sie wirklich und das erwartet sie auch von dir. Aber die Gräfin drückt sich immer sehr stilvoll aus. Sie weiß genau, was der Graf alles mit dir macht und auch noch machen wird. Sie hat dich ja auch einzig und allein aus diesem Grund für ihren Gatten ausgesucht. Ich weiß, dass du dich mit dieser Erkenntnis schwer tust. Aber so ist es nun mal. Du bist ab jetzt hier aus einem einzigen Grund! Dich dem Hohen Herrn anzubieten und dich vom ihm als seine Luststute zureiten zu lassen.»

«Luststute?»

«Ja, als Luststute. So nennt man ein junges Mädchen, das als Stute nur der Lust des Hohen Herrn dient.»

«Ich bin also eine Luststute!»

«Ach Anna, denke nicht daran. Das bist du noch nicht. Jetzt höre auf, Fragen zu stellen.»

«Sie hat gesagt, alle hohen Herrn in Frankreich haben Luststuten?»

«Ja. Das habe ich auch gehört. Aber ich war nie in Frankreich.»

«Das hat Ihnen die Gräfin erzählt?»

«Nein, Anna. Das weiß ich. Die Gräfin war auch mal die junge Stute eines Marquise und ist von diesem entjungfert und als Luststute ausgebildet worden. Es muss für sie eine sehr schöne Zeit gewesen sein und sie musste mehrere Jahre als Luststute dienen, bis der Marquise sie an der

Grafen verschenkt hat. Sie hatte mir mal erzählt, dass sie eine ‹*jument de dressage*› war.

«Was heißt das, Martha? Dressage? Die Gräfin hat es eben auch gesagt.»

«Ja, meine Kleine, das hat sie gesagt. In Frankreich nennt man die Ausbildung einer Luststute in sehr vornehmen Kreisen Dressur und im Grunde genommen ist es das ja auch.»

Die Mamsell wusste, dass das Wort in Wahrheit das Abrichten eines jungen Mädchen bedeutet und dass dieses Abrichten sehr streng sein wird.

«Deshalb weiß die Gräfin wohl auch genau, was ihr Mann mit mir macht und mich dressiert?»

«Ja, da kannst du sicher sein. Sie wird ihren Mann sicherlich heute Morgen gefragt haben, was geschehen ist. Deshalb haben sie wohl beschlossen, mit der Erziehung zu beginnen. Sie tut alles für ihren Mann. Sie wird ihm dabei sicher helfen. Deshalb ist sie auch so besorgt um dich.»

«Martha. Das ist schlimm! Dass die Gräfin so was macht?»

«Anna. Du wirst sehen, sie will nur dein Bestes. Sie wird sich sehr um dich kümmern und das bringt dir viele Vorteile. Also, benutze regelmäßig die Salbe. Am besten, immer nachdem der Graf dich am Morgen zugeritten hat. Dann ist er anschließend länger weg.»

Anna betrachtete das Glas und schraubte es auf. Es roch sehr gut.

«Es riecht gut.»

«Ja, es wird dir guttun. Auch wenn der Graf dir noch mehr abverlangen wird.»

«Noch mehr abverlangen?»

«Ach, meine Kleine. Stell nicht zu viele Fragen. Warte es ab. Ja, die Salbe kann man auch benutzen, wenn der Graf dich dabei in sehr speziellen Stellungen zureiten wird.»

«Oh Gott. Das hört sich schlimm an. Sind es schlimme spezielle Stellungen?»

«Ja, mein Kind. Aber ich werde dir das jetzt noch nicht sagen. Ich darf es nicht.»

«Du darfst es nicht?»

«Anna. Du stellst zu viele Fragen. Die Gräfin hat es mir verboten. Es sei das Recht des Hohen Herrn, dass er die speziellen Stellungen erstmalig mit einer vollkommen unvorbereiteten Stute vollziehen kann.»

«Das hat die Gräfin gesagt?»

«Das hat sie mir ausdrücklich gesagt. Der Graf mag es eben ganz besonders, wenn er sein Glied in eine vollkommen unvorbereitete Stute in einer speziellen Stellung einführen kann. So wie er dich ja auch gestern Abend unvorbereitet entjungfert hat, nicht wahr? Es ist sein Recht und ich darf dir nicht zu viel erzählen. Erst recht nicht, was der Graf noch alles mit dir machen wird. Er nennt es die *‹Lektionen der Dressur›*, die er seiner Stute erteilt. In den Lektionen will er dich lehren, wie du in den verschiedenen Stellungen zugeritten wirst. Jetzt tu, was der Graf dir aufgetragen hat. Er hat mir gesagt, du sollst um das Schloss laufen, damit du deine Lenden lockerst. Komm, sei so gut und mach es, dann kannst du auch heute Mittag eine gute Stute für den Grafen sein und ihn viel leichter empfangen. Zieh dich an und komm mit mir in die Küche. Ich habe Apfelsaft.»

Mittagsgespräch

Der Graf und die Gräfin saßen in der Bibliothek des Schlosses, in der sie immer ihr Mittagsmahl einnahmen.

Die Gräfin fragte ihren Gatten: «Was stand denn in dem Brief, den der Bote heute gebracht hat.?»

«Ach. Zwei Junker des Ritterordens wollen heute Abend vorbeikommen. Sie hätten mit mir zu reden.»

«Heute Abend?»

«Ja. Außerordentlich ärgerlich. Wir werden das Abendmahl mit ihnen zusammen einnehmen und dann danach darüber reden, was sie wollen.»

«Haben sie gesagt, über was sie reden wollen?»

«Irgendeine Strafaktion gegen einen Tributpflichtigen im Norden. Dabei wollte ich mich heute Abend meiner Stute widmen. Ärgerlich!», antwortete der Graf barsch.

«Ich hätte da einen Vorschlag zu machen, mein Gemahl. Wir werden ihnen ein besonderes Nachtlager anbieten. Oben die zwei Gästezimmer und ihnen jeweils eine Küchenmagd zu ihrer Verfügung bereitstellen. Dann werden sie sicher das Gespräch schnell beenden wollen, um sich den Mägden zu widmen.»

«Ach, Isabelle. Du hast immer so gute Ideen. Wenn ich dich nicht hätte. Das werden wir machen. Ärgerlich ist auch, dass ich gleich zu Miroslav muss. Seine Kuh macht ihm Ärger. Wahrscheinlich krank.»

«Willst du denn vorher noch die Dressur deiner Stute fortsetzen?»

«Ja. Für einen kurzen Mittagsritt reicht die Zeit. Lass sie hierherkommen.»

«Maximilian. Ich habe mit der Mamsell geredet und ihr gesagt, dass wir die strenge Erziehung beginnen wollen. Sie weiß Bescheid und wird alles herrichten.»

«Das ist gut. Auf Martha kann man sich verlassen.»

Erleichtert stand die Gräfin auf und läutete nach der Mamsell. Ihr war sehr daran gelegen, dass der Abend nicht durch ungebetenen Besuch gestört wurde, da sie dem Rittmeister eine Nachricht hatte zukommen lassen, er möchte sich zu einem Gespräch bei ihr in ihrem Gemach melden. Sie nannte ihre erotischen Momente immer sehr gerne ‹Gespräch›. Natürlich unterhielt sie sich dabei sehr stilvoll, aber nach und nach nahmen diese Gespräche einen eindeutigen Verlauf, denn sie schätzte es außerordentlich bei diesen Gesprächen nackt zu sein und erwartete von ihrem Gesprächspartner, dass dieser ihrem Kätzchen seine ganze Aufmerksamkeit zuwendete. Dabei muss es nicht nur immer ein Mann sein.

Nein, sie liebte es, diese Art Gespräche auch mit einer der jungen Mägde zu führen. Aber heute stand ihr der Sinn nach einem kräftigen Glied. Der Gedanke daran, dass ihr Gatte zurzeit eine wunderschöne junge Stute für seine Lust nutzte, hatte bei ihr ein starkes Verlangen erzeugt. Aber viel mehr als dieser Gedanke, stand bei ihr im Vordergrund der Überlegung, dass gerade die ersten Tage der Erziehung eines so jungen Mädchens zur Stute nicht unterbrochen werden sollten. Nur die konsequente und kompromisslose Ausbildung, indem diese jungen unerfahrenen Mädchen von ihren Gatten mehrmals täglich zugeritten wurden, machten sie zu gehorsamen Stuten, die sich ihrer weiteren Erziehung nicht widersetzten. Und allein das war wichtig, denn die eigentliche Nutzung einer Stute begann erst, wie im richtigen Ablauf im Gestüt, nachdem jegliche Eigenwilligkeit dieser jungen Stuten durch äußerst strenge Führung unterbunden wurde.

Bibliothek

Die Mamsell kam zu Anna in den Gesinde-Speisesaal: «Anna. Steh auf. Du sollst sofort zum Grafen in die Bibliothek kommen!»

Verwundert fragte Anna: «Nicht in sein Zimmer?»

«Nein. In die Bibliothek. Ich weiß auch nicht, warum. Ich führe dich hin.»

Die Bibliothek lag ebenerdig auf der anderen Seite der Eingangshalle. Die Mamsell öffnete die schwere dunkle Eichentüre und schob Anna hinein. Als Anna eingetreten war, war sie beeindruckt von der luxuriösen Ausstattung und Größe dieser Bibliothek. An der rechten Wand befanden sich hohe Holzregale, vollgestopft mit Büchern. An der linken Wand, die mit einem blau und weiß gemusterten Stoff bespannt war, hingen große Ölbilder mit Porträts der Ahnen des Grafen und dazwischen befand sich eine dunkelbraune Flügeltüre. Am Ende der Wand, wo die Fensterfront mit den drei breiten Fenstern den Blick zum Schlosspark freigaben, war ein gemauerter offener Kamin zu sehen. Der ganze Boden war mit vielen wertvollen, orientalischen Teppichen auslegt und vor dem Kamin lag noch ein breites Bärenfell. Daneben befanden sich vier dick gepolsterte Sessel um einen flachen Tisch gruppiert.

Vor der Regalwand rechts stand ein breiter schwerer Eichenschreibtisch an dem der Graf und die Gräfin saßen. Beigestellt stand zur Regalwand, ein kleiner Sekretär für Schreibarbeiten.

Die Gräfin stand auf und nahm Anna bei der Hand. Schroff und vollkommen unvorbereitet für Anna, sagte sie: «Der Graf hat nicht viel Zeit. Er muss dringend zu einem weiter entfernten Bauern. Du wirst hier von ihm zugeritten werden.»

Der letzte Satz traf Anna wie ein Schlag und ehe sie sich versah, zog die Gräfin ihr das Dienstkleid aus. Das hatte sie von der Gräfin nicht erwartet. Auch dass sie ganz offen zu ihr sagte, dass sie hier zugeritten wird, erstaunte Anna, wo doch die Mamsell gesagt hatte, dass die Gräfin immer sehr stilvoll und zurückhaltend spricht.

Die Gräfin strich mit ihrer Hand über Annas Brüste, fuhr hinunter über ihren Bauch, schob ihre Hand zwischen ihre Schenkel und befühlte ihre Schamlippen.

Während sie kräftig Annas Kätzchen streichelte, sagte die Gräfin zu ihrem Mann gewandt: «Wirklich eine sehr schöne Stute. Ihr Kätzchen ist so zart.»

Da Anna ein wenig versuchte, sich der forschenden Hand der Gräfin zu entziehen und die

Gräfin dies bemerkte, sagte sie: «Ja, ich sehe, du bist noch eine sehr ungezähmte Stute. Du musst kräftig zugeritten werden, damit du lernst gehorsam zu sein.»

Ehe sich Anna versah, schlug die Gräfin kraftvoll mit ihrer Hand auf Annas Po. «Ich werde dich schon dazu erziehen. Geh zum Grafen.»

Mittagsritt

Der Graf kam hinter seinem großen Schreibtisch hervor: «So, meine Stute, jetzt wirst du zugeritten. Komm her. Ich habe nicht viel Zeit.»

Nackt, wie sie war, ging Anna zum Grafen. Diese Nacktheit ließ sie schnell bewusst werden, was folgen würde. Sieh sah, dass der Graf seine Hose fallen ließ und genussvoll sein Glied rieb. Sie sah sich um und stellte fest, dass sich die Gräfin in einen der Sessel der Eckgruppe hingesetzt hatte und lächelnd zusah.

«Anna», kommandierte die Gräfin streng. «Knie nieder und öffne deinen Mund.»

Anna war wie vor den Kopf geschlagen. *Die Gräfin sagt mir das? Und sieht zu?* Innerlich widerwillig tat sie wie geheißen und umfasste das bereits stark angeschwollene Glied des Grafen mit ihren Lippen. Aber der Graf hatte es eilig.

«So, meine Stute. Geh hinüber zum Kamin. Dort auf dem Bärenfell knie nieder. Nimm die klassische Stellung ein. Ja, hier auf dem Fell. Ich will sehen, was du bereits gelernt hast.»

Anna drehte sich um, kniete nieder und stützte sich mit den Händen auf dem Boden ab. Als sie den Kopf hob, schaute sie geradewegs in das freundlich lächelnde Gesicht der Gräfin, die nicht weit entfernt vor ihr im Sessel saß.

«Ja. Nicht schlecht, meine Stute. Sehr gut sogar und die Beine schön breit machen. Ja, du lernst schnell. Aber auf dem flachen Boden musst du anders, als über dem Lusthocker, deine Schultern ganz auf den Boden beugen und mir deinen Po so hoch wie möglich entgegenhalten.»

Der Graf hatte sich mittlerweile hinter Anna gekniet und begann mit seiner Hand ihre Schamlippen zu streicheln: «Freut sich meine Stute darauf, von mir zugeritten zu werden? Antworte!»

«Ja. Hoher Herr.»

«Ich will immer den ganzen Satz hören, also nochmal. Was will ich hören?»

«Ich freue mich, von Ihnen zugeritten zu werden.»

«Ja, sehr gut. So will ich es aus deinem Mund hören. Dir ist bewusst, was es bedeutet, wenn du zugeritten wirst?»

«Ja. Hoher Herr. Mir ist bewusst, was es bedeutet, wenn ich zugeritten werde.»

«Und was bedeutet es? Antworte!»

«Es bedeutet, das Ihr Euer Glied in mich hineinstecken werdet.»

«Sehr gut. Ich sehe, du begreifst schnell. Aber das Wort zugeritten zu werden bedeutet mehr als nur das Glied hineingesteckt zu bekommen. Ich will, dass dir die ganze Bedeutung des Wortes immer bewusst ist, wenn du es hörst. Es bedeutet eben nicht nur, dass ich mein Glied in deine Möse stecken werde, sondern, dass du von meinem Glied sehr lange und ausdauernd gestoßen wirst. Dies sollst du verinnerlichen und in deinen Gedanken immer mit dir herumtragen. Zugeritten zu werden heißt, sehr gehorsam die Stöße meines Gliedes zu empfangen, auch wenn es manchmal sehr lange dauern kann. Hast du verstanden? Antworte!»

«Ja. Hoher Herr. Ich habe es verstanden. Zugeritten zu werden bedeutet, dass ich sehr gehorsam die Stöße eures Gliedes empfangen muss.»

«Sehr gut. Ich freue mich. Solche Sätze aus dem Mund einer jungen Stute gefallen mir. Ich sehe, dass du schon sehr viel begriffen hast und das ist gut so. Mit der Zeit wird dir diese Bedeutung sehr gefallen, da du die wahre Bedeutung des Wortes *‹zugeritten zu werden›* jetzt, so wie ich glaube, schon richtig verinnerlicht hast. Es wird dich allein schon erregen, wenn du es hörst und deine Schamlippen werden vor lauter Erwartung, von meinem Glied kräftig gestoßen zu werden, erregt anschwellen. So wie es sich für eine richtige Stute gehört.»

Anna erschrak, als der Graf sein Glied plötzlich und ohne Vorwarnung tief in sie hinein stieß. Sie stöhnte laut auf.

«Gefällt es meiner Stute zugeritten zu werden? Antworte!»

«Ja. Hoher Herr. Es gefällt mir zugeritten zu werden.»

Anna begann immer mehr zu stöhnen, da es sehr lange dauerte und das Glied des Grafen schier unaufhörlich immer wieder in sie hinein stieß. *Warum dauert das Zureiten so lange?,* dachte sie und stöhnte.

Dann endlich entlud sich der Graf, von Anna mehr als herbeigesehnt, mit schier unheimlich festen und tiefen Stößen seines Gliedes. Anna sackte förmlich in sich zusammen. Als sie am ganzen Körper zitternd das Glied des Grafen mit ihrem Mund gesäubert hatte, sagte der Graf: «Das war ein hochherrschaftlicher Ritt. Ich bin zufrieden. Wie ich sehe, ist meine kleine Stute noch ganz in Wallung. Das ist gut so. Hat er dir gefallen, so feste zugeritten zu werden? Antworte!»

Brav antwortete Anna mit zittriger Stimme: «Ja. Hoher Herr, es hat mir gefallen so feste zugeritten zu werden.»

«Na ja. Dann weißt du jetzt, was es heißt hochherrschaftlich zugeritten zu werden. Fein. Es hat dir wohl wirklich gefallen. Ich sehe es an deinen roten Wangen. Dann wirst du heute Abend noch mehr Gefallen daran finden, mehrmals zugeritten zu werden.»

Anna war fix und fertig. So fest hatte sie der Graf noch nie zugeritten. Und als sie hörte, dass sie heute Abend noch mehr Gefallen am Zureiten finden sollte, wurde ihr ganz schlecht. Sie hatte dem Grafen zwar geantwortet, dass es ihr gefallen hatte, aber das hatte sie nur getan, weil er verlangte es so zu hören. In Wirklichkeit hatte es ihr eben überhaupt nicht gefallen, da ihre Möse und ihre Schamlippen von den unaufhörlichen Stößen des dicken Gliedes wie Feuer brannten.

Anna hörte, wie der Graf hinter ihr stehend, zu seiner Frau meinte. «Eine brave Stute, Isabelle. Lässt sich gut zureiten. Handfeste edle Lenden. Hast du alles genau beobachtet?»

«Ja. Mein Gemahl. Sie gehorcht schon ganz gut. Deswegen müssen wir die Erziehung auch konsequent fortsetzen. Es war gut, was du ihr gesagt hast. Sie soll sich bewusst werden, was es heißt zugeritten zu werden. Sie ist gut, Maximilian. Ich denke, sie wird noch besser.»

Zu Anna sagte die Gräfin: «Du kannst aufstehen, dich anziehen und zur Mamsell gehen. Du bekommst noch das Mittagessen. Dann geh hoch auf dein Zimmer, du kannst dich etwas ausruhen. Mein Gemahl muss jetzt zu einem Bauern, dessen Kuh Probleme hat. Wir werden später oben ein paar Lockerungsübungen machen. Er will heute Abend eine bereitwillige und gehorsame Stute vorfinden, die sich darauf freut, sein Glied zu empfangen.»

Anna war erschüttert. Die Gräfin hatte tatsächlich gesagt, dass sie das Glied des Grafen empfangen soll.

Apfelsaft und tröstende Worte

Erschöpft ließ sich Anna auf einem Stuhl in der Küche bei der Mamsell fallen.

«Kann ich bitte einen Apfelsaft bekommen?»

«Ja. Gleich. Du siehst sehr mitgenommen aus. War es sehr schlimm?»

Anna stöhnte laut: «Es war furchtbar. So hart hat er mich noch nie zugeritten. Und das schlimmste war, es hörte gar nicht auf.»

Voller Mitgefühl reichte die Mamsell ihr das Glas Apfelsaft. «Trink erst mal einen Schluck, dann geht es dir besser. Tja, so sind die Männer. Denken nur an ihr eigenes Vergnügen und stillen sich ihre Lust an uns. War der Graf denn zufrieden mit dir?»

«Ja, das hat er gesagt. Er sagte, das sei ein hochherrschaftlicher Ritt gewesen.»

Richtig erleichtert kam es von der Mamsell: «Wenn er das gesagt hat, dann muss er wirklich mit dir zufrieden gewesen sein. Als ich dich eben sah, wie niedergeschlagen du warst, dachte ich schon, es hätte Ärger gegeben.»

«Nein, was soll es für Ärger gegeben haben?»

«Na ja. Weißt du, der Graf mag es nicht, wenn sich seine Stute widersetzt oder sich zu dumm anstellt, oder wenn du unbedachte Bewegungen machst und sein Glied dabei herausrutscht.»

«Nein, ich habe mich bemüht ihm so zu dienen, wie er es will. Aber er war so wild. Ich glaube, sein Glied war auch sehr dick und er stieß damit immer so tief zu. Ich dachte schon bis zum Bauchnabel.»

«Dann hatte er wohl ein großes Verlangen nach dir. Sei froh darüber. Es scheint, er findet sehr viel Gefallen an dir. Ich weiß, die ersten Tage sind die schlimmsten. Es geht dir besser, wenn du jeglichen Widerwillen in deinem Innersten vergisst und schnell lernst, wie du die Befehle des Grafen auszuführen hast. Ich sage dir das, um dir zu helfen. Vertraue mir. Der Graf möchte ein junges Mädchen, dass ihm zu Willen ist. Ich weiß es. Und wenn er feststellt, dass er eine unwillige Stute hat, dann gibt er sie schnell dem nächsten Hofbesitzer in seinem Refugium oder einem reisenden Händler, der dann mit dir machen kann, was er will. Dann hat er kein Interesse mehr an dir. Also, Kopf hoch. Lass dich zureiten. Es gibt schlimmeres, was einer Frau passieren kann.»

«Was soll denn schlimmer sein?»

«Mein Mädchen, du hast keine Ahnung von der Welt. Aber darüber können wir später mal reden. Was willst du denn jetzt machen?»

«Ich weiß nicht. Er hat gesagt, dass ich jetzt meine Lockerungsübungen machen soll. Ich soll mich für heute Abend vorbereiten. Wenn ich daran denke, dass er mich wieder so wild zureitet, wird mir ganz schlecht.»

«Ja, lauf einmal um das Schloss und den Schlossgraben. Das wird dir guttun und dann kommst du auf andere Gedanken. Komm danach zu mir, dann bekommst du ein Stück Kuchen, den ich gebacken habe.»

«Ach, liebe Mamsell. Du bist so lieb zu mir.»

«Nenn mich, wenn wir unter uns sind, Martha. Das ist mein Name. Du kannst sicher sein, dass ich dir immer helfen werde. Auch mir liegt daran, dass du den Grafen zufriedenstellen kannst. Du hast ja mitbekommen, dass die Gräfin mich dazu extra beauftragt hat. Wenn du also Probleme hast oder du glaubst, dass du dem Grafen nicht wie gewünscht dienen kannst, dann komm zu mir. Rede nicht mit den anderen Bediensteten. Tu das nie. Sie werden dich versteckt ansprechen, um zu erfahren, was der Graf mit dir macht, um es weiter zu tratschen. Erzähl ihnen kein Sterbenswörtchen. Nur mir; und nur mit mir kannst du immer offen reden. Ich glaube, das hast du ja auch schon bemerkt. Ich habe ganz viel Verständnis für deine schwierige Situation und werde dir immer helfen, wo ich kann. Aber du musst wissen, dass ich auch sehr viel Verständnis für den Grafen habe und für das, was er von dir verlangt. Ich muss ihm genauso gehorchen und dienen, wie du. Denn er ist der Herr hier und nur wenn er gute Laune hat, geht es uns allen gut. Er ist dann manchmal sehr großzügig.»

Lockerung

Anna trat durch die Hintertüre der Küche in den Schlosspark und begann zu laufen.

Während sie lief, kam ihr unweigerlich immer wieder in den Sinn, was der Graf ihr über die Bedeutung des Zureitens gesagt hat. *Ja, er hatte Recht. Mir ist jetzt erst richtig bewusst geworden, dass er mehr meinte, wenn er das Wort sagte. Es ist mehr, als dass er mir sein Glied hinein steckt. Es bedeutete, dass ich immer furchtbar lange von seinem Glied gestoßen werde. Wie lange wird es heute Abend dauern, wenn er mich zureitet?*

Sie kam an einer Koppel bei den Ställen vorbei. Sie sah zwei Stuten, die von zwei Bediensteten im Laufschritt immer im Kreis herumgeführt wurden. Der eine Bedienstete war der Plonski. Als der sie sah, lief er mit der Stute zu ihr an den Koppelzaun.

«Na, willst du zusehen, wie die Stuten ausgeführt und gelockert werden. Das müsste dich doch interessieren! Du musst dich doch auch lockern.»

Anna wandte sich abrupt von ihm ab und begann wieder zu laufen. *So ein widerlicher Kerl,* dachte sie.

«Er weiß genau, dass ich auch Lockerungsübungen machen muss. Und dann weiß er auch genau wofür. Dass ich auch eine Stute bin, aber eine Stute für den Hohen Herrn. Und die Lockerungsübungen muss ich machen, um das Glied des Grafen besser empfangen zu können», murmelte sie vor sich hin. «Genau das weiß er. Furchtbar. Anscheinend wissen alle hier, dass ich als Stute vom Grafen zugeritten werde.»

Als sich Anna mit Schweißperlen auf der Stirne wieder in der Küche zur Mamsell setzte, brach es direkt aus ihr hervor: «Stell dir vor, Martha. Dieser Plonski ist ein widerlicher Kerl.»

«Huch, was hat er denn getan?»

«Nein, er hat mir nichts getan. Aber als ich an den Ställen vorbeigelaufen bin, hat er eine der Stuten ausgeführt und ist zu mir gekommen. Und dann hat er tatsächlich gesagt, ich mache doch meine Lockerungsübungen und solle den Stuten zuschauen. Das ist ja furchtbar. Es scheinen alle zu wissen, dass ich vom Grafen als Stute zugeritten werde. Schrecklich!»

Die Mamsell seufzte: «Anna, hier, iss erst mal ein Stück Kuchen. Ja, es stimmt. Die meisten Bediensteten und gerade die, die schon sehr lange hier sind, wissen, was der Graf mit seinen Stuten macht und von ihnen verlangt. Der Graf will es sogar, dass sie es wissen.»

«Aber warum tut er so was Schreckliches?»

«Es ist nicht so schrecklich, wie du denkst.

Zum einen macht es dem Grafen Spaß zu zeigen, was für ein starker Mann er ist. Zum anderen ist es gut, wenn alle wissen, dass du seine Stute bist. Denn dann wird sich niemand an dich herantrauen. Würde dir jemand was antun, der Graf würde ihn hängen lassen. Es ist also auch zu deiner Sicherheit. Du wirst hier auch in der Umgebung immer gefahrlos herumwandern können, denn es wird sich herumgesprochen haben, dass du seit gestern Abend die neue Stute des Grafen bist. Sieh es so, dann kannst du es verstehen.»

Anna hatte schweigend zugehört. Martha hatte Recht. Es war auch zu ihrem Vorteil, wenn alle wissen, dass sie von Grafen zugeritten wird. Sie seufzte und nickte mit dem Kopf. Der Kuchen brachte sie auf andere Gedanken.

Ein Gespräch mit der Gräfin

Die Gräfin hatte Anna zu sich in ihr Gemach gerufen. Anna staunte, wie voll das Gemach mit edlen Möbeln gestellt war, etliche Bilder an den Wänden hingen und in vielen Töpfen Pflanzen standen. Die Gräfin saß an einem kleinen Sekretär und bot Anna einen Stuhl neben sich an, damit sie Platz nehmen konnte.

«Wie geht es dir?»

«Mir geht es gut, Ja. Madame!»

«Das freut mich zu hören. Ich habe dich rufen lassen, weil ich mit dir Einiges zu besprechen habe und dir einige Aufgaben erteilen muss. Aber zuerst, wie oft bist du heute von meinem Gemahl zugeritten worden?»

Anna erschrak und total verstört kam aus ihr heraus: «Zweimal, heute Morgen und heute Mittag.»

«Aus dieser Antwort entnehme ich, dass du die Bedeutung des Wortes begriffen hast. Mein Gemahl hat dir das heute Mittag bildhaft erklärt? Nicht wahr?»

«Ja, Madame», antwortete Anna, bekam rötliche Wangen und sie dachte an die Worte des Grafen.

«Was hat er dir erklärt?»

«Dass ich seine Stute bin und von ihm zugeritten werde. «

«Sehr gut. Sehr gut, dass du das verstanden hast. Ja, du bist seine Stute und eine Stute wird regelmäßig zugeritten. Zureiten bedeutet, dass du gefickt wirst.»

Anna erschrak.

«Du wirst das Wort schon einmal gehört haben. Du wirst hier vom Grafen gefickt und er liebt es, dich zu ficken. Wenn sein steifes Glied sich in deinem Kätzchen hin und her bewegt, dann wirst du gefickt. Aber dieses Wort wirst du nie benutzen, es sei denn der Graf will es hören oder ich. Du bist hier weniger ein Stubenmädchen, sondern deine eigentliche Aufgabe ist es, dem Grafen als willige Stute zu dienen. Dazu wirst du hier ausgebildet und erzogen werden. Im französischen heißt es: *‹Une éducation très stricte et formation›, ‹eine strenge Erziehung und Ausbildung›*. Die Ausbildung gibt deinem Geist Klarheit, Halt und damit auch feste Vorgaben, einen vorgegebenen Tagesablauf, an dem du dich orientieren kannst. Und du erhältst Lektionen, die du erlernen, üben und beherrschen musst. Lektionen, die dir zeigen, wie du dich gehorsam zureiten lassen musst und wie du besondere Wünsche des Hohen Herrn mit deinen Händen, deinem Mund und deinem Körper zu erfüllen hast. Hast du das verstanden?»

«Ja Madame. Das habe ich verstanden.»

«Von jetzt ab werde ich mich persönlich um dich kümmern. Der Graf wünscht, dass ich deine Erziehung leite. Diese Erziehung ist mir ein wichtiges Anliegen, da ich darin über eine große Erfahrung verfüge und du in deiner Veranlagung die besten Voraussetzungen dazu erfüllst. Ich werde also in Zukunft sehr oft mit dir über deine Erziehung sprechen, um dir wiederholt begreiflich zu machen, was wichtig ist. In den Wiederholungen der Erklärungen und täglichen Übungen wirst du langsam die wahre Bedeutung einer solchen Erziehung erkennen.»

Anna war erschüttert. *Was hatte die Gräfin da jetzt gerade alles in dieser offenen Direktheit zu mir gesagt? Dass ich zu einer willigen und gehorsamen Stute ausgebildet und erzogen werden soll und ich Lektionen erhalten werde, wie ich mich zureiten lassen muss? Dass ich dazu erzogen werde? Unfassbar.* Anna konnte es nicht glauben, was sie hörte.

Die Gräfin fuhr in ihrem strengen Ton fort: «Ferner umfasst deine Ausbildung Prüfungen, die uns deinen Ausbildungsstand zeigen. Diese Ausbildung ist die Erziehung zu einer gehorsamen Stute und du wirst hier streng erzogen werden. Wenn du dich deiner Erziehung widersetzt, wirst du bestraft werden. Schon in der Bibel steht bei ‹*Sprüche 3, Kapitel 11*›: Wehre dich nicht, wenn dein Herr dich hart anfasst; werde nicht unwillig, wenn er dich ermahnt. Denn wenn der Herr jemanden liebt, dann erzieht er sie mit Strenge». Diese strenge Erziehung ist eine hohe Kunst mit Stil und Kultur, in welcher wir, mein Gatte und ich, dir helfen und beistehen wollen, deine Ausbildung zu vollenden. Sie ist vielfältig für jede Entwicklungsstufe einer Stute, die du durchlaufen musst, um später zu erkennen, wie glücklich es dich macht, dienen zu dürfen. Hast du das verstanden?»

«Ja, Madame. «

Die Gräfin lächelte sie freundlich an: «Ich denke, du brauchst noch einige Zeit, bis du das, was ich dir eben gesagt habe, richtig verstanden hast. Aber ich erkenne deine Bemühungen gehorsam zuzuhören und dienen zu wollen an. Das ist sehr lobenswert. Also. Wie oft bist du gestern Abend zugeritten worden?», fragte die Gräfin streng.

Diesmal zögerte Anna sehr lange.

«Na, sag schon, wie oft bis du letzte Nacht beritten worden?»

Anna fühlte sich unwohl und bemerkte die Strenge in den Augen der Gräfin: «Ich glaube drei Mal.»

«Du glaubst? Du weißt es nicht mehr?»

«Ich bin nicht sicher. Es war alles so plötzlich, so heftig, was ich erlebte. Verzeihen Sie mir.»

«Du bist von meinem Gemahl entjungfert worden und danach hat er dich doch mehrmals zugeritten. Das musst du doch wissen.»

«Ich glaube, es waren drei Mal. Zweimal vor dem Schlafen gehen und dann hat er mich um Mitternacht aufgeweckt und nochmals zugeritten.»

«Anna, schau mich an! Mein Gemahl und ich haben dich ausgewählt, weil du nicht nur sehr schön und anmutig bist, sondern weil wir zu der Überzeugung gekommen sind, dass wir dich zu einer richtigen Stute, zu einer Luststute erziehen können. Du wirst nicht wissen, was eine Luststute ist und was es bedeutet. Ich werde es dir jetzt erklären und du hörst genau zu. Klar?»

«Ja, Madame.»

Anna ahnte, was es bedeuten könnte und war der Mamsell dankbar, dass sie in gewisser Weise vorgewarnt war.

«Schau mich an. Eine Luststute soll nicht nur dem Hohen Herrn dienen, in dem sie es ihm ermöglicht seine Lust an ihr zu befriedigen, wenn er sie zureitet. Eine Luststute soll mehr. Sie soll ihren Hohen Herrn auch mit ihrer Lust befriedigen. Sie soll ihm ihre Lust mit ihrem Körper und ihrem Können zeigen. Von einer Luststute verlangt ein hoher Herr, dass sie nicht nur ihre Beine breit macht, sein steifes Glied empfängt und sich brav zureiten lässt. Von ihr verlangt er Können und Praktiken, die sie beherrschen soll, um seine besonderen Wünsche zu erfüllen. Alle Hohen Herrn in Frankreich, Barone, Grafen, Fürsten, Herzöge und Könige haben neben ihren Ehefrauen eine oder mehrere ausgebildete Luststuten und dies zeigt den hohen kulturellen Stand der Gesellschaft dort. Dieses Können und diese Praktiken zu beherrschen, dazu werden wir dich, Anna, ausbilden und erziehen. Solltest du ungehorsam sein, wirst du mit der Peitsche gezüchtigt. Solltest du dich der Züchtigung widersetzen, dann wirst du an ein Bordell in der nächsten Hafenstadt verkauft. Weißt du was ein Bordell ist?»

Anna schüttelte den Kopf. «Nein, Madame.»

Ihr war schier schwindelig, von dem, was die Gräfin da sagte.

«In einem schmutzigen Hafenbordell werden ungehorsame Mädchen und Frauen an Betten festgebunden und mehrmals täglich von übel riechenden und brutalen Seeleuten zugeritten. Ist das jetzt klar genug ausgedrückt, Anna?»

«Ja, Madame», beeilte sich Anna zu antworten. Das war etwas, was sie nicht erleben mochte. Das stellte sie sich als das Schlimmste vor, was einem in der Welt passieren kann.

«So. Also zurück zu meiner Frage, Anna. Wie oft bist du gestern Abend zugeritten worden?»

«Dreimal. Madame.»

«Aha, dann war es also gestern mit deiner Entjungferung insgesamt viermal und heute zweimal. Dann bist du schon sechsmal zugeritten worden. Stimmst?»

«Ja, Madame»,

«Nun, das ist ja ganz gut für den Anfang. Das ist der Beginn deiner Erziehung. Weißt du auch noch, wie du jeweils zugeritten worden bist? Nach deiner Entjungferung.»

Anna wurde immer erstaunter, was die Gräfin sie fragte und antwortete. «Der hohe Herr nannte es ein Mal die klassische Stellung, das war auch heute Morgen so und heute Mittag.»

«Und die anderen Male?», kam die unerbittlich Frage der Gräfin.

«Hmm, ich musste mich auf ihn setzten.»

«Aha, du musstest sein Glied reiten. Gut.»

Anna erschrak darüber, dass die Gräfin das so offen aussprach. Während sie von der Gräfin ausgefragt wurde, sah Anna, dass die Gräfin sich viel Notizen machte. Der Gräfin bereitete es außerordentliche Freude, diesem neuen jungen Mädchen vor Augen zu führen, zu was sie hier erzogen wurde und dazu benutzte sie gerne mal das eine oder andere offene Wort.

Die Gräfin stand auf und holte ein in Leder gebundenes Buch und reichte es Anna. Anna nahm es in die Hand und schlug es auf. Aber zu ihrem Erstaunen waren es alles leere Seiten. Fragend schaute sie die Gräfin an.

«Dies ist dein *‹Libre de jument›*, dein Stutenbuch. In diesem Buch wirst du von jetzt an jedes Mal genau eintragen, wann und wie du das Glied meines Gemahls empfangen hast und wie er dich zugeritten hat. Und du wirst die einzelnen Lektionen, die er dir erteilt, genau niederschreiben. Welche sonstigen Lektionen hast du schon bekommen?»

Anna wusste keine Antwort.

«Mein Gemahl wünscht doch sicher, das du sein Glied nach dem Zuritt säuberst, oder?»

«Ja.»

«Dann schreibst du es auch immer hinein, wenn du es getan hast. Du darfst auch eintragen, wenn mein Gemahl dich lobt. Hast du das alles verstanden? Wichtig ist, dass du die Lektionen, die du erteilt bekommst, sehr ausführlich beschreibst, damit du sie nicht vergisst und ich dich ab und zu prüfen kann, ob du sie begriffen hast.»

«Ja. Madame, ich habe das verstanden.»

«Du wirst mir einmal in der Woche dein Buch vorlegen, damit ich deine Lektionen prüfen kann. Solche Stutenbücher führen wir auch für die Stuten in unserem Gestüt. Da wird exakt eingetragen, wann und wie oft die Stute vom Hengst bestiegen und besamt wird. Da du als Stute meines Gemahls bestiegen und zugeritten wirst, wirst auch du ein solches Buch führen.»

«Darf ich etwas fragen, Madame?»

«Ja, das darfst du.»

«Libre de jument›, ist das französisch?»

«Ja, das ist französisch. Eigentlich heißt es *‹Das Buch der Luststute›*. So wird es auch noch heute in Frankreich bei hohen Herrschaften zur Ausbildung von Luststuten benutzt. Für deine Erziehung habe ich hier noch ein anderes Buch, aber es ist in Französisch. Mein Gemahl kennt es auch. In diesem Buch, das ich unter Verschluss halte, stehen die einzelnen Lektionen ausführlich beschrieben, die du erhalten wirst. Es heißt ‹*Le grand libre de la education*›, das große Buch der Erziehung.»

«Werde ich nach diesem Buch erzogen?»

«Es scheint dich zu interessieren, meine Kleine. Ja, ganz genau, nach diesem Buch wirst du erzogen.»

«Die Mamsell hat mir gesagt, dass Sie, Madame, aus Frankreich sind. Ich habe schon einiges über Frankreich bei meinen Eltern gelesen. Es muss ein schönes Land sein. Es interessiert mich.»

«Was hat dir die Mamsell über mich erzählt?», wurde Anna von der Gräfin unterbrochen.

Anna begann zu stottern, Sie war sich bewusst, dass sie einen Fehler gemacht hatte: «Verzeihung Madame. Aber als sie mir das Glas mit der Salbe gab, sagte sie mir, dass Sie, Madame, diese Salbe aus Frankreich mitgebracht haben.»

«So? Ja, das stimmt. Mehr hat sie nicht gesagt?»

«Nein, nein. Sie hat mir nur gesagt, dass sie, Madame, eine große Erfahrung bei der Erziehung von Stuten, äh, ich meine von Luststuten haben.»

Jetzt lachte die Gräfin: «Ja; das habe ich und ob. Ja. Gut. Das durfte die Mamsell dir auch sagen. Aber ich merke, du bist neugierig. Du möchtest mehr über deine Erziehung wissen, nicht wahr?»

«Ja, ich möchte dem Grafen zu seiner Zufriedenheit dienen», beeilte sich Anna zu sagen.

«Ja, das musst du auch. Nun gut. Ich werde dir etwa mehr über deine Ausbildung zur Stute erzählen. Aber nur soweit, wie du es bisher schon erlebt hast. Zu dem Buch der Education, der Erziehung durch die einzelnen Lektionen, werde ich dir nichts sagen, weil eine Stute während der einzeln Stufen ihrer Erziehung grundsätzlich die neuen Lektionen unvorbereitet durch meinen Gemahl gelehrt bekommt. Nur wenn eine junge Stute, wie du es bist, unvorbereitet eine Lektion gelehrt bekommt, wird sie sie viel stärker empfinden können und ihren Körper aufnahmebereiter machen für die weiteren Lektionen durch meinen Gemahl. Du sollst nur soviel wissen, alle Lektionen in dem Buch befassen sich ausschließlich mit dem Zureiten einer Stute durch einen Hohen Herrn. Sie beschreiben die einzelnen Stellungen und Praktiken, wie ein Hoher Herr eine Stute zureiten kann. Durch das Zureiten wirst du zu einer Luststute erzogen. Du weißt sicherlich jetzt, was es heißt, zugeritten zu werden, nicht wahr?»

«Ja, Madame. «

Die Gräfin lachte: «Ja, sei dir dessen immer

bewusst. Es ist das Wichtigste im Leben einer Luststute. Ich kann dir sagen, dass ich darin große Erfahrung habe, weil ich selbst einige Jahre die Luststute eines hohen Herrn in Frankreich war, und danach die Ausbildung und Erziehung seiner weiteren Luststuten geleitet habe. Du sollst hier lernen, meinem Gemahl, als seine alleinige und persönliche Luststute die höchst möglichen Genüsse zu bieten. Genüsse, die seiner Natur und seinem Veranlagung entsprechen. Dazu gehört in erster Linie natürlich, dass du von ihm zugeritten wirst, aber es gibt auch andere Möglichkeiten, einen Herrn mit deinem Körper oder durch Handlungen, die du vornimmst zu erfreuen. Aber dies kommt in den späten Lektionen. Du wirst hier zu einer ‹*Jument de plaisir*›, einer ‹Stute für die Lust› erzogen, so heißt es bei uns in Frankreich. Und zwar durch den Akt der ‹*Dresser d›une jument de plaisir pour de Messieurs*›, der ‹Dressur der Stute für die Lust der hohen Herrn›.»

«Eine Dressur?», fragte Anna, obwohl sie von der Mamsell schon davon gehört hatte. Aber sie wollte die Mamsell nicht verraten.

«Ja. Eine ‹*Jument de plaisir*›, eine ‹Stute für die Lust› erhält in Frankreich die ‹*Dressage*›*!* So heißt es dort. Wir nennen es hier Erziehung oder einleuchtender ‹*Das Zureiten*›. Wobei ‹*Zureiten*› sicherlich der Aussage des französischen ‹*Dressur*› näher kommt. Erzogen werden Mädchen in Schulen oder Heimen. Aber zugeritten werden junge Stuten. Zugeritten zu werden ist sicherlich eher gleichzustellen mit Dressur. Also, man kann auch sagen, du wirst hier zur Luststute dressiert.»

«Oh, dressiert? Das ist kein schönes Wort.»

«Ha. Ich staune, Anna. Gefällt dir Zureiten besser?»

«Ich weiß nicht. Ich habe es jetzt schon so oft gehört und erklärt bekommen, gestern und heute, und musste es auch dem Grafen sagen, so oft, dass ich an gar nichts anderes mehr denken kann.»

«Das ist sehr gut. Anna. In Frankreich haben wir auch den jungen Stuten erst immer beibringen müssen, dass sie die passenden und gebräuchlichen Worte in sich aufnehmen und deren wahre Bedeutung zu schätzen wissen. Du wirst sehen, in ein paar Wochen wirst du, wenn du dieses Wort hörst nur noch in voller Erwartung und mit Freude daran denken, dass du das steife Glied des hohen Herrn empfangen darfst.»

Dieser Satz traf Anna wie ein Peitschenhieb. Sie hatte nie erwartet, dass die Gräfin so offen das Glied des Grafen nennen würde. Die Gräfin erkannte Annas Reaktion auf ihren letzten Satz und hatte ihn erwartet. Sie wollte, dass dieses junge Mädchen von Anbeginn an klar und unmissverständlich erkannte, dass sie als Gemahlin des Grafen nicht nur über alles Bescheid wusste, sondern sich auch in besonderer Anteilnahme an ihrer Erziehung zur einer Stute beteiligen würde.

Deswegen machte es ihr jetzt auch ganz besonders Spaß, das Thema zu vertiefen. «Du wirst nicht nur lernen, das steife Glied meines Gemahls mit Freude zu empfangen, ich werde dich dazu erziehen und ausbilden, wie du das Glied meines Gemahls behandeln musst, damit es die zum Zureiten notwendige Größe und Steife erhält und mit welchen Körperteilen du anschließend seinem Glied die höchste Befriedigung verschaffen kannst. Hast du das verstanden?»

Anna war hoch rot im Gesicht angelaufen. Das hatte sie jetzt gar nicht erwartet. «Ja, Madame.»

«So, dann weißt du, was deine Aufgabe ist und wozu du als Stute ausgebildet wirst.

Anna nickte brav. «Wird das in Frankreich oft gemacht?»

Die Gräfin lachte: «Du meinst, ob viele Stuten ausgebildet werden? Ja, in Frankreich ist die Erziehung von Luststuten seit Jahrhunderten sehr verbreitet. Es gibt viele Bücher darüber. Jeder hohe Herr von Adel hat eine oder zwei Luststuten. Frankreich ist ein kulturell viel höher entwickeltes Land als Preußen, erst recht als hier diese Gegend. Zur gesellschaftlichen Kultur des hohen Adels gehörte dort schon immer die *‹Dressage›*, die Dressur von Luststuten. Daher sind die Lektionen, die eine Stute während ihrer Erziehung erhält und die Praktiken, wie eine Stute zugeritten wird, auch wesentlich weiterentwickelt als hier in diesem Land. Auch ist die Dressur dort wesentlich strenger. Hier sind nur wenige Adelshäuser, die sich bei der Erziehung der Luststuten an die Kultur der französischen Erzieher halten, so wie mein Gemahl und ich dies hier tun. Habe ich dir jetzt genug erzählt?»

«Ja. Madame. Danke schön. Das war sehr interessant. Ich verspreche Ihnen, ich möchte alles lernen, wie ich eine gute Stute werde.»

«Du erstaunst mich immer mehr, Anna. Du bist sehr aufgeweckt und zugleich sehr gehorsam. Das weiß ich sehr zu würdigen. Wir werden uns demnächst weiter unterhalten können, denn auch ich werde dir Lektionen erteilen, insbesondere damit du weißt, wie bei einem Mann die Manneskraft funktioniert und welche Auswirkungen das auf dich als Stute hat, wie dein Körper aufgebaut ist und wie er Lust geben kann. So, jetzt nimm dein Buch mit und trage bereits heute Abend ein, wann und wie du zugeritten wirst. Mach es, wenn mein Gatte schläft oder wenn er dich morgens nach dem Morgenritt verlässt. Gehe in den Speisesaal des Gesindes zum Abendmahl und warte danach in deinem Zimmer auf den Hohen Herrn. Er wird heute Abend etwas später kommen, da wir zu unserem Abendmahl noch Gäste erwarten. Nun geh.»

Ein wenig verstört verließ Anna die Gräfin und ging zu ihrem Zimmer. *Muss ich jetzt alles genau niederschreiben, wie der Graf mich zureitet,* fragte sie sich. *Ich soll schreiben, wie er sein Glied in mich hinein stößt? Was mögen das für Lektionen sein, die ich erhalten werde? Warum muss ich da immer unvorbereitet sein? Was musste die Gräfin alles tun, als sie damals eine Luststute war? Und in Frankreich ist die Erziehung sehr viel strenger?* Fragen über Fragen hatte Anna und fand keine Antworten.

Nur eine Antwort hatte sie. Ja. Heute Abend würde sie wohl wieder vom Grafen zugeritten werden und sie fragte sich, wie heftig er wieder sein hartes Glied in sie hinein stoßen wollte und, was sie mehr erschaudern ließ, wie lange sein Glied denn ununterbrochen zustoßen würde. Von diesem Gedanken aufgeschreckt, drehte sie sich herum und ging hinunter in die Küche zur Mamsell.

«Na, Anna. Du bist früh.»

«Ja, Martha. Die Gräfin hat mit mir lange geredet und ich hatte keine Lust alleine in meinem Zimmer zu sitzen.»

«Das verstehe ich. Du bekommst einen Apfelsaft. Warte.»

Nachdem sie Anna den Apfelsaft gebracht hatte, fragte sie: «Was wollte die Gräfin denn von dir?»

«Sie redete nur über meine Erziehung», seufzte Anna. «Und mit schlimmen Worten. Du hattest gesagt, das tut sie nicht.»

«So, so. Hat sie das getan? Erstaunlich.

Sicherlich, bei mir hat sie es früher auch öfter getan.»

«Du bist auch nach ihren Büchern erzogen worden?»

«Ja. Anna. So war es auch bei mir. Allerdings war ich eine schlechte Schülerin, da ich nie sehr ehrgeizig war. Deshalb kann ich dich so gut verstehen, weil du dich mit ganz anderen Gedanken beschäftigst. Das ist vielleicht sogar gut. Vergiss aber nie dabei, dich brav zureiten zu lassen. Aber auch das geht vorüber und wenn deine Erziehung weiter fortgeschritten ist, wirst du verstehen, dass es dir viele Vorteile bringen kann.»

«Welche Vorteile? «

Die Mamsell stupste ihr mit dem Finger auf die Nase: «Du Naseweis. Du bist furchtbar neugierig, nicht wahr?»

«Nein. Ich würde nur zu gerne wissen, was ich da alles erlernen soll.»

«Vielleicht Französisch. Die Gräfin hatte es mir damals vorgeschlagen, aber ich konnte das nicht. Das war zu schwer für mich. Aber du hast ein helles Köpfchen. Frag sie.»

«Wie? Frag sie?»

«Frag die Gräfin. Ich kann mir denken, dass sie das gerne von dir hören würde. Hättest du denn Interesse?»

«Oh ja. Ich habe schon mal etwas über Frankreich gelesen. Es muss dort sehr schön sein.»

«Ja, ja. Wenn man zum hohen Adel gehört. Dann ja. Aber das wirst du dann vielleicht lernen, wie es dort ist. «

Die Mamsell stand auf: «Du musst heute woanders sitzen. Kannst in der Küche essen. Die Gräfin hat mir eben gesagt, dass wir fünf Soldaten zu Gast haben werden.»

«Soldaten?»

«Ja. Es sind zwei Junker des Herzogs mit den Soldaten gekommen. Keine Angst, sie sind nur auf der Durchreise. Die Junker essen mit dem Grafen und der Gräfin im Salon. Deshalb wird dich der Graf heute Abend sicherlich erst später rufen.»

Anna nickte. Sie verstand, was die Mamsell ihr sagen wollte.

Erste Lust

Anna hörte Stimmen und lautes Lachen auf dem Gang. Sie ging zur Türe und öffnete sie einen Spalt breit. Sie sah die Mägde Gretel und Wilhelmine, die jede einen mehrarmigen Kerzenleuchter in der Hand hielten, den Gang vom Treppenhaus entlang kommen. Immer wieder hielten die Mägde inne oder drehten sich kichernd herum. Im Schein des Kerzenlichtes erkannte Anna, dass den Mägden zwei stattlich gekleideten Edelmännern folgten, die von hinten die Röcke der Mädchen hoch geschürzt hatten, mit ihren Händen die nackten Popos betasteten und sie zwischen deren Schenkel steckten. Schnell verschwanden die vier im Gästezimmer gegenüber. Anna ahnte, was dort in dem Zimmer geschehen würde und schloss ihre Türe.

Der Graf öffnete die Verbindungstüre zu Annas Zimmer: «Komm zu mir, meine Stute!»

Anna sprang auf und ging hinüber. Sie war sich nicht sicher, ob sie das Kleid ausziehen sollte, denn der Graf hatte ja gesagt, das sie immer nackt in seinem Gemach zu sein hat. Schnell öffnete sie die oberen Knöpfe bis zum Bauchnabel, zog das Kleid oben auseinander, damit der Graf ihre Brustspitzen sehen konnte.

«Oh», meinte der Graf, als sie eintrat. «Meine

Stute lernt schnell. Du bist eine Schönheit. Du weißt das Kleid zu nutzen. Es steht dir sehr gut und macht mir ausgesprochen Freude. Ein wenig Esprit scheinst du zu haben. Komm näher, lass dich ansehen. Sehr schön.»

Er berührte ihre Brustspitzen und zwirbelte an ihren spitzen Brustwarzen. «Wunderschön. Anna, dies ist ein Lob. Du machst mir viel Freude. Zieh dich nackt aus, setze dich zu mir und trinke ein Glas Wein mit mir.»

Stolz ging Anna zum Tisch, zog ihr Kleid aus, holte die Weinkaraffe und Gläser und stellte sie auf den kleinen Beistelltisch am Sofa des Grafen. Als sie eingeschenkt, dem Graf sein Glas gereicht und sich gesetzt hatte, schob der Graf sie an die eine Seitenlehne gegenüber. Er hob eines ihrer Beine hoch, damit sie es auf das Sofa legen konnte.

«Zum Wohle, meine kleine Stute. Trink mit mir ein Glas des köstlichen Weines. Er wird unsere Sinne beschwingt halten.»

Anna wurde von der Freundlichkeit des Grafen überrascht. Sie hatte erwartet, dass er seine Hose fallen lässt und ihr sein aufrechtes Glied zeigen würde. Aber nichts dergleichen geschah. Der Graf redete zur Verwunderung Annas schier rücksichtsvoll mit ihr weiter. «Du bist eine wahre Schönheit. Es ist ein Genuss, dich anzusehen. Dein anmutiger zierlicher Körper ist eine Bereicherung meines Lebens. Erst recht nach diesem harten Tag.»

«War es beim Bauern schwierig? War seine Kuh krank?», fragte Anna einfühlsam.

«Krank. Ha. Ha. Sie hat gekalbt. Sie war trächtig und der Dummkopf hatte es nicht bemerkt. Beinahe hätten wir dadurch ein schönes neues Kälbchen verloren. Aber es war harte Arbeit, es herauszubekommen. Und dann kamen auch Junker des Herzogs und hielten mich auf.»

«Junker des Herzogs?»

«Mit Soldaten! Aber die schlafen jetzt im Haus bei den Reitställen - und die Junker erfreuen sich in unserem Gästezimmer an den Mägden, die ich ihnen zugeteilt habe.»

Anna konnte sich lebhaft vorstellen, dass jetzt im Gästezimmer die Mägde von den Junkern zugeritten wurden. Sie fragte sich, ob es hier im Schloss immer üblich ist, dass Gäste eine Magd mit in das Bett nehmen können.

«Schenke mir noch ein Glas Wein ein und dann komm näher und setze dich an meine Seite.»

Anna tat wie ihr geheißen und der Graf legte seinen Arm um ihre Schulter und zog sie eng zu sich heran. Mit seiner Nase begann er wie gestern Abend vor ihrer Entjungferung an ihrem Hals und ihren Wangen zu riechen. Diese Zärtlichkeit überraschte Anna und wohlgefällig schmiegte sie sich an ihn.

«Hmm. Die Blume, die ich gepflückt habe duftet immer noch gut. Du bist eine herrliche

Blume und diese Blume halte ich immer noch in den Händen. Du bist die Blume meiner Begierde, allein durch deine Schönheit.»

Mit der linken Hand ergriff er langsam aber bestimmend Annas Hand und legte sie auf seine ausgebeulte Hose: «Öffne meine Hose und befreie mein Glied.»

Anna holte das Glied des Grafen aus der Hose, ergriff es am Schaft und begann es ganz vorsichtig zu streicheln.

«Du lernst erstaunlich schnell deine Lektionen, meine kleine Stute. So ist es richtig, wie du es machst. Das macht mir Freude.»

Mit seiner rechten Hand über ihrer Schulter ergriff der Graf ihre rechte Brust und strich mit seinem Zeigefinger über ihre Brustwarze. Anna verspürte eine kleine Erregung und während sie das Glied des Grafen rieb, sah sie, dass ihre Brustspitze etwas hart wurde.

«Schön! Schön zu fühlen, dass die zierliche Zitze meiner kleinen Stute steif wird. Ist das ein schönes Gefühl?»

«Ja. Hoher Herr. «

Der Graf schob Anna zur Seite, stand auf und ging zu seinem Sekretär. Als er zurückkam, hielt er Anna eine Blechdose hin: «Das sind ‹*Bouchée au chocolat*›. Du darfst dir eine nehmen und probieren.»

Anna entnahm der Dose eine der kleinen runden und dunkelbraunen Halbkugeln und steckte sie in den Mund: «Oh. Das schmeckt sehr gut. So süß.»

«Hmm, das gefällt dir, nicht wahr? Meine Frau hat sie letzten Monat vom Graf Plessis-Praslin aus Frankreich bekommen. Wenn du sehr brav bist, bekommst du noch eine», sprach der Graf, setzte sich wieder neben Anna und legte ihre Hand auf sein steifes Glied.

Anna war begeistert. So etwas hatte sie noch nie zuvor geschmeckt. Es war einfach himmlisch und dankbar rieb sie das Glied des Grafen. Nach einiger Zeit hob der Graf ihr linkes Bein an, legte es hinter seinen Rücken. Mit ihren weit gespreizten Beinen lag sie nun vollkommen nackt vor dem Grafen und musste ihm ihre Möse präsentieren. Der Graf schob ihre langen schwarzen Haare hinter ihre Schultern, strich mit der Hand über ihr Gesicht, dann hinunter über ihre Brüste, den Bauchnabel und öffnete zärtlich ihre schmalen Schamlippen.

«Was für eine schöne Blume du hast. Schau, wie sie mich anlächelt. So eine junge kleine Blume zu betrachten ist ein Genuss. So ist es schön, die Arbeit zu vergessen. Wann immer du kannst, zeige mir dein Kätzchen. Allein es zu betrachten, macht mir Freude. Du hast zierliche Brüste, eine enge Taille, schlanke Hüften und schmale Schenkel. Es macht mir sehr viel Spaß dich nackt zusehen. Du weißt, was ich gleich mit dir machen werde?»

Anna blickte zum Grafen auf: «Sie werden mich zureiten, hoher Herr.»

«Ja, das werde ich. Mein Glied wird von deiner Hand gut geformt und dann wird es mir große Freude bereiten, dich zuzureiten, öffne deine Beine weiter, ich möchte die Blüte meiner Blume fühlen.»

Zärtlich schob er einen Finger zwischen ihre Schamlippen und strich minutenlang immer wieder über ihre Perle. Anna wand sich unter der forschenden Hand des Grafen.

«Dies ist die Perle deiner Blume. Dieser kleine Punkt, der dir später einmal sehr viel Freude machen wird. Fühlst du diesen Punkt? Wie eine kleine Brustwarze. Deine Perle der Lust. Sie kann auch ein wenig steif werden. Ist es schön so?»

Der Finger des Grafen kreiste unentwegt über Annas Perle und manchmal nahm er sie sogar zwischen zwei Finger und zupfte sie. Anna spürte, wie es sie erregte.

Langsam schob er seinen Finger tief in ihre enge Möse. «So eng und so fest ist deine junge Blume.»

Anna empfand es als sehr angenehm, als der Graf seinen Finger fast rücksichtsvoll immer wieder in ihre Möse hineindrückte. Mehrmals zog er den Finger heraus und streichelte die kleine Perle. Sie gab sich ganz diesem neuen Gefühl hin, das sie erfasste und schloss die Augen.

«Ich muss meine Augen ebenso sättigen wie meine Begierden. Lass mich diesen entzückenden, knospenden Busen mit den Augen verschlingen, meine junge Stute. Lass mich ihn immer wieder küssen. Himmel, welche wundervolle, weiße und reine Haut! Welche schlanken Lenden und Hüften. Und dein köstlicher Haarflaum um deine Blume. Lass mich die reizende kleine Öffnung deiner Blume betrachten. Sie ist wunderschön anzusehen.»

Anna stöhnte und seufzte und zum ersten Mal offenbarte sie dem Grafen damit, dass sie von einem tief ergreifenden Gefühl erfasst wurde.

Der Graf, der dies bemerkte und seinen Finger stärker auf ihrer Perle tanzen ließ und ihn ab und zu kräftiger in ihre kleine Spalte stieß, grunzte zustimmend. «Kommt meine Stute in Wallung? Spürt sie, wie sich ihre Blume von alleine öffnet?»

Er beugte sich vor und küsste Annas Brüste. Seine Lippen brannten heiß wie Feuer auf ihrer Haut. *Was ist nur mit mir los?*, fragte sich Anna. Ein leichter Schauer durchfuhr sie.

«Ich bin erstaunt und begeistert, meine kleine Stute. Ich denke, deine Erziehung zeigt Wirkung. Magst du deine Erziehung? Antworte!»

«Ja. Hoher Herr. Ich mag meine Erziehung.»

«Du weißt, zu was du erzogen wirst?»

«Ich werde zu einer gehorsamen Stute erzogen.»

«Ja, das wirst du. Und weißt du was, du wirst sogar zu einer gehorsamen Luststute erzogen. Zu was wirst du also erzogen?»

«Zu einer gehorsamen Luststute.»

«Sehr gut, meine Kleine. Das ist sehr gut, für eine so junge Stute, dies bereits in einem so frühen Stadium ihrer Erziehung verinnerlicht zu haben», dabei rieb er ununterbrochen Annas Perle, das sie immer wieder aufstöhnen ließ.

«Hat dir meine Gemahlin schon etwas über deine Ausbildung und Erziehung, deine Dressur, gesagt?»

«Ja. Hoher Herr», stöhnte Anna: «Heute Nachmittag.»

«Dann weißt du, dass dich ein langer, steiniger Weg der Erkenntnis erwartet. Aber ich denke, so wie du dich hier entwickelst und dich bemühst zu lernen, wird es für dich vielleicht manchmal schwer und schmerzhaft sein, aber auch schnell große Glücksgefühle erleben lassen. Möchtest du große Glücksgefühle erleben?»

Trotz dieser unbekannten Erregung, die ihren Körper durchströmte, hatte sie das, was der Graf gesagt hatte, wahrgenommen. *‹Steiniger Weg der Erkenntnis, manchmal schwer und schmerzhaft›! Denk jetzt nicht daran, denk nicht darüber nach,* sagte sie sich.

«Hat meine Gemahlin dir angedeutet, dass du nach alten und bewährten, aber anspruchsvollen Lektionen der französischen Ausbildung dressiert wirst?»

«Ja. Hoher Herr.»

«Du solltest schon etwas mehr über die Welt der Gefühle erfahren. Wenn du morgen bei meiner Gemahlin bist, dann sage ihr, ich hätte gesagt, sie solle dir die Mappe mit den Federzeichnungen zeigen. Hast du das verstanden? Antworte!»

«Ja. Hoher Herr. Sie soll mir die Mappe mit den Federzeichnungen zeigen.»

«Die darfst du schon sehen. Es sind sehr schöne alte Federzeichnungen, die einzelne Stationen der Dressur zu einer Luststute zeigen. Ich fühle, meine Stute blitzt etwas und ich denke, meine Stute ist bereit, zugeritten zu werden. Bist du bereit? Antworte!»

Anna wusste, was sie zu antworten hatte, wenn er in dieser Weise eine Antwort verlangte: «Eure Stute, hoher Herr, ist bereit zugeritten zu werden.»

«Bravo. Bist eine brave Stute. Komm, wir gehen zum Alkoven», er stand auf und zog Anna hinter sich her.

Der Graf hatte Anna auf das Bett gelegt, sie an ihren Beinen in die für ihn günstigste Stellung gezogen, sich zwischen ihre gespreizten Schenkel gelegt, sein mächtiges Glied eingeführt und sie zugeritten. Erschöpft und außerordentlich zufrieden war er an ihre Seite gerollt, hatte gesagt, dass es ein kurzer, aber sehr befriedigender Ritt gewesen sei und er den Abend mit seiner lieben Stute sehr genossen habe. Zuvor hatte er ihr noch gesagt, dass er am Morgen sehr früh aufstehen, sich um die Junker und ihre Soldaten kümmern müsse und Anna ruhig weiter schlafen könne. Er würde, nachdem die Junker und die Mannen das Schloss verlassen hätten, dann wieder kommen und sie mit Freude zureiten. Danach war er vor Erschöpfung eingeschlafen.

Anna lag noch lange Zeit wach und dachte über diesen Abend nach. Der Graf war so anders gewesen, so freundlich. Sie war sich sicher, dass sie alles zur Zufriedenheit des Grafen gemacht hatte und war stolz auf sich. Und sie dachte sich, dass der Graf wohl durch die lange anregende Zeit auf dem Sofa so sehr voller Begierde war, dass er sie deshalb intensiv zugeritten hatte und er sich schnell in sie entladen konnte. Sein Glied war hart und ungestüm in sie hinein gedrungen und hatte sich kraftvoll bewegt. Sie war gefickt worden. Was für ein schlimmes Wort. Sie hatte es aber nicht als schmerzhaft empfunden, nicht so wie bei diesem heftigen Mittagsritt und war wohl auch bereit gewesen, das Glied des Grafen zu empfangen. Sie hatte es ja auch erwartet gefickt zu werden und hatte sich gegen diesen Gedanken nicht mehr gesträubt. Den ganzen Abend wusste sie, dass letztendlich der Graf sein Glied in sie hineinstecken würde, sie es empfangen müsse, dieses steife pralle Glied sie heftig stoßen und sie damit gefickt würde. Auch war ihr Kätzchen sehr feucht geworden, als der Graf so lange ihre Perle gestreichelt hatte. Es war ein wunderbares Gefühl gewesen. Anna dachte an diese köstlichen Schokoladenkugeln, die sie gerne noch einmal genießen würde. Und es freute sie, dass der Graf so viel Gefallen an ihrer Blume fand, wie er es nannte. Sie nahm sich vor, sie ihm so oft wie möglich zu zeigen und schlief ein.

Freistunde

Es war später Vormittag, als Anna unsanft von der Mamsell aus ihren Träumen gerissen wurde.

«Anna, Anna. Du musst aufstehen. Es ist schon die zehnte Stunde. Du sollst zur Gräfin in die Bibliothek kommen. Aufwachen!»

Anna streckte ihre Arme weit auseinander und rieb sich dann die Augen: «Was ist? Was soll ich? Zur Gräfin kommen?»

«Ja, Anna. In die Bibliothek. Jetzt gleich. Wasch dich schnell, zieh dich an. Ein Brot mit Hagebuttenmarmelade steht auf dem Tisch.»

Anna saß unschlüssig auf dem Bettrand: «Der hohe Herr. Er wollte doch kommen, wenn die Soldaten weg sind.»

«Er wird heute Morgen nicht zu dir kommen. Die Soldaten sind noch nicht weg. Der Graf muss seine Männer einteilen und ausrüsten, die er den Junkern mitgibt. Ich denke, du wirst ihn zusammen mit der Gräfin beim Mittagsmahl im Salon neben der Bibliothek sehen.»

«Aber ich muss doch noch das Zimmer hier putzen.»

«Ist nicht notwendig. Ich schicke gleich eine Magd, die wird es säubern und dein Zimmer auch.»

Die Mamsell verschwieg Anna, dass der Graf ihr heute Morgen gesagt hatte, dass sie sein Stütchen schlafen lassen und in Zukunft dafür sorgen solle, dass Anna so wenig Hausarbeit wie möglich verrichten solle.

Die Mamsell war stolz darauf, dass der Graf vor ihr offen von seinem Stütchen redete. So hatte er in den letzten Jahren keine seiner jungen Stuten bezeichnet. Außerdem hatte der Graf die Mamsell ausdrücklich gelobt, als sie ihm versprochen hatte, dass sie sich sehr um Anna kümmern würde. Dies gab auch ihr gewisse Möglichkeiten, ihren Arbeitsalltag freier zu gestalten und einige Vorteile zu nutzen. Als Mamsell und Leiterin der gesamten Hauswirtschaft des Schlosses hatte sie nicht nur eine große Verantwortung, dass alles zur Zufriedenheit der Gräfin und des Grafen ablief, sondern sie musste sich auch um das Dienstpersonal mit all den Mägden und Dienstmännern kümmern. In letzter Zeit war es etwas ruhiger geworden im Schloss, es hatte nur eine Bauernhochzeit vor Monaten gegeben, wo der Graf sein Recht der ersten Nacht mit der Braut wahrgenommen hatte. Ab und zu musste sie ihm eine der Mägde ins Bett beordern, aber das war ja schon immer üblich gewesen. Zuletzt war es immer die Zofe der Gräfin gewesen. *Seit er aber seine neue Stute hat,* dachte die Mamsell, *ist er wie ausgewechselt. Es ist ja auch das schönste Mädchen, dass seit langem mal wieder im Schloss ist.*

Sie begleitete Anna bis zur Türe der Gräfin und klopfte ihr freundschaftlich auf die Schulter.

Die Gräfin

Die Gräfin saß hinter dem großen Schrebtisch, auf dem neben verschiedenen Tintenfässern und Federkielen, Papiere und Bücher herumlagen. Sie blickte kurz auf, als Anna eingetreten war. «Hol dir einen Stuhl und setz dich da hin!»

Anna tat wie geheißen, stellte den Stuhl auf den Platz gegenüber dem Schreibtisch, auf den die Gräfin gedeutet hatte. Artig setzte sie sich nieder und war gespannt, was die Gräfin wohl sagen würde.

«Anna. Mein Gemahl hat sich heute Morgen bei mir sehr wohlwollend über dich geäußert und mich gebeten, dir etwas mehr zu deiner Erziehung zu erklären ...»

«Der Graf hat mir gesagt, ich solle Ihnen sagen, dass Sie mir die Federzeichnungen zeigen sollen.»

«Anna!», wurde die Gräfin laut. «Du sollst mir nicht ins Wort fallen. Du wirst mir ruhig zuhören, mich nicht unterbrechen und kannst eine Frage stellen, wenn ich eine Pause mache. Hast du das verstanden? Wenn das wieder vorkommt, wirst du bestraft!»

«Ja, Madame. Verzeihung, Madame», kam es von Anna kleinlaut zurück.

«Ja, das hat er mir übrigens auch gesagt, aber das ist noch etwas zu früh, sie dir zu zeigen. Das werden wir in ein paar Tagen machen. Zuvor musst du noch einige Sachen wissen und lernen, um die Reife dazu zu haben. Aber Kopf hoch, meine Kleine, mein Gemahl ist sehr zufrieden mit dir. Freut dich das zu hören?»

«Ja, Madame, das freut mich sehr. Verzeihen sie mir, dass ich so spät aufgewacht bin und Sie die Mamsell nach mir schicken mussten, aber der Hohe Herr hatte mir erlaubt länger zu schlafen, da er erst später zu mir kommen würde.»

«Mein Gemahl war verhindert, er konnte heute morgen nicht kommen!», dabei lachte die Gräfin plötzlich laut,: «Ja ja, das wird ihn gewaltig ärgern, dass er nicht kommen konnte.»

Anna verstand nicht, was daran so lustig sein sollte.

«Der Schlaf tut einer jungen Stute gut. Du brauchst es als Schönheitsschlaf. Das ist schon in Ordnung. Es wird dich vielleicht wundern, aber ein regelmäßiger Schönheitsschlaf ist ganz im Sinne deiner Erziehung zu einer wohlgefälligen Stute. Ich werde mit dir jetzt über einige Punkte deiner Erziehung reden. Dazu gehört auch, dass du dich mehr deiner Körperpflege widmen musst. Du wirst heute Abend nach dem Abendmahl von der Mamsell ein heißes Bad zubereitet bekommen. Wir haben ein Badezimmer im Schloss, das ich habe einrichten lassen. Es verfügt über eine große Wanne und einen Ofen, auf dem wir genügend Wasser heiß machen können. Außerdem werde ich der Mamsell Badesalze geben, damit dein Körper angenehm riecht, wenn du den Hohen Herrn empfangen wirst. Es hat es ausdrücklich gewünscht. Du wirst also in Zukunft jede Woche gebadet werden. Auch solltest du die Badesalze bei deinen morgendlichen Waschungen benutzen. Insbesondere solltest du die Körperteile sehr sauber halten, die der hohe Herr besonders liebt. Hast du das verstanden?»

«Ja, Madame», antwortet Anna brav und freute sich insgeheim über das, was sie gerade gehört hatte. *Wenn das ein Punkt meiner Erziehung ist, dann lasse ich mich gerne erziehen,* dachte sie. Eine richtige Badewanne, die hatten sie zu Hause nicht. Da musste sie in einem großen Kübel stehen und bekam einen Eimer kaltes Wasser über den Kopf gegossen.

«Was es heißt, als Stute zugeritten zu werden», wurde Anna aus ihren Gedanken gerissen, «hast du jetzt erfahren und begriffen. Es gibt da aber noch einige Worte und Begriffe, die mein Gemahl liebt zu benutzen und auch zu hören. Es wird dich wahrscheinlich nicht überraschen, wenn ich dir sage, dass diese Worte und auch Befehle fast alle ausnahmslos aus der Welt der Pferdezucht und dem Reiten kommen. Die Pferdezucht und das Reiten waren schon immer ein Bestandteil der hohen adligen Gesellschaft, der

‹Noblesse›, sowohl in Frankreich als auch in Ostpreußen. Jedes Adelshaus von Format, wie auch das des Marquise, dem ich einst diente, besaß ein eigenes Gestüt zur Pferdezucht. Die Pferdezucht war immer der wichtigste Ausdruck der hohen gesellschaftlichen Kultur, insbesondere in meinem Land. Abgesehen davon bringt uns hier in unserem Herrschaftsbereich die Pferdezucht einen guten Ertrag, indem wir jedes Jahr viele Pferde verkaufen können. Auch du wirst die Nähe zum wahren Reitsport kennenlernen, indem du ab nächste Woche beginnen wirst, reiten zu lernen.»

Die Gräfin machte eine Pause und sah Anna an.

«Ich darf reiten lernen? Oh, Ja. Da freue ich mich. Danke Madame.»

«Anna, du darfst es nicht nur, du sollst reiten lernen. Auch das ist eine Lektion zur Ausbildung einer Stute, wie du es bist. Ich habe mit dem Rittmeister gesprochen, wir haben einen sehr zahmen Wallach und die Stallmagd Maria wird deine Reitlehrerin werden. Sie kann das und weiß auch um die Besonderheiten Bescheid, die du zu deinem Reitunterricht benötigst. Das Reiten zu lernen ist wichtig, es stärkt deine Lenden und Schenkel, du lernst, dass man in einem gewissen Rhythmus mit dem Körper reiten muss. Dies muss eine Stute für die Lust des Herrn beherrschen, da auch du mit deinem Körper den

Hohen Herrn des Öfteren reiten musst. Du verstehst, was ich meine, wenn du auf seinem Glied reiten musst. Mach es dir bewusst, dass dies das Ziel des Reitunterrichtes ist, dass du dem hohen Herrn damit Freude machen kannst. Hast du das verstanden?»

«Ja, Madame», antwortete Anna kleinlaut, da ihr wieder bewusst wurde, zu welchem Zweck sie erzogen wurde.

«In unserem Gestüt züchten wir Trakehner Pferde. Dies ist eine ganz besondere Rasse. Das Trakehner Pferd gilt als der edelste Warmblüter, da es reinblütig gezüchtet wird; das heißt, die Stuten dürfen außer von Trakehner Hengsten nicht von anderen Hengsten besamt werden. Die Trakehner Pferde eignen sich für alle Arten des Reitsports, sie sind elegante und ausdauernde Kutsch- und belastbare Militärpferde. Sie stammen ursprünglich aus dem Ort Trakehnen, nicht weit von hier. Der Vater des Landgrafen hatte schon vor Jahrzehnten begonnen mit Trakehner Pferden von dort, auch hier eine Zucht aufzubauen. Die Anfänge der Zucht in Trakehnen gehen zurück bis ins 13. Jahrhundert, in die Zeit des Deutschritterordens. Es ist also eine sehr alte Rasse. Die Deutschordensritter züchteten seit Jahrhunderten diese Pferde. 1732 gründete der preußische König Friedrich Wilhelm das königliche Trakehner Stutamt, seit dem ist es das königliche Gestüt. Diese Pferde erhalten als

Brandzeichen die einfache Elchschaufel auf der rechten Hinterhand. Pferde derselben Rasse, die außerhalb des königlichen Gestüts Trakehnen geboren werden, also bei uns, bezeichnet man als Ostpreußisches Warmblut Trakehner Abstammung und als Brandzeichen verwenden wir die doppelte Elchschaufel auf der linken Hinterhand. Du musst also wissen, warum das Gestüt und die Zucht so wichtig für uns ist und wird immer im Mittelpunkt unseres Lebens hier im Schloss stehen; denn damit verdienen wir sehr viel Geld. Allein mit der Landwirtschaft könnten wir dieses Leben hier nicht führen. Wenn eine unserer Trakehnerstuten wieder rossig ist, dann werde ich dich mit ins Gestüt nehmen, damit du sehen kannst, wie die Stute durch den Hengst bestiegen und von seinem riesigen Gemächt besamt wird.»

Die Gräfin hatte gelächelt, als sie Annas Gesicht sah, aber sie fuhr unbeirrt fort: «Ich habe dir gestern erklärt, wozu du hier erzogen und ausgebildet wirst. Du wirst zu einer *‹Jument de plaisir›*, einer ‹Stute für die Lust› erzogen, so heißt es bei uns in Frankreich. Und zwar durch den Akt der *‹Dresser d›une jument›*, der Dressur. Dressurreiten ist eine Disziplin der Ausbildung von jungen Pferden. Und so heißt es auch bei der Ausbildung junger Stuten, wie du eine bist. Das Dressurreiten bei einer Stute ist eine Disziplin der Erziehung, bei der die natürlichen Veranlagungen der jungen Stute durch gymnastische

Übungen gefördert und verfeinert werden. Das Dressurreiten hat die rittige Stute zum Ziel, die auf minimale Befehle ihres Herrn hin zum exakten Ausführen einer gewünschten Aufgabe veranlasst werden kann. Wie beim richtigen Zureiten eines Pferdes, stellt die Dressur der jungen Stute die Grundlage für die lustvolle reiterliche Betätigung eines hohen Herrn dar und findet ihre Vollendung in der Hohen Schule. Durch das regelmäßige Zureiten werden systematisch die Muskeln eines jungen Mädchens aufgebaut und ihre Kräfte gestärkt, sodass sie als persönliche Stute von ihren Herrn genutzt werden kann. Ferner trägt dies zur Gesunderhaltung der Stute und der Formvollendung ihres Körpers bei. Das Dressurreiten ist die Grundlage der Ausbildung einer Stute. Ohne geht es einfach nicht. Erst danach, wenn sie die Hohe Schule durchlaufen hat, wird sie zur Luststute.»

Da die Gräfin einen Schluck Wasser aus einem Glas trank, fragte Anna: «Hohe Schule? Was ist das?»

«Das will ich dir erklären. Entsprechend dem hohen Standard der Luststutenausbildung in Frankreich, nach der wir auch dich ausbilden werden, sind die einzelnen Stufen der Erziehung genau definiert. Weißt du, was definiert bedeutet?»

«Nein, Madame.»

«Das heißt die einzelnen Stufen der Erziehung, also der Dressur, sind genau beschrieben und vorgegeben. Generell sollte jede junge Stute in der Lage sein mindestens eine A und B Dressur zu bestehen. Das heißt, sie lässt sich gehorsam von ihrem Herrn zureiten und dies in verschiedenen Stellungen. Es gibt dann weitere Stufen, die du noch in deiner Erziehung durchlaufen wirst. Ab der L Dressur, so nennt man diese Stufe, kommt es nun nicht mehr nur auf das Können an sich an, sondern auch wie die Stute die Aufgaben ausführt. Dabei werden auch der Wuchs der Stute, ihr Gesicht, ihre Brüste und ihre Lenden beurteilt. Eine Stute mit sehr langen schlanken Beinen und Hüften hat in einer L Dressur mehr Chancen als eine mollige Stute mit kurzen Beinen. Eine M Dressur ist sehr anspruchsvoll und verlangt von der Stute eine harmonische Darbietung mit viel Schwung. Die S Dressur ist die höchste aller Klassen. Hat eine Stute die R bis S Dressur erreicht, wird sie ab da eine Luststute genannt. Zu den Lektionen aus der M Dressur kommen nämlich noch die Pirouette im Galopp so wie der sogenannte ‹Einer- und Zweierwechsel› beim Galopp und einige Gruppenzuritte hinzu. Aber dies sind Lektionen, die du viel später erhalten wirst. Eine ausgebildete Luststute der S Dressur kann selbst höchsten Ansprüchen gerecht werden. Einzig ausgebildete Luststuten der S Dressur können in Frankreich zu gesellschaftlichen Veranstaltungen, zu Soirées, des hohen Adels mitgebracht und dort vorgeführt werden.»

«Vorgeführt?», traute sich Anna zu fragen.

«Ja. Anna. Zu sogenannten *Soirées d›plaisir,* das sind sehr elegante und besondere lustvolle gesellschaftliche Abende, die ausschließlich in Privatsalons Hoher Herrn stattfinden, kann eine Luststute der S Dressur von ihrem Herrn vorgeführt werden. Das beutet, dass sie vor den Hohen Herrschaften, den adligen Damen und Herrn zugeritten wird und ihr Können zeigen muss. Allein solche Soirées sind der Ausdruck der hohen gesellschaftlichen Kultur des Adels in Frankreich.»

«Werde ich auch zur Luststute der S Dressur erzogen?»

Die Gräfin lachte. «Das beunruhigt dich, nicht wahr? Aber ich kann dich beruhigen. Dies ist ein langer Weg und am Ende liegt es auch daran, ob eine Stute diese Stufe der Dressur erreichen will. Denn ohne eigenen Willen und den Drang zu lernen, wird sie es nicht schaffen. Also, es liegt an dir, wie brav du den Lektionen folgst und wie willig du bist, die Freuden des *‹faire d›amour›,* des Liebesspiels zu erlernen. Wenn wir dich auch manchmal sehr streng erziehen werden, so tun wir das für dich, weil wir überzeugt sind, dass unsere harte Erziehung dir hilft die Schwierigkeiten zu überwinden. Es gibt auch nicht viele wirklich gute Luststuten der S Dressur, aber die, die es geschafft haben sind sehr stolz darauf, es zu sein und vorgeführt zu werden. Du hast, das kann ich dir sagen, sicherlich in deiner Erziehung die Stufe der B Dressur bereits erreicht. Mein Gemahl war heute voll des Lobes über dich. Du hast ihm gestern Abend sehr sinnliche Freuden bereitet. Auch, wie er meinte, schon eine gewisse Empfindung der Sinnlichkeit verspürt. Aber dazu werde ich meinem Gemahl etwas sagen, wenn wir hier nachher zusammen essen werden. Geh und hole dir ein Glas Wasser und setze dich wieder. Ich will dir noch ein paar Begriffe lehren, die wir bei der Erziehung benutzen.»

Anna holte sich schnell ein Glas Wasser und setzte sich brav wieder auf ihren Platz.

Die Gräfin begann sofort: «Die verschiedenen Phasen im Ausbildungsstand einer Stute werden wie folgt beschrieben. Dies sind die Begriffe, die du von meinem Gemahl und mir öfter hören wirst. Deshalb sollst du wissen, was sie bedeuten.

Erstens: Der Takt. In der Lektion zum Takt erlernst du ein zeitliches und räumliches Gleichmaß deiner Bewegungen beim Zureiten durch das Glied deines Hohen Herrn. Das heißt, du sollst lernen das Glied des Herrn in den verschiedenen Stellungen mit einem entsprechenden Rhythmus zu empfangen, also deine Bewegungen der Lenden den Bewegungen des Gliedes angleichen, indem du dich den Stößen entgegenwirfst.

Zweitens, die Losgelassenheit.

Hierbei erlernt die Stute ein Schwingen ihrer

Lenden, um ohne Verkrampfung und vollkommen zwanglos das Glied des Herrn zu empfangen. Dabei wird in äußerer und innerer Losgelassenheit unterschieden. Die innere Losgelassenheit ist der psychischen, der geistigen Entspannung gleichzusetzen, wenn die Stute mit Freude die immer wiederkehrenden Stöße des Gliedes ihres Herrn erwartet - die äußere hingegen der physischen, der körperlichen, wie ihre Schamlippen das Glied des Herrn umfassen.

Drittens, die Durchlässigkeit. Das Endziel der Ausbildungsskala. Die höchste Stufe der Hohen Dressur. Nicht nur, dass die Luststute das Glied ihres Herrn in allen ihren körperlichen Öffnungen empfangen und mit Freude Befriedigung schenken kann, sondern dass die Stute alle Befehle und winzige Hinweise ihres Herrn gehorsam, zwang- und widerstandslos annimmt, ihnen folgt und sie mit ihren erlernten Erfahrungen in der Ausführung noch steigern kann.

Dann gibt es die zu erlernenden Gangarten. Als Gangart spricht man von dem Rhythmus, der Geschwindigkeit und der Heftigkeit, wie das Glied beim Zureiten hineinstößt. Die typischen Gangarten beim Zureiten der Stute werden in Schritt, Trab und Galopp unterteilt. Diese Gangarten sind Grundlage deiner Dressur und werden auch bei Prüfungen oder Vorführungen abgefragt.

Erstens, der Schritt: Der Schritt ist die

ruhigste Gangart beim Zureiten einer Stute. Im ruhigen Tempo wird sie vom Glied des Herrn beritten. Es ist das schonende Anreiten junger Stuten. So wie es mein Gemahl sicher bei deiner Entjungferung vollzogen hat. Zweitens, der Trab: Beim Trab wird die Stute entweder aussitzend oder leicht trabend geritten. Beim sogenannten Aussitzen bleibt das Glied des Herrn während der gesamten Phase des Zureitens in ihrer Möse stecken. Beim sogenannten *‹leichten traben›* stößt das Glied bei jeden Takt gefühlvoll ein und aus. In der hohen Schule gibt es noch viele weitere Unterteilungen, zum Beispiel die sogenannte Piaffe - das heißt, die Stute wird im Trab stehend zugeritten mit einem angehobenen Bein und befindet sich dadurch in einer gehobenen Schwebephase. Man sagt dann, *‹Danser sur le vit,* die Stute tanzt auf dem Glied des Herrn. Drittens, der Galopp: Beim Galopp wird die Stute mit äußerst heftigen und schnellen Stößen zugeritten. Das Zureiten durch den Galopp ist zudem immer lang andauernd und erzeugt bei einer ausgebildeten Luststute durch die sehr kraftvollen Stöße des Gliedes, fast immer einen Orgasmus. Sie wird auch als *‹La chevauchée seigneuriale›, ‹Hochherrschaftlicher Ritt* bezeichnet. Diese Bezeichnung hast du ja sicherlich schon gehört, oder?»

«Ja. Madame.»

Auf Anna prasselte soviel an Begriffen ein,

dass sie nichts mehr mitkam.

Die Gräfin, die einsah, dass Anna wohl mit soviel Theorie überfordert war, änderte ihren Ton: «Liebe Anna. Ich sehe, das ist alles sehr viel verlangt sofort zu verstehen und zu behalten. Macht dir keine Sorgen, von dir wird nicht verlangt werden, alle die Begriffe auseinanderzuhalten und zu gebrauchen. Auch brauchst du sie nicht in dein Stutenbuch niederzuschreiben. Solltest du jedoch in nächster Zeit einen Ausdruck hören, den du nicht verstehst, dann behalte ihn, sage ihn mir oder trage ihn in dein Stutenbuch ein, damit wir dann darüber sprechen können. Deiner Erziehung werde ich Sorge tragen, du brauchst nur zu gehorchen. Du willst doch gehorchen, oder?»

«Ja, Madame», beeilte sich Anna zu sagen. «Ich werde gehorchen.»

«Liebe Anna, denk immer daran, hier in unserem Schloss hast du es besser, als auf den Feldern, draußen bei der schweren Arbeit oder wenn du weggegeben wirst.»

Der Satz schreckte Anna auf. Nein, weggegeben werden, das wollte sie nicht und auf den Feldern arbeiten, das kannte sie und wusste, wie hart es war. Leise antwortete sie: «Madame, ich werde gehorsam dem Hohen Herrn dienen und bitte Sie, mich alles zu lehren, was ich wissen muss.»

«Das ist ein schöner Satz von einer braven

Stute, Anna. Ich denke, du hast begriffen, worum es geht. Ich würde dir gerne ein paar kleine Bücher geben, kurze romantische Erzählungen aus dem Leben einer Luststute oder einer Maitresse, aber die sind alle in Französisch.»

«Was ist eine Maitresse?»

«Eine Maitresse ist die Geliebte eines Hohen Herrn, die gleichrangig neben der meist vorhandenen Gattin steht und als fester Bestandteil im Hause ihres Herrn lebt. Viele Maitressen waren zuvor Luststuten oder aber sie sind von einem anderen Herrn zu Luststuten ausgebildet worden. Wie eine Luststute haben Maitressen das Verlangen ihres Herrn zu befriedigen, aber auch an seiner Seite gesellschaftliche Verpflichtungen zu übernehmen. Sie verfügen meistens über einen abgetrennten Haushalt mit eigenem Dienstpersonal. In Frankreich haben sogar Könige Maitressen.»

Anna war beeindruckt: «Ich würde gerne mehr über Frankreich hören. Gibt es ein Buch, aus dem man Französisch lernen kann? Ich würde gerne Französisch lernen.»

Die Gräfin lachte: «Anna! Das höre ich ja besonders gerne. Eine lernbegierige junge Stute. Das freut mich ja wirklich. Aber so leicht ist es nicht, das musst du wissen. Nur aus einem Buch kann man es nicht lernen. Dazu brauchst du Unterricht. Würdest du denn gerne Unterricht bekommen?»

«Ja, Madame. Bitte. Bitte. Ich würde so gerne Unterricht bekommen», sprudelte es aus Anna heraus.

«Gut, Anna. Ich werde dir Unterricht in Französisch erteilen. Es würde für dich und für deine weitere Entwicklung von Vorteil sein, wenn du französisch sprechen und schreiben könntest. Aber du musst mir gehorchen, gehorsam lernen und deine Übungen machen. Versprichst du mir das?»

«Madame, Ja, das verspreche ich Ihnen von ganzen Herzen. Ich werde alles machen, was Sie wünschen. «

Die Gräfin schmunzelte: «Wenn du alles machst, was ich von dir wünsche, dann wird es dir hier sehr gut gehen. Das kann ich dir zusagen. Es wird auch meinen Gemahl gefallen, wenn er hört, dass ich mit dir zufrieden bin. Ich werde dich dann noch Einiges lehren, wie du meine Wünsche zufrieden stellen kannst, nicht nur, in dem du Französisch lernst. Wirst du das tun?»

«Ja, Madame», antwortete Anna begeistert.

«Ja, es ist zwar sehr früh», sprach die Gräfin mehr zu sich, als zu Anna, «Du bist erst kurze Zeit hier und sehr jung. Aber ich denke, es wird dir helfen, deine Sinnlichkeit zu erkennen. Dies würde auch meinem Gemahl gefallen.»

Anna verstand nicht, was die Gräfin meinte, aber sie war begeistert von dem Gedanken Französisch lernen zu können.

«Nun gut», wurde die Gräfin wieder ernst, «Heute Nachmittag werden wir beginnen. Sofort nach dem Mittagsmahl, wenn du von meinem Gemahl zugeritten worden bist, wirst du in mein Schlafgemach kommen. Dort werde ich dich erwarten und dort kann ich dich ungestört unterrichten.»

Damit wurde Anna wieder aus ihren Träumen gerissen. Sie war sich bewusst, dass der hohe Herr sie ganz sicher heute Mittag wieder besteigt und sie als Stute zureiten würde. Aber dann überwog doch die Freude darüber, dass die Gräfin ihr offenbar freundschaftlich gesonnen war und sie unterrichten wollte.

Die Gräfin schaute auf die Comtoiseuhr an der Wand: «Es ist gleich 12 Uhr. Wir werden hinüber in den Salon gehen und zusammen mit meinem Gemahl essen.»

Parlez à trois

Poltern d erschien der Graf und küsste kurz die Gräfin: «So, die Bande des Herzog ist endlich fort. Mal sehen, was die erreichen und was für uns abfällt. Obwohl, es ist mir schwer gefallen, meine Männer dazu herzugeben. Es kann auch Verwicklungen geben. Na ja, wenn sie genügend Eindruck auf den Baron machen, allein durch ihre Präsenz, dann kann es gut gehen.»

«Mein Gemahl», schmeichelte die Gräfin: «Ihr habt richtig entschieden. Es ist in jeden Fall für uns von Vorteil, denn der Herzog wird uns dankbar sein.»

«Ja, so wird es sein. Und hast du dich mit meiner Stute unterhalten?»

«Ja, mein Gemahl. Wir haben ein sehr offenes Gespräch geführt ...»

Bevor die Gräfin zu Ende sprechen konnte, rief der Graf Anna zu sich: «Komm her zu mir, meine kleine schöne Stute!»

Als Anna vor ihm stand, nahm er ihre Hände, zog sie zu sich heran und küsste sie auf den Mund. Anna wurde verlegen.

«Ist sie nicht süß, meine kleine Stute?»

«Mein Gemahl. Lasst uns schon am Tisch Platz nehmen, ich möchte dir etwas Wichtiges sagen, was die Erziehung deiner Stute betrifft.

Bevor das Essen kommt, reicht die Zeit.»

Auf dem Weg zum Tisch begann die Gräfin: «Wie gesagt, ich hatte ein sehr offenes Gespräch mit Anna und sie hat sich dabei sehr kooperativ gezeigt.»

«Ja, das erwarte ich auch», brummte der Graf und ließ sich nieder.

«Mein Gemahl. Du hattest mir heute Morgen schon so eine Andeutung gemacht, dass Anna wohl die ersten schwachen Zeichen einer Sinnlichkeit in sich spürt. Daher möchte ich dir zwei Vorschläge unterbreiten.»

«Nur zu!»

«Um erste sinnliche Empfindungen bei Anna zu fördern, sollte Anna demnächst von dir öfters sehr ausdauernd zugeritten werden. Du weißt, was ich meine. Ich meine den zweifachen Galopp. Nur wenn eine so junge Stute ausdauernder und lange zugeritten wird, können sich die sinnlichen Empfindungen bei ihr entwickeln. Du solltest daher bei einem ausdauernd Galopp vor dem Ende dich beherrschen und eine Pause einlegen, dir von Anna ein Glas Wein geben lassen, dich erholen und erneut Kräfte sammeln, um sie danach nochmals lang und ausdauernd zureiten zu können.»

«Hoho. Du verlangst viel von mir, mein Weib.»

«Es ist zu eurem Nutzen, mein Gemahl und

wird, wenn sich nach einigen Tagen das Empfinden der Sinnlichkeit bei Anna einstellt, Ihnen noch mehr Freude bereiten. Ich denke, Anna ist schon soweit, dass wir damit beginnen können.»

«Da hast, wie immer, recht, mein Weib. Ich werde sie gleich nach dem Essen so zureiten, wie du sagst. Ja, das ist schön, wenn die Sinnlichkeit bei einer Stute kommt. Sie muss lernen, zu kommen.»

Anna hatte zugleich erstaunt und entsetzt zugehört. *Was bedeutet das denn? Zweifacher Galopp? Und diese offenen Worte der Gräfin!* Anna schoss das Blut den Kopf.

Der Graf sah es: «Schau, wie sich die Wangen meiner Stute röten. Sie hat es wohl verstanden.»

«Das denke ich auch, mein Gemahl. Ich habe ihr heute Morgen die verschiedenen Ausdrücke erklärt und auf die Art des Zureitens im Galopp hingewiesen. Sie ist erstaunlich lernfähig. Ich habe aber noch einen zweiten Vorschlag zu machen.»

«So, was denn?»

«Mein Gemahl, würdest du mir erlauben, das auch ich mit meinen bescheidenen Möglichkeiten, dazu beitrage, das sinnliche Empfinden bei Anna zu fördern und sie zu unterrichten?»

Der Graf schmunzelte. Er wusste, was seine Gattin damit meinte. Er wusste, dass sie sich nicht nur gerne vom Rittmeister besteigen, sondern auch ab und zu eine der Mägde in ihr Bett kommen ließ. Er lachte.

«Mein Weib, du hast gute Vorschläge. Natürlich erlaube ich dir das, weil ich weiß, dass du sehr gut diesen Unterricht erteilen kannst. War es nicht die Alice vor zwei oder drei Jahren, die du auch so gekonnt dahin gebracht hast, als es mit ihr nicht so klappen wollte?»

«Ja, ganz recht. Ich denke, ich kann dir eine sehr große Hilfe sein. Außerdem, das möchte ich noch hinzufügen, ich werde Anna auch Unterricht in Französisch geben.»

«Oh. Wirklich?»

«Ja. Sie ist ganz lernbegierig und möchte mehr über Frankreich erfahren. Außerdem würde es sehr von Vorteil bei ihrer Erziehung sein.»

«Soso, Anna. Du möchtest Französisch lernen?»

«Ja. Bitte hoher Herr.»

«Ja. Wunderbar, diese Idee. Aber Anna höre gut zu. Wenn du von meiner Gattin unterrichtet wirst, musst du auch ihr gegenüber sehr gehorsam sein. Ich möchte keinerlei Klagen hören. Und das gilt für alles, was meine Gattin dir unterrichten wird, alles, was eben zu deiner Erziehung wichtig ist. Hast du verstanden?»

«Ja, Hoher Herr. Ich habe verstanden und bin sehr dankbar.»

«Na gut. Dann kann das Essen gebracht werden.»

Klassische Stellung

Das Essen wurde von einer Magd und der Mamsell gebracht, die es servierten. Es gab Kartoffel- und Kohleintopf mit viel Geflügelfleisch. Die Mamsell zwinkerte Anna zu, als sie deren Teller doppelt so voll füllte, wie den der Gräfin.

Das Essen wurde schweigsam eingenommen. Anna, noch immer schockiert über den Vorschlag der Gräfin, zwang sich ihren Teller leer zu essen. Sie hatte Hunger gehabt, da sie zu dem schnellen Frühstück nur ein Marmeladenbrot gegessen hatte, aber jetzt war ihr fast der Appetit vergangen. Sie soll ausdauernder zugeritten werden? Sie konnte sich schon vorstellen, was es bedeutet, nämlich, dass das Glied des Grafen noch länger in sie hineinstoßen wird und versuchte diesen Gedanken zu unterdrücken. Es war auch nur ein kleiner Trost für sie, dass sie Französischunterricht erhalten würde. Und was hatte die Gräfin ihr noch alles erzählt! So viele Begriffe aus der Reiterei und die doch alle nur das eine meinten, nämlich, dass sie vom Grafen gefickt würde.

Aber das Interessanteste an den späteren Erzählungen der Gräfin fand Anna, dass so viele arme Landmädchen, allein durch ihre gute Führung, reich und angesehen geworden waren; dass viele gehorsame Dienstmädchen, die ihren Herren früh als Luststute glücklich machten, von ihm auch geheiratet wurden, ihm Kinder schenkten und dann Pferd und Wagen hielten; dass manche sogar Herzoginnen oder Gräfinnen geworden seien. Das gefiel Anna und sie nahm sich fest vor, dies zu erreichen. Schließlich hatte die Gräfin ja auch eine Erziehung überstanden und führte jetzt ein gutes Leben.

Der Graf war schnell mit dem Essen fertig und schaute Anna an. Sie schaute verlegen herunter und spürte das Verlangen in ihm.

Die Gräfin läutete nach der Mamsell und verabschiedete sich. Der Graf, anscheinend hochgradig erregt, stand auf und kam zu Anna. Er zog sie hoch, umfasste ihre Brüste durch ihr Kleid und knöpfte es dann schon auf.

Die Mamsell kam mit einer Magd herein und als sie die nackten Brüste von Anna sah, gab sie der Magd schnell die Teller und schickte sie hinaus.

Der Graf, unbeeindruckt von der Anwesenheit der Mamsell, hieß Anna sich ganz auszuziehen. Verschämt ließ Anna ihr Kleid fallen und für einen kurzen Moment sah sie im Gesicht der Mamsell, die den Rest abräumte, ein aufmunterndes Lächeln.

Als die Mamsell die Türe hinter sich geschlossen hatte, befahl der Graf ihr, dass sie die klassische Stellung auf dem Teppich vor dem Kamin einnehmen sollte und öffnete seinen Hosenbund. In diesem Moment kam die Mamsell noch einmal herein und fragte, ob der Graf noch etwas wünsche.

«Martha, nehmen sie meine Hose mit. Sie muss gewaschen werden.»

Anna verging vor Scham. Wie muss die Mamsell sie jetzt sehen? Nackt auf allen Vieren und das Hinterteil hoch gestreckt, um das Glied des Grafen zu empfangen. Anna konnte nicht zu Ende denken, denn der Graf war schon hinter ihr und stieß sein Glied mit Gewalt und ohne Vorbereitung in sie hinein. Als Anna ihren Kopf vor Schreck zur Seite warf und einen gellenden Schrei ausstieß, sah sie die Mamsell in der Türe stehen und zu ihr hersehen. Dieser kurze Blick der Mamsell machte ihr klar, dass sie sich fügen und die wilden Stöße des Grafen erdulden muss.

Zu Annas Erstaunen war es ein kurzer Ritt gewesen. Trotzdem, der Graf hatte wie wild sein riesiges Glied in sie hineingestoßen und sie war sehr erschöpft. Noch benommen und schwankend traf sie im Treppenhaus auf die Mamsell, die eine neue Hose für den Grafen in der Hand hielt.

«Das ist aber schnell gegangen, « rief die Mamsell.

Anna stöhnte nur.

«War er wieder so stürmisch?»

«Ja. Furchtbar.»

«Meine Anna. Er mag dich. Das merkt man. Sei froh darüber. Wenn er dich so stürmisch besteigt, dann ist das ein gutes Zeichen.»

«Martha, du hast mich gesehen. Du hast gesehen, wie der Graf mich bestiegen hat.»

«Ja, er hat dich bestiegen. Ich hab es gesehen, aber ich habe schon so viel in meinem Leben gesehen. Glaube mir. Ich habe den Grafen schon oft eine Stute besteigen sehen. Komm mit in die Küche, ich mach dir was zu Trinken.»

«Nein. Ich soll sofort zur Gräfin in ihr Gemach kommen.»

«Jetzt zur Gräfin?»

«Ja. Martha. Sie will mit mir den Unterricht beginnen.»

«Was für einen Unterricht denn?»

«Ich weiß es auch nicht genau, sie soll mich in meinen Empfindungen unterrichten. Aber sie will mir auch französisch Unterricht geben.»

«So. Französischunterricht. Na, dann geh mal schnell zu ihr.» Die Mamsell schaute ihr nach. Sie wusste, was die Gräfin am liebsten unterrichtete.

Sinnlichkeit

Verwundert sah Anna die Gräfin auf ihrem Bett liegen.

«Komm zu mir, meine Kleine». Die Gräfin deutete Anna an, dass sie sich zu ihr aufs Bett setzen sollte. «Hat mein Gemahl dich zugeritten?»

«Ja», seufzte Anna.

«Na, es wird doch nicht so schlimm gewesen sein. Es hat nicht lange gedauert.»

Anna wurde verlegen, erst recht, als sie bemerkte, dass die Gräfin sie dabei anlächelte. Ihr wurde bewusst, dass die Gräfin nicht nur ihren Mann unterstützte, sondern anscheinend Gefallen daran hatte, wie sie von ihrem Mann zugeritten wurde. Resignierend murmelte Anna; «Ja, es hat nicht lange gedauert.»

Der Gräfin gefiel dieser Moment. Es war ihr ein wichtiges Anliegen, den jungen Stuten immer wieder vor Augen zu führen, dass diese zu dienen haben. Nur so können sie während der Erziehung begreifen, dass innerer Widerstand nur hinderlich ist und ihre Situation verschlimmert. So wie es in ihrem französischen Handbuch der Erziehung vorgeschrieben ist. Einem jungen Mädchen muss ständig aufgezeigt werden, dass sie zur permanenten ‹*soumission*›, zur stetigen Unterwürfigkeit erzogen wird und demütig die

Belastungen während der Erziehung zu erdulden hat. Diese Gedanken gaben der Gräfin schon immer eine innere Genugtuung und dies durch Ansprache an die Stute offen zu legen, bereitete ihr besondere Freude.

Im Ton sehr streng sagte sie zu Anna; «Du bist eine Leibeigene. Du wirst zu einer Stute erzogen, die meinem Gemahl alle die Freuden bereiten soll, die er sich wünscht. Sein Wunsch ist Befehl und du hast zu gehorchen. Es ist deine Pflicht, das harte Glied des Hohen Herrn zu empfangen und dich zureiten zu lassen. Ob es lange dauert oder nicht so lange. Hast du das verstanden?»

«Ja. Madame.» Anna hatte es verstanden.

«Lass mich sehen, was er mit dir gemacht hat. Zieh dein Kleid aus.»

Als Anna nackt vor ihr stand, ergriff die Gräfin ihre Hand und zog sie zu sich zum Bett. «Spreiz deine Beine, ja, so ist gut. Lass sehen. Ohja, deine Schamlippen sind ganz rot.»

Die Gräfin griff hinter sich und nahm eine Glasdose in die Hand. Sie schraubte den Deckel auf, steckte einen Finger hinein und bestrich Annas Schamlippen.

«Tut das gut?»

Anna nickte. Es war eine Salbe und sie fühlte sich kühl an.

«Es ist eine Salbe mit Parfüm. Es wird dir gut

tun. Leg dich zu mir. Ich werde die Salbe noch ein wenig einreiben.»

Anna empfand ein vollkommen neues Gefühl der Erregung. Der zart über ihre Schamlippen streichende Finger der Madame tat ihr richtig gut. Außerdem war die Stimme der Gräfin jetzt wieder so freundlich geworden.

«Ich weiß, dass du es sehr schwer hast, meinen Gemahl zufrieden zu stellen. Aber wir Frauen sind dazu geschaffen, den Männern ihre Lust zu stillen. Wenn du irgendwann mal einen Ehegatten haben wirst, dann wird auch er dich jede Nacht besteigen und sein steifes Glied in deine Möse stecken. Das ist unser Schicksal und unsere Bestimmung. Männer mögen unsere Mösen über alles. Was sagt mein Gemahl zu deiner Möse? Sags mir.»

«Er nennt sie, meine Blume, Madame.»

«Ah. Deine Blume. Wundervoll. Ja. Er hat sie ja auch gepflückt.»

Anna wurde immer verwirrter. *Was sagt die Gräfin da alles zu mir? Eben noch so streng und jetzt so mitfühlend. Und ihr Finger da unten, der sich so langsam und zärtlich auf ihren Lippen bewegt? Was macht sie mit mir?*

«Anna. Du weißt, ich verlange Gehorsam. Ich werde dir jetzt eine Lektion in Gehorsam erteilen. Du erhältst ein ‹*Pour mémoire*›, nur zur Erinnerung. Siehst du hier die kleine Peitsche, die ich in der Hand halte?»

«Ja, Madame», schreckte Anna auf.

«Dies ist ein französisches Martinet. Eine kleine Peitsche mit vielen Lederriemen. Sie wird in Frankreich von hohen Herren zur Züchtigung der Ehefrauen, der Töchter und der Dienstmägde benutzt. Du erhältst von mir einige wenige Hiebe auf deinen Po, damit du in Erinnerung behältst, dass du mir zu dienen hast. Bück dich und strecke mir deinen wunderschönen nackten Po entgegen.»

Anna gehorchte und erhielt eine Reihe von harten Hieben. Sie stieß leise einige schrille Schreie aus und rieb sich mit beiden Händen ihren Po, als die Gräfin die Peitsche weglegte.

«Hat es weh getan?»

«Ja, Madame.»

«Es muss weh tun. Sonst behältst du nichts in Erinnerung. Wenn du ungehorsam bist, bekommst du viele schmerzhafte Hiebe. Komm zu mir auf das Bett.»

Anna legte sich zur Gräfin und spürte, wie die Gräfin mit ihrer Hand über ihre Pobacken und zwischen ihre Schenkel ihre Schamlippen streichelte. Sofort empfand sie dies als wohltuend und stöhnte.

Die Gräfin hörte auf, Anna zu streicheln und zog eine dünne Decke über sich und Anna.

«Du musst dich etwas erholen. Lass uns ein Stündchen ruhen. Das tut uns gut. Mit dem

Unterricht fangen wir später an. Rücke näher heran zu mir.»

Anna war dankbar. Sie war sehr ermattet. Dass sie bei der Gräfin ruhen konnte überraschte sie, aber es gefiel ihr. Sie spürte die Hand der Gräfin auf ihrer Schulter, schmiegte sich an sie und schlief sofort ein.

Die Gräfin betrachtete Annas Kopf, strich vorsichtig über ihre Haare und stellte sich vor, was wohl alles in dem Kopf dieses Mädchen vorging. Es müssen hunderte neuer Eindrücke auf sie eingewirkt haben. Verglichen mit früheren Mädchen, die sie zu Luststuten ausgebildet hatte, war Anna sicherlich eine der Begabtesten. So wie ihr Mann es ihr berichtet hatte, muss sie von ihrer Entjungferung an, willig und gehorsam alles erduldet haben. Das war nicht immer so. Die Gräfin erinnerte sich an die junge Braut vor einem halben Jahr, bei der ihr Mann von seinem Recht als Landgraf gebraucht machte und auf die Brautnacht bestand. ‹*Le droit de seigneur*›, das Recht des Hohen Herrn, in ihrer Heimat Frankreich ein oft eingefordertes Recht der adligen Herrn. Die Kleine hatte sich gewehrt, als der Graf sie entjungfern wollte und erst mit ihrer Hilfe und der Mamsell, war es ihren Gatten gelungen, die festgehaltene Braut zu besteigen. Die Gräfin fühlte sich bestätigt, dass sie es war, die vom ersten Anblick Annas Wert erkannt hatte. Die Braut damals wäre nie zu einer Stute geeignet gewesen. Erst recht, als sie endlich Anna nackt bei ihrer Mutter betrachten durfte, war sie sich sicher gewesen. Annas Mutter hatte sich lange geziert Anna auszuziehen und sie nackt zu zeigen, aber besaß auch den Mut, mehr zu verlangen, als sie erkannte, dass der Gräfin die nackte Anna sehr gefiel. 10 Taler, dass sind 280 Groschen, davon kann eine arme Bauernfamilie dort oben im Norden ein Jahr leben. Aber Anna war mehr wert, das wusste die Gräfin. Genüsslich dachte sie daran, wie sie die Erziehung Annas fortsetzen würde, wie oft sie diesen süßen Po peitschen und welche Freuden auch sie dabei haben würde. Die Hohe Schule der Dressur bedeutet schließlich auch, dass die Luststuten regelmäßig gepeitscht werden müssen. Nur mit schmerzhaften Hieben erlernen sie die hohe Kunst exquisiter Liebesdienste. Dieser schlanke Körper, die zierlichen Lenden und die kleinen, aber festen Brüste; Anna war ein Glücksfall. Die Gräfin dachte an einige edle Luststuten damals in Frankreich. Mit diesem anmutigen Wuchs und diesen feinen Gesichtszügen konnte Anna sicherlich jeden Vergleich bestehen.

Die Gräfin strich Anna wieder über das Haar. *Ja, das Haar,* dachte sie, *darum muss ich mich auch kümmern. Ich muss Anna unbedingt einen Würfel der handgemachten Provence-Seife mit Lavendelduft geben. Mit dem darin enthaltenen Lavendelöl werden ihre Haare seidenweich. Hoffentlich schickt meine Schwester Claire bald wieder eine neue Kiste.* Obwohl die Gräfin sparsam damit umgegangen war, hatte sie nur noch ein paar Würfel. Für die Mägde hatte sie genügend Kernseifenblöcke, aber die rochen nicht sehr gut. Für sie und Anna soll es nur die lieblich duftende Seife geben.

Als Anna sich räkelte, wachte die Gräfin auf und scherzte. «Oh, wir haben fest geschlafen, dabei wollten wir doch ernsten Unterricht machen. Es war wohl nötig gewesen. Aber etwas Zeit haben wir noch.»

Die Gräfin zog das Leinentuch fort und Anna zu sich heran. Ihre Hand fand schnell den Weg zu Annas Möse. «Die Salbe ist eingezogen. Reich mir das Glas von dem Nachttisch. Ich werde noch etwas Salbe auf deine Schamlippen einreiben, dann kannst du das Glied meines Gemahls leichter empfangen.»

Anna fühlte sich nicht unwohl, als sie den massierenden Finger auf ihren Schamlippen spürte, obwohl die Gräfin sie gerade wieder daran erinnert hatte, dass sie wohl auch heute Abend vom Grafen zugeritten würde.

«Das sind deine *‹lèvre vaginale›*, deine Schamlippen. So heißt es in Französisch. *‹La lèvre›*, das ist auch die Lippe an deinem Mund. Und deine Blume, die hier so ohne Kultur Möse genannt wird, nennt man in Frankreich *‹La chatte›*, die

Katze. Und du hast ein schönes Kätzchen.»

Anna musste kichern: «Die Katze, das ist lustig.»

«Das magst du, nicht wahr? Das hört sich auch viel schöner an. Ich mag dein Kätzchen. Ich nenne es eigentlich auch immer Kätzchen. Und dieses kleine Nippelchen da, fühlst du es?»

Anna stöhnte auf, als der Finger der Gräfin dort feste rotierte. «Das hier. Das nennt man in Frankreich *‹La petite perle›, d*ie kleine Perle und sie wird dir einmal viel Lust bereiten.»

Das hatte Anna nicht erwartet. Wenn das der Französischunterricht der Gräfin war, dann gefiel es ihr. Der stetig über ihre Perle gleitende Finger erregte sie. Sie spürte, dass dort unten etwas mit ihr geschah und wandte sich unter der Hand der Gräfin hin und her.

Die Gräfin hörte auf zu streicheln: «Du bist *‹La jeune fille›*, das junge Mädchen. *‹La jeune jument›*, die junge Stute. Und wenn du zugeritten wirst, heißt das *‹Dresser une jument›,* aber das hatte ich dir schon gesagt. Wenn mein Gemahl dir etwas befiehlt, dann sagst du *‹Oui, Monsieur›,* das heißt ‹Ja, mein Herr›. Wenn er dir etwas sehr streng befiehlt, dann sagt du *‹Oui, mon maitre›* ‹Ja, mein Hoher Herr›. Das *‹Oui›*, das ‹Ja›, das will er immer von dir hören, merk dir das. Komm, es ist Zeit. Wir stehen auf und ich diktiere dir noch mal alle Worte und du schreibst sie auf. Ich sage dir, wie du sie schreiben musst. Und dann haben wir für heute genug gelernt.»

Die Gräfin befahl Anna sich nackt, wie sie war, an den Sekretär zu setzen, reichte ihr Papier und Feder und ließ sie schreiben. Es gefiel der Gräfin außerordentlich, einem nackten jungen Mädchen Unterricht zu geben und während sie den Rücken und den kleinen Po betrachtete, dachte sie an die Freuden, die sie mit Anna noch haben würde.

Edle Seife

Nach dem Abendmahl, das Anna zusammen mit dem Grafen und der Gräfin im Salon eingenommen hatte, nahm der Graf sie an der Hand, ging mit ihr zu seiner Frau, küsste diese auf den Mund und wünschte ihr eine gute Nacht. Dann zog er Anna, an der eintretenden Mamsell vorbei, die breite steinerne Treppe hoch zu seinem Gemach.

Anna zog sich schnell aus und der Graf beorderte sie, sich zwischen seine Beine zu knien und sein Glied zu lutschen. Als es hart und steif war, hatte der Graf Anna gefragt, ob seine kleine Stute bereit sei, zugeritten zu werden und Anna hatte geantwortet: «Oui, mon Maitre.»

Der Graf stutzte: «Sag das noch mal.»

«Oui mon Maitre. Ihre Stute ist bereit, zugeritten zu werden.»

Der Graf, schon hochgradig erregt, wurde von unbändiger Geilheit erfasst. Er packte Anna und trug sie schnell auf das Bett. Er spreizte ihre Schenkel und warf sich auf sie. Ohne Annas Blume zu würdigen, setzte er sein Glied an und stieß zu. Anna fühlte harte schnelle Stöße, die sie am ganzen Leib erzittern ließen. Immer wieder wurde sie vom Grafen gefragt, ob es ihr gefällt, zugeritten zu werden und Anna antwortete brav

‹Oui, mon Maitre›; was ihn noch wilder machte.

Es dauerte gar nicht lange und Anna erkannte, dass der Graf seinen Höhepunkt erreicht hatte. Schwerfällig rollte er von ihr herunter, lobte sie und streichelte ihr Kätzchen noch ein paar mal und schlief dann ein.

Obwohl etwas mitgenommen, wie immer nach dem Zureiten, fühlte Anna einen irgendwie gearteten Stolz in sich, dass sie den Grafen so schnell hatte zufrieden stellen können.

Ganz anders erging es ihr am nächsten Morgen. Der Graf, früh aufgewacht, weckte Anna, indem er begann, ihre Möse ausdauernd zu streicheln. «Ich fühle, etwas Tau hat sich auf die Blüte meiner Blume gesetzt.»

Auch Anna, der der streichelnde Finger des Grafen nicht unangenehm war, hatte bemerkt, dass sie langsam aber sicher da unten ein wenig feucht wurde. Nach einiger Zeit wurde sie vom Grafen, dessen Glied steil empor stand, auf den Bauch gedreht. Sie merkte, wie der jetzt kniende Graf sie in der Taille packte und ihren Popo in die Höhe hob. Sie hörte, wie er bewundernde Worte für ihren kleinen Popo fand und wenig später spürte sie, wie sein Glied sich seinen Weg in sie bahnte. Der Graf schob sein Glied äußerst gleichmäßig, aber nicht so wuchtig tief wie gestern, in sie hinein. Nach einer ganzen Weile empfand sie das immer wiederkehrende Rein und Raus seines Gliedes in ihrer Möse sogar als angenehm erregend. In Gedanken fragte sie sich, ob das jetzt der sogenannte Schritt oder der Trab beim Zureiten sei. Sie fragte sich auch, was sie denn in ihr Stutenbuch eintragen soll. Es dauerte immer länger und ab und zu stieß der Graf mal härter zu, was Anna dazu brachte spitze Schreie auszustoßen. Der Graf aber hörte nicht auf und Anna wurde bewusst, dass sie wohl jetzt sehr ausdauernd zugeritten wurde. Ihre Erregung, die sie kurze Zeit verspürt hatte, war wieder verflogen. Jetzt sehnte sie zu sehr das Ende und den Höhepunkt des Hohen Herrn herbei. Aber der kam und kam nicht. Anna begann laut zu stöhnen. Sie fühlte jetzt sehr intensiv, wie das massige Glied des Grafen ihre kleine enge Möse ausfüllte und der Schaft sich an ihren Schamlippen rieb.

Plötzlich entzog sich der Graf von ihr, gab ihr einen Klaps auf den Po und stand auf. Anna brach auf dem Bett in sich zusammen. Sie war fix und fertig und da der Graf nichts sagte, blieb sie einfach auf dem Bauch liegen.

Der Graf hatte am Tisch vor dem Fenster Platz genommen, sich ein Glas Wein eingeschenkt und begann genüsslich eines der Frühstücksbrote zu essen.

«Hat dich das mein Weib gelehrt?»

Anna drehte ihren Kopf zum Grafen: «Was meint ihr, hoher Herr?»

«Na, dieses ‹Oui mon Maitre›.»

«Ja. Hoher Herr. Ihre Gemahlin hat mir den

ersten Französischunterricht erteilt.»

«Soso. Hat sie das getan», sprach der Graf mit vollem Mund, «Hat mich geil gemacht wie ein Hengst, der seine Stute besamt. Na, du bist ja auch meine kleine Stute.»

Anna hatte sich im Bett aufgesetzt. «Bleib im Bett, meine Stute», kam es vom Grafen, «Du wirst jetzt weiter zugeritten. Jetzt werden wir zu einen ausdauernden Galopp ausreiten. Na, freust du dich?»

Anna ließ sich auf das Bett fallen. Sie hatte es fast erwartet, dass er nochmals zu ihr kommen würde, aber, dass er jetzt sagte, dass es ein Galopp werden würde, das versetzte sie in Angst und Schrecken.

«Meine kleine Stute. Freust du dich? Antworte!», hörte sie den Grafen rufen und brav antwortet sie: «Oui, mon Maitre. Ihre Stute freut sich zugeritten zu werden.»

«Na, dann wollen wir mit dem Ausritt auch beginnen», erklärte er, als er zum Bett kam. «Mein Werkzeug steht bereit und dann werde ich meine junge Stute mal satteln. Also, in die klassische Stellung!»

«Oui, mon Maitre», wisperte Anna und nahm die gewünschte Stellung ein.

Es wurde für Anna ein fürchterlicher Ritt. Nicht enden wollend stieß der Graf mit seinem Glied hart in sie hinein. All die wenigen schönen Empfindungen, die sie beim ersten Teil gehabt hatte, waren verschwunden. Nach einiger Zeit gab sie sich resignierend den Stößen offen und nicht mehr verkrampft hin. Sie musste es ertragen. Es war sein Recht. Sie musste sich ihm hingeben, sie gehörte ihm. Dies war ihre Pflicht, die Stöße zu empfangen. Dann, plötzlich empfand Anna ein zartes Kribbeln in ihrer Möse. Es war wie vorhin. Bei jedem Stoß des Gliedes. Es war schön. Sie begann laut zu stöhnen. So hatte sie es noch nicht erlebt. Aber dann, stieß der Graf so unvorbereitet tief in sie hinein, dass sie aufschrie vor Schmerzen und alle schönen Empfindungen mit einem Schlag wie weggewischt waren.

Anna musste das Glied des Grafen noch lange erdulden. Sie wusste anschließend nicht, wie lange es gedauert hatte, bis der Graf endlich seinen Höhepunkt erreicht hatte. Es kam ihr vor, als wären es Stunden gewesen. Mühsam raffte sie sich auf, um das Glied des Grafen sauber zu lecken. Danach bekam sie einen Kuss auf den Mund und einen festen Klaps auf ihren Po.

«Ich bin zufrieden mit meiner Stute. Das war ein schöner Galopp. Ich muss jetzt zum Gestüt und dann zur Jagdhütte. Ich weiß nicht, ob ich heute Mittag zurück sein werde um dich zu rufen. Erhole dich und lerne fleißig, was mein Weib dich lehrt.»

Die Gräfin und die Mamsell waren in das Gemach des Grafen eintreten. Unsanft wurde Anna von der Gräfin geweckt. «Aufwachen, du hast genug geschlafen.»

Anna rieb sich die Augen. Sie war erstaunt über die unerwartete Strenge, die im Ton der Gräfin lag und richtete sich auf. Die Gräfin presste ihren Zeigefinger unter ihr Kinn und hob Anna Kopf hoch: «Schau mich an. War der hohe Herr die Nacht zufrieden mit dir?»

«Ja, Madame.»

«Hat er dich heute Morgen zugeritten?»

«Ja, Madame.»

«Gut. So gehört es sich. Das ist deine Aufgabe. Ihn zufrieden zustellen. Lass sehen, mach deine Beine breit. Martha, sehen Sie? Ganz rot und geschwollen. Holen Sie die Salbe und cremen Sie Annas Schamlippen ein. Anna, wo ist die Salbe?»

«Sie steht in meinem Zimmer.»

«Martha, holen Sie sie. Du bleibst liegen. Ich habe nicht gesagt, dass du aufstehen sollst.»

Anna erschrak über die barsche Zurechtweisung. Sie legte sich wieder auf den Bauch und öffnete ihre Schenkel.

Der einreibende Finger der Mamsell tat ihr gut, denn alles brannte noch wie Feuer.

«Wenn Sie fertig sind, Martha, soll sie aufstehen - und sie soll sich waschen», befahl die Gräfin: «Auch die Haare, helfen Sie ihr. Hier ist die Lavendelöl-Seife. Wo sind die Hosen? Ach da. Erklären Sie ihr das. Dann soll sie zu mir in die Bibliothek kommen, damit wir endlich mit dem Unterricht anfangen können.»

Erleichtert blies Anna die Luft heraus, als die Gräfin das Gemach verließ.

«Sie meint es gut mit dir, Anna. Sie ist halt manchmal sehr streng. Nimm es leicht. Schau mal. Die Seife. Komm wir gehen hinüber zur Anrichte mit der großen Schüssel.

«Was ist das für Seife?»

«Die beste, die es gibt. Sie hat sie aus Frankreich. Du wirst es sehen und riechen. Das ist etwas anderes, als unsere einfachen Seifenwürfel.»

Anna stand barfuß vor dem Tisch mit der Waschschüssel. Als die Mamsell sie einseifte und immer mehr Schaum ihren Körper bedeckte, war Anna begeistert.

«Oh. So viel Schaum - und es riecht so gut.»

«Ja, es riecht unbeschreiblich gut. Ein schöner Duft. Halte jetzt deinen Kopf über die Schüssel. Ich wasche dir deine Haare.»

Es dauerte lange, bis die Mamsell Annas Haare mit einem Tuch abgetrocknet und weiter gerubbelt hatte, bis es locker und leicht über ihre Schultern hing. Nachdem die Mamsell die Haare gekämmt und Anna mit ihrer Hand durch ihr langes Haar fühlen konnte, war sie überglücklich: «Ganz weich. So schön waren meine Haare noch nie.»

«Ja, du hast wunderschönes Haar. Du musst es ab jetzt regelmäßig mit dieser Seife waschen.»

«Die Gräfin ist nett. Nicht wahr? Martha.»

«Ja, das ist sie», antwortet die Mamsell nur, denn sie wusste die wahren Gründe, warum die Gräfin so nett zu Anna war.

Anna schaute in den kleinen Spiegel: «Es ist wie im Märchen.»

«Na, fühlst du dich wie eine Prinzessin?»

«Ja, wunderbar», Anna setzte etwas traurig hinzu: «Aber kein Prinz, der auf einem Schimmel angeritten kommt. Jetzt werde ich vom Grafen zugeritten. Ach, Martha.»

«Irgendwann wird auch ein Prinz zu dir kommen. Warte es ab.»

«Meinst du?»

«Ja, aber er wird mit dir das gleiche machen.»

«Was? Du meinst, der Prinz wird mich genauso zureiten?»

«Alle Prinzessinnen werden von ihrem Prinzen zugeritten. Deswegen hören die Märchen ja auch da auf, wenn sie zusammen treffen. Weil man das, was danach passiert nicht schreiben darf.»

«Wirklich?»

«Komm, ich zeig dir was. Hier, die Gräfin hat mir Seidenhöschen für dich gegeben. Die sollst du tragen, wenn du außerhalb des Schlosses gehst. Besonders wenn es regnerisch und kalt ist.»

«Oh, sie fühlen sich sehr fein an», stellte Anna fest, als sie eine in die Hand nahm.

«Ja. Sie sind aus Lyoner Seide, das ist der

wertvollste Stoff. Sieh, wie sie gearbeitet sind. Sie sind von vorne bis hinten offen, oben bindest du sie mit der Schleife zusammen und unten, jeweils an den Beinenden haben sie auch Bändchen zum Zubinden. Leg sie in deinen Schrank, Anna. Und jetzt zieh dich an und geh zur Gräfin in der Bibliothek.»

Die Gräfin, die hinter dem Schreibtisch saß und Papiere studierte, wies Anna, ohne aufzublicken, mit einer Handbewegung an, vor ihr Platz zu nehmen.

«Anna», begann sie streng, als sie die Papiere weglegte, «Mein Gemahl hat mir erzählt, dass du heute Morgen, als er dich zugeritten hat, sehr verkrampft gewirkt hast. Hast du Schwierigkeiten, das Glied meines Gatten zu empfangen?»

Anna stotterte: «Es hat so furchtbar lange gedauert und hat so weh getan, Madame.»

Die Gräfin machte eine Pause und sah sie an: «Anna, du bist ein schönes und intelligentes junges Mädchen. Ich habe dich ausgesucht, weil du in der Lage bist meinen Gemahl zu erfreuen und weil ich denke, dass du ihm noch viel mehr Freuden bringen kannst. Du gehörst uns, beziehungsweise dem Landgrafen und sein Recht ist es, dich täglich zureiten zu können. Du musst dich ihm mehr öffnen und innerlich bereit sein, sein Glied zu empfangen. Es ist deine Pflicht. Hörst du?»

«Ja, Madame.»

«Er hat mir gesagt, dass er dich heute Morgen sehr ausdauernd zugeritten hat und ich kann verstehen, wenn das für dich anstrengend ist. Aber auch dazu musst du dich ihm bereitwillig hingeben; er wird dich noch des Öfteren ausdauernd zureiten. Je entspannter du ihn empfängst, desto einfacher und angenehmer wird es für dich werden. Nun gut. Ich denke, du hast das verstanden. Du hast hier ein bevorzugtes Leben, du braucht nicht viel zu arbeiten, bekommst besseres Essen als das Dienstpersonal und wirst auch noch schönere Kleidung bekommen. Wir haben uns gestern darüber unterhalten und ich habe es dir gesagt, dass eine junge Stute wie du, die Möglichkeit hat, bei der Erziehung, die sie hier genießt, einmal eine perfekte Luststute zu werden, die dann alle Annehmlichkeiten, die das mit sich bringt, erleben kann. Hast du das verstanden?»

«Ja, Madame.»

«Anna. Denke immer daran, ich will nur dein Bestes», sprach die Gräfin jetzt wieder in einem sehr freundschaftlichen Ton, «Wenn du auf mich hörst, wirst du ein wunderbares Leben haben; und das sage ich dir von Frau zu Frau, du wirst erkennen, wie schön und welche traumhaften Gefühle die Liebe, das *‹fait l›amour›*, dir geben kann. Wir beide werden uns heute und morgen noch sehr ausführlich darüber unterhalten können. Mein Gemahl ist nämlich mit einem Jagdfreund und unserem Jagdaufseher auf die Jagd gegangen. Sie werden die Nacht in unserer Jagdhütte im Norden verbringen und erst morgen Abend zurückkehren.»

Anna war dankbar das zu hören und atmete sichtbar auf. «Er wird mich nicht rufen?»

Die Gräfin lachte: «Nein, Nein. Die Jagdhütte ist viel zu weit weg. Außerdem werden sie sich heute Abend viel zu erzählen haben und nicht wenig Wein trinken. Heute wirst du also nicht mehr zugeritten werden und morgen Abend, mal sehen; wahrscheinlich wird er zu sehr erschöpft sein. Aber das gibt mir Zeit, mich ausführlich um deine Erziehung zu kümmern. Wir werden jetzt mit einer Französischstunde anfangen.»

Die Gräfin stand auf, ging zu einem Regal und entnahm ihm ein flaches breites Buch. Sie reichte es Anna: «Dies wird dein Französisch Buch. Es ist genauso leer wie dein Stutenbuch und du wirst alles niederschreiben, was ich dir diktiere. In der Zeit, in der ich oder mein Gemahl dich nicht rufen, wirst du darin lernen und die Übungen machen, die ich dir auftragen werde. Setz dich da drüben an den Sekretär, nimm die Feder und benutze das Tintenfass.»

Das freute Anna. *Jetzt lerne ich Französisch, dann kann ich die Sprache sprechen, die die großen Damen sprechen!* Denn sie hatte schon mal gehört, dass alle Damen der hohen adligen Gesellschaft, auch in Preußen Französisch sprechen.

Die Gräfin stellte sich hinter Anna und begann zu diktieren: «Wir fangen mit einfachen Begriffen an, die du hier im Schloss, der Umgebung und in deinem täglichen Ablauf öfter hörst.

Also schreib, ich werde es dir jeweils buchstabieren, schreib immer links auf der Seite das französische Wort und in der gleichen Zeile auf der rechten das deutsche. Fangen wir an: Le château - das Schloss, la forêt - der Wald, le goujon - das Gestüt, le cheval - das Pferd, les chevaux - die Pferde.

Über ihre Schulter gebeugt, betrachtete die Gräfin, was Anna schrieb: «Le ist Einzahl und les benutzt man bei der Mehrzahl. Also, les femmes de ménage - die Mägde, les filles - die Mädchen. Und wieder Einzahl, aufpassen, la fille - das Mädchen, la jeune fille - das junge Mädchen, la cuisine - die Küche, la chambre à coucher - das Schlafzimmer, le lit - das Bett, la salle de bain - das Badezimmer. Und wieder Mehrzahl: les domestiques - die Diener und Dienerinnen. Zeig mal her.»

Anna reichte ihr das Buch. Dieser Unterricht gefiel ihr außerordentlich.

«Sehr gut. Du hast eine schöne Schrift. Nicht diese unflätige Bauernkritzelei. Wo hast du Schreiben gelernt?»

«Meine Mutter hat es mir bei gebracht.»

Die Gräfin diktierte ihr sehr viele französische Worte und Sätze und die entsprechenden Übersetzungen. Dann machte eine kurze Pause, ging an das Fenster, schaute hinaus und diktierte von da aus weiter.

Anna schrieb beflissentlich. Es bereitete ihr riesigen Spaß.

Anna staunte nicht schlecht. Was die Gräfin ihr da diktierte! Sie hatte ja recht, es waren alles Begriffe und Worte, die sie betrafen, aber irgendwie spürte sie eine leichte Erregung. So hatte sie sich den Unterricht nicht vorgestellt und es war ihr nicht einmal unangenehm.

Die Gräfin sagte plötzlich: «Hör mal auf zu schreiben. Ich muss dir erst etwas erklären. Du hast das Wort ‹Ficken› schon gehört.»

Anna nickte und bekam rote Wangen. Ja, sie wusste, dass es das bedeutet, was der Graf mit ihr machte.

«In Frankreich, gerade in den hohen Adelskreisen, wird der hochstehenden Kultur entsprechend, dieses Wort in vornehmer Gesellschaft ähnlich umschrieben, wie im Deutschen. Je nach Situation soll es dort mit mehr Eleganz umschreiben, was geschieht. Das Wort Ficken soll allein in den lustvollen Stunden mehr Esprit bringen. Du weiß, was ‹*ficken*› bedeutet?»

Anna nickte.

«Hier nennen wir es ‹*Zureiten*›. So ähnlich wird es ja auch in Frankreich für Luststuten benutzt, wenn man in Gesellschaft von ‹*Dresser*› spricht. Es bedeutet Ficken. Es gibt aber je nachdem auch andere Umschreibungen. Wenn jemand in Deutschland es verschämt nicht aussprechen will, dann heißt es: das Bettlager teilen.

Das Recht der ersten Nacht mit der Braut heißt, der hohe Herr hat das Recht, das Bettlager mit der jungfräulichen Braut zu teilen. Was aber auch nichts anderes bedeutet, dass es sein Recht ist, sie zu ficken. Oder man sagt Beischlaf, was auch dasselbe bedeutet. Etwas poetischer heißt es im Deutschen ‹Vögeln›. In Frankreich wird sehr viel Wert auf die verschiedenen Worte gelegt und wann man sie benutzt. So jetzt schreibe: *Dresser une jeune jument* - eine junge Stute dressieren, und damit meint man nichts anderes, als sie zu ficken. *Dresser une cavale*, auch eine ältere Bezeichnugn für Stuten, ist sehr poetisch und wird noch gerne benutzt. ‹*La cavale* - die Stute›, das ist sehr sinnlich und erregend gemeint, ‹*La jument* - die Stute››, wird eher während der Erziehung gesagt.

‹*Baiser*› - Ficken, entspricht mehr dem deutschen Vögeln, ‹*foutre*› - entspricht dem derben deutschen Ficken.

Schreib auf: ‹*Baise-moi, mon maitre*› - ficken Sie mich, hoher Herr, oder ‹*foutre moi, mon maitre*› - ficken sie mich, hoher Herr, oder ‹*Je veux être baisée*› - ich möchte gefickt werden. Das sagst du zum hohen Herrn, wenn er von *dir hören will, dass du gefickt werden willst.* ‹*La jeune jument se fait baiser*› - die junge Stute wird gefickt, also zugeritten. Das wird auch schon öfter benutzt, oder ‹*la jeune fille se fait foutre*› - das junge Mädchen wird gefickt. Aber wir, mein Gemahl und ich benutzen im deutschen meistens das Wort Zureiten, weil es auch unsere große Liebe zur Pferdezucht zeigt. Wenn ich dich frage, ob du von meinem Gemahl zugeritten worden bist, dann antwortest du: ‹*Il me l›a donné*› - er hat es mir gegeben, das heißt, er hat dich zugeritten. Oder du sagst ‹*Il m›a baisée*› er hat mich gefickt. Der ganze Satz: ‹*Le maitre a baisé moi*› - der Hohe Herr hat mich gefickt, oder ‹*J›ai été baisée du Seigneur*› - Ich bin vom Hohen Herrn gefickt worden.»

Die Gräfin lachte: «Anna, du bist nervös, oder? Ist das alles aufregend?»

«Madame. Ja. Ich weiß nicht, was ich sagen soll. Das ist so neu für mich. So ungewöhnliche Worte.»

«Das macht gar nichts. Mit der Zeit wirst du die wahre Sinnlichkeit, die in diesen Worten steckt erkennen und dann macht es große Freude sie im richtigen Moment zu benutzen. Und vergesse nicht, nicht nur in Frankreich mag man diese Wortspielereien, auch mein Gemahl mag es. Diese Worte sollen dir auch verdeutlichen, was der Kern deiner Erziehung als Stute ist, nämlich dich gehorsam ficken zu lassen. Eines muss ich dir sagen, Anna. Das Wort ‹*Ficken*› benutzt du nur, wenn wir beide ein Gespräch führen. Sonst wirst du dieses Wort nie verwenden. Hier im Schloss heißt es ‹Zureiten› und es meint, dass du gefickt wirst. In Gesellschaft werden wir sagen, dass du in der ‹*Dressur*› ausgebildet wirst, aber die eingeweihten Damen meines Kreises wissen natürlich dann, dass es bedeutet, dass du regelmäßig gefickt wirst. Also Anna, wenn wir allein sind und ich dich frage: ‹Was hat mein Gemahl mit dir gemacht?›. Was antwortest du mir?»

Verschämt antwortete Anna. «Madame, ihr Gemahl hat mich gefickt.»

«Gut. Aber du solltest mehr die passive Form benutzen und mir antworten: ‹Ich wurde von ihrem Gemahl gefickt!› Also nochmal. Was antwortest du mir, wenn ich dich frage, Was hat mein Gemahl heute Morgen mit dir gemacht›?»

«Madame. Ich bin von ihrem Gemahl gefickt worden!»

«Sehr gut. Ich will dich dazu erziehen, dass du den sinnlichen Wert des Wortes Ficken erkennen kannst und wenn du es hörst, deine Lust verspürst. Weißt du, was obszöne Worte sind?»

«Nein, Madame.»

«Obszöne Worte sagt man sich während des Fickens - und nur dann. Sie steigern die Lust. Aber jetzt haben wir genug gelernt. Also noch mal, Anna. Wirst du dich gehorsam vom hohen Herrn ficken lassen? Ich möchte eine Antwort!»

«Madame. Ich werde mich gehorsam vom hohen Herrn ficken lassen.»

«Womit wirst du gefickt werden?»

«Madame, der hohe Herr fickt mich mit seinem steifen Schwanz.»

«Sehr schön, Anna. Du hast wirklich schön

mitgeschrieben. Ein großes Lob von mir. Dafür bekommst du jetzt ein gutes Mittagessen. Es gibt heute Mittag Rebhuhn.»

Anna durfte der Gräfin durch die schwere Flügeltüre von der Bibliothek in den nebenan liegenden Salon folgen. Ein Ausruf des Erstaunens kam aus Annas Mund, als sie die Weiträumigkeit und die wertvolle Einrichtung des Salons wahrnahm.

Die Gräfin, die es gehört hatte, drehte sich zu Anna. «Wir nennen es Salon, oder Grand Salon. Ganz, ganz früher war es der Rittersaal, dann, als die ersten Spiegel an der Wand angebracht wurden, hieß er Spiegelsaal. Die Teppiche an den Wänden sind wertvolle Gobelins mit Jagdszenen und Reitern. Die Vorhänge an den sechs großen Fenstern zum Park sind aus schweren, roten Brokatdamast aus Marseille in Frankreich. Der lange Eichentisch, Anna, ist mehr als 200 Jahre alt und dort haben wir Platz für 24 Gäste. Mein Gemahl und ich nehmen hier an der ersten Ecke immer unsere Mahlzeiten ein. Dort vor dem Tisch sitzt mein Gemahl, ich sitze rechts von ihm auf dem ersten Platz der langen Seite. Du wirst demnächst des Öfteren mit uns hier essen, Anna. Das ist eine Ehre. Du wirst dich dann mir gegenüber neben meinen Gemahl setzen. Jetzt, heute und heute Abend darfst du dich zu mich setzen, da wir allein sind. Vielleicht nimmt die Mamsell das Abendmahl mit uns ein, dann setzt du dich auf deinen zukünftigen Platz und ich werde, da mein Gemahl nicht da ist, seinen Platz einnehmen. Die Platzordnung, gerade, wenn wir Gäste haben ist von großer Wichtigkeit. Hier neben der Haupttüre zum Gang, haben wir ein Zugseil, mit dem man eine Glocke in der Eingangshalle bedient. Mit der kann man die Mamsell oder das Dienstpersonal rufen.»

Die Gräfin zog an dem goldfarbenen Messinggriff.

Das Essen mundete Anna vorzüglich. So etwas Gutes hatte sie schon lange nicht mehr gegessen. Rebhuhnschenkel mit Bratensoße, Bratkartoffel und Bohnengemüse und von der Mamsell erhielt sie noch eine Extraportion. Dies zog aber sogleich eine Ermahnung der Gräfin nach sich: «Anna. Achte auf deine Figur. Ich möchte nicht, dass du dick wirst wie ein Bauerntrampel.»

«Ja, Madame. Es ist sehr lecker.»

«Hat dir der Französischunterricht gefallen?»

«Oh, ja. Madame. Das war sehr interessant. Ich verspreche, ich werde lernen.»

«Das ist gut. Der Hohe Herr liebt so ein paar Ausdrücke in Französisch. Wir sagen dazu ‹*Les bons mots*›, die guten Worte, oder ‹*die treffenden Worte*›, und sie sollen zur passenden Zeit kommen. Wir hatten mal ein französisches Mädchen als junge Stute, das hat meinen Gemahl sehr gefallen. Das ist fünf Jahre her.»

Das interessierte Anna und sie fragte: «Was ist mit ihr geschehen?»

«Oh, nichts Böses. Ganz im Gegenteil. Sie war fast zwei Jahre bei uns. Sie war die Tochter eines französischen Kaufmanns, der im Königreich Polen überfallen worden war und sie stand plötzlich völlig mittellos dar. Da niemand ein nur französisch sprechendes Dienstmädchen wollte, haben wir sie aufgenommen. Ihr geht es sehr gut. Bei unserer vorletzten Reise zu meiner Schwester nach Frankreich haben wir sie mitgenommen und sie ihr überlassen. Meine Schwester hat sie weiter zur Luststute ausgebildet und jetzt ist sie Mätresse des Marquis de Beauville.»

«Sie ist Mätresse?»

«Ja, und da geht es ihr sehr gut. Der Marquis ist sehr vermögend und hat, so wie ich gehört habe, sehr viel Gefallen an ihr gefunden.»

Das war wieder eine Geschichte, die Anna gerne hörte und in ihren Träumen stellte sie sich das Mädchen in wertvollen Roben an der Seite eines machtvollen Marquis vor.

«Haben alle hohen Herren in Frankreich eine Mätresse?»

Die Gräfin musste lachen. Sie legte ihr Besteck zur Seite: «Das möchtest du gerne wissen, nicht wahr? Wenn du fertig bist, gehen wir im Schlossgarten spazieren. Ich will nach den Rosen sehen und die Sonne scheint heute. Dabei werde ich dir etwas über Frankreich erzählen.»

Über die Terrasse vor der Fensterfront des Salons sind Anna und die Gräfin die steinernen Stufen hinab in den Schlosspark gegangen. Es war ein schöner Tag und die Luft wirkte erfrischend.

«Schau hier, Anna. So viel weitere Knospen. Ich glaube, das wird ein gutes Jahr für die Rosen. Magst du Rosen?»

«Ja. Madame», rief Anna begeistert aus, «Ich mag Rosen. Ich mag alle Blumen. Ich mag die Farben der Blüten.»

«Das ist schön. Rosen sind etwas ganz edles. Besonders die roten. Sie symbolisieren die Liebe.»

«Symbolisieren?»

«Das heißt, sie stellen die Liebe dar. Rosen sind der Inbegriff der Liebe. Wenn sie aufblühen, schneiden wir alle paar Tage die Schönsten heraus und stellen sie in unsere Vasen. Du erhältst auch eine Vase, die du im Gemach meines Gemahls stellen kannst und dann musst du dafür sorgen, dass immer frische Rosen darin stehen. Du musst sie täglich gießen. Zierliche Rosen müssen immer gegossen werden.»

Und mit einem Lächeln auf den Lippen erklärte die Gräfin: «Du wirst noch lernen, wie schön es ist, wenn die Rose regelmäßig begossen wird.»

«Ja. Madame. Das werde ich gerne tun.»

«In meiner Heimat hatten wir auch immer

viele Rosenstöcke und ich durfte sie als Kind immer abschneiden und meinem Vater bringen. Frankreich hat viel mehr Rosen als hier in Ostpreußen. Die Sommer sind bei uns länger, besonders im Herbst ist es bis Ende Oktober schön und so lange blühen sie. Das schöne ist, je mehr man sie beschneidet, desto besser treiben sie nach und desto edler werden sie.»

Die Gräfin hielt inne, schaute Anna an und schmunzelte: «Es ist wie bei einer jungen Stute. Je mehr man von ihr in der Erziehung verlangt, desto schöner und lieblicher werden sie.»

Da die Gräfin dies zu Anna mit einem Lächeln auf den Lippen sagte, empfand Anna es als nicht so schlimm. Überhaupt, so wie die Gräfin schon während des Mittagsmahls und erst recht jetzt zu ihr sprach, fühlte sie sich wohlbehütet. Ihr war bewusst, dass die Gräfin darauf bestand, dass sie ihrem Mann dienen musste. Aber, so dachte Anna, zugleich ist die Gräfin daran interessiert, dass es mir gut geht. Das spürte sie. Und jetzt, da die Gräfin sie sogar an die Hand nahm und mit ihr gemeinsam an den Rosenbeeten entlang zum Brunnen spazierte, glaubte Anna zu erkennen, dass die Gräfin eine herzensgute Frau war, die nichts Böses im Schilde führte. Sicher, ihr Ton war ab und zu sehr streng, aber das war wohl ihre Art der Erziehung und bis jetzt konnte Anna sehr gut damit leben.

Am Brunnen angekommen, drehte sich

die Gräfin und blickte auf das Schloss: «Unser Schloss ist schön. Findest du das auch? Es ist zwar nicht sehr groß und liegt einsam, aber dafür haben wir hier unser Reich und unsere Ruhe. Ich habe, nachdem ich von Frankreich hierherkam, vieles am Schlosspark ändern lassen und auch selbst geändert, habe neue Beete angelegt und viele Sträucher und Bäume gepflanzt. Den Bach haben wir angezapft und eine Zuleitung zum Schloss gebaut, damit wir jetzt immer frisches Wasser in einem extra Brunnen im Haus haben. Früher musste man das Wasser immer aus dem alten Schlossgraben holen. Und an dem Fenster zu meinem Bad neben meinem Gemach, ist außen eine Seilrolle, mit der größere Wasserfässer hochgezogen und ins Bad hineingeholt werden können. Diese Idee hatte ich von meiner Schwester bekommen, die das von einem sehr guten Schmied auch am Chateau ihre Marquis anbringen ließ. Meine Schwester lebt in einem wunderschönen Chateau mit vielen Türmen in der Nähe von Besancon, an dem Fluss Doubs.»

«Ist ihre Schwester eine Marquise?»

«Nein, nein», lachte Isabelle: «Sie ist die Mätresse des Marquis d›Aurilac.»

«Sie ist Mätresse?»

«Ja. Meine Kleine. Sie war lange Jahre seine Luststute, bis er sie zu seiner Mätresse machte und sie für ihn weiter Luststuten ausbildet. Sie ist mehr als ich erfahren in der Dressur der Hohen

Schule. Ach ja. Du wolltest wissen, ob alle hohen Herren eine Mätresse haben. Ja, das kann man sagen und es ist auch bekannt. Alle Herrn der ‹*Noblesse imperiale*›, der königlichen Gesellschaft, also die direkt oder entfernt mit dem König verwandt sind, alle die haben Mätressen. Sogar der König.»

«Der König?», staunte Anna.

Wieder musste die Gräfin laut lachen: «Gerade der. Bis jetzt hat Ludwig der XV. sieben Mätressen. Offizielle Mätressen. Er hat auch noch Nebenmätressen. Den letzten Stand der Dinge weiß ich nicht. Meine Schwester hat mir schon lange nicht mehr geschrieben.»

«Aber er hat doch auch eine Königin.»

«Ach Anna. Die Königin dient der Pflichterfüllung, die Mätresse dem Vergnügen. Wichtigste Aufgabe der Mätresse ist es, des Königs Gelüste zu stillen, in dem sie ihn galant unterhält, sein Glied empfängt und ihm mit ihren Körper besondere Freuden bereitet. Wichtigste Aufgabe einer Königin ist es, das Glied des Königs zu empfangen, um ein standesgemäßes Kind zu gebären. Die eigene, wenig attraktive Gattin des Königs kann ihn nicht reizen, da sie in der Liebe nicht ausgebildet ist. Königliche Ehen sind Zweckgemeinschaften zwischen zwei einander Unbekannten. Sie werden arrangiert. Sie dienen einzig und allein dazu, einen Nachfolger zu zeugen, um damit den Fortbestand des Königshauses zu sichern. Eine Königin wird von einem König so lange beritten, bis sie ihm einen Thronerben schenkt, zwischendurch aber stillt er seine Lust bei einer erfahrenen Mätresse. Aber selbst neben einer Mätresse hat der König und auch die meisten hohen Herrn am Hof und auch in der Provinz, ein oder zwei Luststuten.»

Enttäuscht meinte Anna und schaute ins Leere: «Das ist die Aufgabe einer Königin?»

«Ach, Anna. *Ma petite fille.* Es ist nicht immer so, wie in den Märchen. Das wahre Leben ist anders. Wenn du das erkennst und dich danach verhältst, dann wird das Leben für dich viel einfacher - denn Träume allein helfen nicht.»

«Erzählen sie mir von dem wahren Leben? Vom Leben des Königs?»

«Das scheint dich ja mächtig zu interessieren. Ich erzähle dir gerne etwas. Da vorne ist eine Bank. Komm, Anna, dort setzten wir uns hin und genießen die Sonne. Ende August ist sie immer am schönsten.»

Sie setzten sich beide auf die schmale Holzbank, die am Ende des Schlossparks stand und einen herrlichen Blick auf den Garten und das Schloss zuließ.

«Weißt du», begann die Gräfin, «Der jetzige König war noch ein Kind, als der vorherige König, Ludwig der XIV, starb. Er war erst fünf Jahre alt und die Regentschaft, also die Regierungsgeschäfte übernahm der Herzog von Orléons. Der Herzog berief den Bischof Fleury und den Duc de Bourbon zu Hauslehrern des künftigen Königs. Der Duc de Bourbon hatte eine Mätresse, Madame de Prie. Sie kümmerte sich sehr um den Jungen und lehrte ihn früh, die Liebe kennen zu lernen. Ihr größter Triumph war die von ihr eingefädelte Heirat Ludwigs mit der polnischen Prinzessin Maria Leszczynska. Das war eine arrangierte Hochzeit der Herzöge, um politisch einen Nutzen mit dem Königreich Polen zu erreichen.»

«Und er wurde gar nicht gefragt?»

«Ob er gefragt wurde, weiß ich nicht. Ich glaube nicht. Aber da er schon die ersten Erfahrungen mit Luststuten der Madame de Prie hatte und wie erzählt wurde, er ein sehr aktiver junger Mann war, der Freude daran fand, Stuten zuzureiten, hat ihm die Prinzessin wohl sehr gut gefallen. Er muss sie vom ersten Tag an immer wieder zugeritten haben, denn sie gebar ihm nacheinander zehn Kinder.»

«Dann war er ja immer bei seiner Königin.»

«Ach, Anna. Nein, so war es nicht. Er hat bis jetzt auch sieben offizielle Mätressen.»

«Sieben Mätressen?»

«Und nicht nur die. Sieben, die den Titel *‹maîtresse en titre›* besitzen, das ist die offizielle Bezeichnung für eine Mätresse des Königs; und er hat unzählige Luststuten mit denen er sich in zwei kleinen Häusern im Park des Schlosses Versailles vergnügt.»

«Und die Königin weiß davon?»

«Ja. Die Königin unterstützte ihn sogar darin, denn etliche seiner Mätressen waren vorher Hofdamen bei ihr. Weißt du, wenn man schwanger ist, ist es nicht gut, wenn die Frau zu oft zugeritten wird und die Königin war ja immer wieder schwanger.»

«Haben sie den König mal gesehen, Madame?»

Die Gräfin sah Anna an, lächelte und strich ihr mit der Hand über die Wange. «Ja, mein Kleines. Auf einer Soirée des Marquis Valbertan, ein Freund meines Marquis, der mich als seine Luststute dahin mitgenommen hatte.»

«Eine Soirée?»

«Ich glaube, ich hab es dir schon einmal gesagt. Du musst besser zuhören. Eine Soirée ist ein gesellschaftlicher Abend von Hohen Herrn mit ihren Luststuten. In schönen sehr privaten Räumlichkeiten und mit wertvollen Möbeln und Teppichen an den Wänden, wird erst gemeinsam diniert und dabei galant geredet. Nach und nach entblößen sich die Stuten, bis sie nur Strümpfe und Schühchen anhaben. Es wird so getanzt, gelacht und geküsst.»

«Getanzt?»

«Ja. Die Herren mögen es, mit nackten jungen Mädchen zu tanzen. Die hohen Herren möchten die nackten Kätzchen und Popos sehen. Ja, und danach haben die Herrn auch keine Hosen mehr an und die Luststuten werden gezüchtigt und zugeritten.»

«Gezüchtigt?»

«Ja, Anna. Bei einer Soirée findet immer eine Vorführung statt, in der ein hoher Herr den anderen Gästen zeigt, wie gehorsam seine Luststute ist und wie brav sie sich peitschen lässt, bevor sie zugeritten wird.»

«Und da war der König dabei?»

«Ja. Anna. Vorgestellt wurde er uns als polnischer Graf, aber wir erfuhren sehr schnell, dass es der König persönlich war. Alle tuschelten es, insbesondere ein paar erfahrene Mätressen anderer Hohen Herrn, die auch dabei waren.»

«Madame. Darf ich Sie fragen, ob der König Sie auch zugeritten hat? «

Die Gräfin lachte: «Nein, diese Ehre hatte ich an dem Abend nicht. Es lag wohl daran, dass ich ja schon vierundzwanzig Jahre alt war und es dort viel jüngere Luststuten gab. Die junge Luststute, die mein Marquis und ich mitgebracht hatten, die hat diese Ehre genießen dürfen, obwohl sie ja noch in der Ausbildung bei mir war.»

«Madame, darf ich das fragen? Haben sie gesehen, dass der König ihre Luststute zug ... «

Die Gräfin lachte wieder laut aus sich heraus. «Alle sehen es. Es ist ein sehr lustvolles Geschehen. Man sieht immer mehrere Luststuten, die beritten werden und andere, die auf dem Schoß ihres jeweiligen Herrn sitzen und dem Treiben zuschauen. Ich weiß noch, es war in dem kleinen Chateau Vantoux, nördlich von Dijon. Sehr einsam gelegen, aber wunderschön eingerichtet. Es gehört der jungen Comtesse Francoise de Berbisey, eine geborene De La Guiche. Sie hatte den Sohn des Jean de Berbisey, den Präsidenten des Regionalparlaments in Dijon geheiratet, dem das Chateau einst gehörte und der ein enger Freund des Königs war. Als er und ihr Mann starben, hatte sie das Schloss geerbt und sie und ihr Geliebter, der Marquis Valbertan, veranstaltete ab und zu rauschende Feste im engsten Freundeskreis. Der König war zu der Zeit gerade auf der Durchreise in Dijon. Es war sehr lustig.«

«Puh», stöhnte Anna und setzte vorsichtig die Frage hinterher: «Muss ich auch mal zu so einer Soirée?»

«Mach dir noch keine Gedanken, Anna. Wenn du dich zu einer gehorsamen Luststute erziehen lässt, wirst du es wollen und stolz sein, dass du daran teilnehmen darfst.»

Anna schüttelte den Kopf. Das konnte sie sich nun gar nicht vorstellen - obwohl, der Gedanke daran, womöglich den König zu treffen, sie irgendwie faszinierte.

«Du wolltest hören, wie es im wahren Leben zugeht, Anna. Es gibt immer schöne und erregende Momente im Leben, aber auch manchmal schwierige. Ich weiß, dass das jetzt alles neu für dich ist und du ein Leben kennenlernst, von dem du bisher noch nie gehört hast. Du kennst das Leben von Königen wahrscheinlich nur aus Märchen. Aber Könige sind im wahren Leben anders. Unser König Ludwig ist ein ganz Wilder, er liebt die Frauen und man erzählt sich, dass er sie auch, genau wie mein Gemahl, mehrmals täglich zureiten kann. Das können nicht alle Männer.»

Jetzt musste Anna auch lachen: «So wild ist der König?»

«Wilder als du dir vorstellen kannst. Er hatte sehr früh nach der Eheschließung mit der Prinzessin Maria von ihr schon drei junge Luststuten zugeführt bekommen, die er alle zu offiziellen Mätressen erklärte. Louise-Julie, Comtesse de Mailly-Nesle. Dann folgte ihre Schwester, Pauline Félicité de Mailly-Nesle, und dann noch die dritte Schwester, Diane-Adélaïde de Mailly-Nesleer.»

«Alle drei Schwestern?»

«Ja, und alle wurden regelmäßig zugeritten. Drei Jahre später kam auch noch die vierte Schwester, die Marie-Anne de Mailly-Nesle nach. Sie wurde von ihrer Schwester Diane dem König vorgestellt. Der König soll laut vor allen Hofdamen ihre Schönheit bewundert haben und nahm sie noch am selben Abend mit in sein Gemach, um sie zuzureiten. Da hat es ein Jahr später einen

Skandal gegeben, der bekannt geworden war und meine Schwester hatte davon in Paris gehört und es mir berichtet. Die Diane-Adélaïde, hatte wohl vor anderen Hofdamen ausgeplaudert, dass sie und ihre Schwestern vom König öfters gemeinschaftlich in sein Bett befohlen werden. Alle vier Schwestern im Bett des Königs, auch die Marie-Anne, und sie seien alle vom König zugeritten worden. Daraufhin habe der König die Diane vom Hof verwiesen und sie verheiratet. Sie durfte nie mehr zum König zurück. Großes Aufsehen am Hof muss auch später die kleine Marie-Louise O›Murphy erregt haben. Der König hatte seit etlichen Jahren auch die Marquise de Pompadour als Mätresse, als erste Mätresse, ‹*Maîtresse en titre*› und sie, so hört man, sie sei die mächtigste Frau am Königshof und habe großen Einfluss auf dem König. Sie hat ihm die junge und sehr schöne Marie-Louise zugeführt und er soll sie sofort geliebt und zugeritten haben. Marie-Louise war eine fast ausgebildete Stute. Sie war als junges Mädchen von dem Hofmaler Francois Boucher aufgenommen und von dessen Frau zur Luststute erzogen worden. Das ist auch heute noch immer Gesprächsstoff bei den Soirées, das kannst du dir vorstellen. So jung und schon eine ausgebildete Luststute für den König. Die hohen Damen der Gesellschaft tuscheln darüber immer gerne. Ludwig soll mal gesagt haben: ‹Nur die schönste und begabteste Luststute am Hofe soll die Mätresse eines Königs werden›. Der König liebt junge Stuten, genau wie mein Gemahl. Im letzten Brief von meiner Schwester steht, dass der König seine letzte Nebenmätresse Marguerite-Catherine Haynault, nach sechs Jahren mit dem Marquis de Montmélas verheiratet hat. Sie war auch von der ersten Mätresse, der Madame Pompadour für den König ausgesucht worden und mit zwanzig Jahren soll sie eine bewundernswerte Schönheit und ausgebildete Luststute gewesen sein. Jetzt soll er von der Pompadur schon wieder eine neue Nebenmätresse haben, sie heißt Lucie-Madeleine d'Estaing. Man erzählt sich am Hofe, dass sie von der Gräfin Montfort ausgebildet und erzogen worden ist und eine perfekte Luststute der S-Dressur-Stufe sein soll.»

«Er gibt also Haupt- und Nebenmätressen?»

«Ja. So ist das. Die Pompadour war, glaube ich, seit fünfundzwanzig Jahren die erste Mätresse des Königs, aber sie versorgte ihn nicht nur mit den offiziellen Nebenmätressen, sondern auch mit jungen Luststuten im Hirschenpark. Sie muss seine absolute Lieblingsmätresse gewesen sein. Sie ist vor 4 Jahren gestorben.»

«Was ist denn der Hirschenpark?»

«Das ist eine Stelle in dem riesigen Schlosspark des Königs in Versailles, wo zwei kleine Häuser stehen. Da in dem Park auch Rehe und Hirsche ausgesetzt sind und diese manchmal in den Morgenstunden bis an die Häuser kommen, nennt man das dort so. Aber in Wahrheit hatte die Pompadour in diesen Häusern junge Stuten und Luststuten untergebracht, die vom König regelmäßig zugeritten wurden.»

«Mein Gott «, stöhnte Anna, «Solche Männer gibt es? Und alles neben der Königin und den Mätressen?»

«Meine Schwester glaubt von einer Hofdame gehört zu haben, dass der König bis jetzt, er ist 68, mit mehr als 30 verschiedenen Frauen und Mädchen fast 50 Kinder gezeugt hat. Der König präsentiert sich gerne als Frauenheld – und als fürsorglicher Erzeuger. Seine von den Luststuten und Mätressen geborenen Kinder erhob und erhebt er immer in den Adelsstand und verheiratet sie gut. Die Mätressen am Hofe nehmen eine wichtige Stellung ein, als ‹*maîtresse royale en titre*› haben sie sogar eine offizielle Position inne, bekommen Geld, Luxusgeschenke und werden, wenn der König sie nicht mehr liebt mit reichen Adligen verheiratet. Die Pompadour muss sich auch sehr gut mit der Königin verstanden haben. Die Königin hatte nämlich den Hirschenpark gegründet. Sie nannte es am Anfang das ‹*Haus der Prinzessin*› und sie nannte immer die neun bis zehn Damen, sogenannte ‹*dames galantes*› und die 20 bis 30 jungen Mädchen ‹*Ehrenjungfrauen*›. Als ‹*Dames galantes*› bezeichnet man Luststuten aus höheren adligen Stand, meistens Töchter von tributpflichtigen Fürsten, Grafen und Baronen. Die

‹*Ehrenjungfrauen*› waren dagegen aus niedrigem Stand, meistens Leibeigene, aber eben von ausgesuchter Schönheit. Anna, an dieser schönen Umschreibung, ‹*Dames galantes*› und ‹*Ehrenjungfrauen*›, kannst du gut erkennen, wie wichtig in Frankreich sinnliche Worte sind. Dabei weiß aber jeder, der sie hört sofort, dass es nichts anderes bedeutet, als dass sie vom König gefickt werden. Lass uns aufstehen und ins Schloss gehen.»

Anna war von der Erzählung der Gräfin tief ergriffen. Sie hatte sich Könige anders vorgestellt. *Kann es sein, dass die Frauen für den König immer alles tun, um ihn bei guter Laune zu halten? Ist es wohl auch immer notwendig einen hohen Herrn bei guter Laune zu halten?* Und eine weitere Erkenntnis nahm ihre Gedanken ein, der ihr zu Herzen ging. Nämlich, dass Hohe Herrn wohl am besten bei guter Laune zu halten sind, wenn sie junge Frauen zureiten können.

Anna hörte kaum zu, als die Gräfin sagte. «Wir gehen in die Bibliothek. Die Mamsell soll uns Tee und Kuchen bringen. Ich werde dir danach noch einige Befehle in Französisch diktieren, die du von meinem Gemahl sicherlich demnächst hören wirst.»

Französischunterricht

Anna genoss den heißen Tee und den leckeren Kuchen, den die Mamsell gebracht hatte. Die Gräfin erzählte noch einiges über Frankreich. Über die schönen Landschaften, die viel schöner als Paris seien, weil Paris furchtbar stinken würde und deshalb die hohen Herrschaften alle am Rand von Paris in ihren Chateaus oder Häuser wohnten. Sie erzählte Anna von dem wunderschönen Fluss Loire, an dem hunderte bezaubernde Chateaus mit vielen Türmen lagen. Auch von ihrer Heimat Burgund und der Stadt Chalon-sur-Saône, wo sie ihre Kindheit verbrachte; mit ihrer stolzen Kathedrale St. Vincent an der Place Saint-Vincent, deren Hauptteil aus dem 12. Jahrhundert stammt. In dieser Kathedrale sei sie getauft worden. Anna schaute aus zum Fenster nach draußen und sinnierte: *Das ist in wunderschöner Tag. Sie wollte, er würde nie aufhören.*

Aber eine strenge Stimme riss sie aus ihren Träumen: «Hier, dein Französischbuch. Ich werde dir jetzt ein paar Befehle diktieren, die mein Gemahl liebt zu sagen und deine Antworten. Also, setze dich an den Sekretär und schreibe auf.»

Als sie die Feder zur Hand nahm, diktierte

die Gräfin: ‹*Vous comprenez?*› - Hast du verstanden?, oder *Tu as tout compris?*› - Hast du alles verstanden?, dann antwortest du: ‹*Je comprenais*› - ich habe verstanden. Wenn wir beide uns in Französisch unterhalten und du verstehst etwas nicht, dann sagst du: ‹*Je ne compris pas*› - Ich habe es nicht verstanden. Hast du das aufgeschrieben?»

«Ja, Madame.»

«Gut. Mein Gemahl wird dir sagen: ‹*M›obéir*› - gehorche mir, oder ‹*Vous devez être obéissant*› - du sollst gehorsam sein. Dann antwortest du: ‹*J›obéirai*› - Ich werde gehorchen, oder ‹*Je vais le faire obéir à leur satisfaction*› - ich werde gehorsam sein, zu ihrer Zufriedenheit.

Die Gräfin machte eine kleine Pause und blickte in Annas Buch. «Gut so. Weiter. ‹*Caresse moi* - streichel mich›, oder ‹*Caresse mon penis*› - streichel mein Glied. ‹*Agenouillez-vous*› - knie nieder, auf die Knie, oder ‹*En genou*› - auf die Knie, wenn er will, dass du dich vor ihm hinkniest. ‹*Baisez mon penis*› - küss mein Glied, oder er sagt ‹*Souffler la flûte*› - blase meine Flöte, das heißt, lutsche mein Glied. Oder aber er sagt: ‹*Lèche-le*› - lecke ihn, damit meint er sein Glied, oder *lèche mon penis*› - lecke mein Glied. Wenn du bei ihm bist und sein Glied lecken willst, dann sagst du: ‹*Mon Maitre, je peux souffler votre flûte*› - hoher Herr, ich möchte Ihre Flöte blasen. Anna, kicher nicht!»

Die Gräfin wurde sehr ernst: «Das ist sehr

poetisch und sehr wichtig. Stecke einen Moment die Feder in das Fässchen, schau mich an und hör zu.»

Anna hielt inne und blickte erschrocken in das Gesicht der Gräfin. Aber anders als erwartet, wurde sie von der Gräfin angelächelt und sie strich ihr sogar zärtlich über das Haar.

«Anna. Ich kann verstehen, dass du das lustig findest. Ist es auch. Aber es ist eine der schönsten indirekten Beschreibungen und zeigt die ganze hohe Kultur der erotischen Sprache in Frankreich. Aber nicht nur, dass es eine elegante und zugleich galante Formulierung ist, ‹*Souffler la flûte* - die Flöte blasen› ist das Wichtigste, das eine Luststute erlernen und perfekt beherrschen muss. Es gibt nicht wenige Mätressen Hoher Herrn, die nur aus diesem einzigen Grund in die gesellschaftliche Position einer offiziellen Mätresse aufgestiegen sind, weil sie als Luststute das Blasen der Flöte perfekt beherrschten und zu einer Kunst entwickelt haben. Es ist wirklich eine Kunst, das steife Glied des Grafen zu lutschen, die du unbedingt erlernen musst. Nichts ist für einen Mann wichtiger, wie gut seine Flöte geblasen wird. Vielleicht sogar wichtiger als beim Zureiten, weil er sich ganz auf den Genuss konzentrieren kann - während er beim Zureiten allein bestimmt, was ihm gefällt.»

Die Gräfin ergriff Annas Kinn und zog ihren Kopf etwas näher: «Höre gut zu, Anna. Auch für eine Stute ist es das Wichtigste, die Kunst des Blasens zu erlernen, denn da kann sie ihr ganzes Können zeigen und ihre Bereitschaft von ganzem Herzen zur Zufriedenheit eines Hohen Herrn zu dienen.»

Jetzt lächelte sie Anna wieder an: «Ich werde mich persönlich während deiner Erziehung sehr darum kümmern, wie du die Kunst des Blasens beherrschst und dich in den nächsten Tagen ausführlich unterweisen. Na. Anna. Also, du darfst es ruhig lustig finden. Es ist ja auch eine lustige und lustvolle Beschreibung. Es ist doch unsere Aufgabe, für die Lust zu dienen. Vous comprenez?»

«Oui, Madame», antwortete Anna erleichtert, da sie froh war, dass die Gräfin so freundlich zu ihr sprach, denn immerhin war sie sich die ganze Zeit bewusst, was Blasen bedeutet. Nämlich, dass sie das steife Glied des Grafen lutschen muss.

«Dann machen wir weiter. Nimm die Feder und schreibe: ‹*La bite* - der Schwanz›, das ist auch eine sehr poetische Beschreibung des steifen Gliedes. Oder ‹*La bite rigide* - der steife Schwanz›, genau wie ‹*Le penis rigide* - das steife Glied›. So redet man galant bei einer Soirée beim Dinieren, nachher, wenn alle nackt sind, dann redet man von ‹*Vit,* Schwanz und ‹*on,* Fotze›. Das werden wir auch noch ausführlicher besprechen, da mein Gemahl, wie alle Männer, es mag, wenn sein steifes und pralles Glied gelobt wird. Du wirst auch lernen, wie du sein Glied und seine kraftvollen Stöße loben kannst, während du zugeritten wirst. Aber das später. Jetzt schreibe noch einen Befehl auf, den er dir öfter befehlen wird: ‹*En levrette* - Auf allen Viere›. Ein ganz wichtiger Befehl, den du behalten musst. Das heißt, du sollst dich auf allen Vieren knien. Die klassische Stellung, um dich zu ficken. Er wird auch sagen: ‹*Recevoir mon pénis* - empfange mein Glied›. Dann antwortest du: ‹*Mon Maitre, je suis prêt à recevoir votre penis* - hoher Herr, ich bin bereit ihr Glied zu empfangen›, oder ‹*Je vais recevoir leur pénis docilement* - ich werde gehorsam ihr Glied empfangen›. Wenn du ihm Freude machen willst, dann füge noch hinzu: ‹*Ma chatte vous attend votre penis rigide* - meine Muschi erwartet ihr steifes Glied› und je nachdem, kannst du auch dazu sagen: ‹*Ma chatte est mouillé* - meine Muschi ist feucht›. Soll ich das noch mal diktieren?»

«Nein, Madame, ich habe alles mitgeschrieben.»

Die Gräfin klopfte Anna auf die Schulter: «Tu as tout compris?»

Und Anna antwortete brav: «Oui, Madame.»

«Sehr gut , Anna. Das macht mir Spaß. Dir auch?»

«Ja, natürlich Madame. Aber sind sehr viele ..., ich weiß nicht wie ich es sagen soll, so direkte Worte.»

«Oh nein, Anna. Es sind eben überhaupt keine direkten derben Worte, sondern sehr poetische und erotische Worte. Du hast recht, sie betreffen allesamt, was du als Stute erlebst oder erleben wirst. Aber genau das ist die Sprache, die eine Luststute erlernen muss. Hier noch ein Befehl, den er sicher gebrauchen wird: ‹*Épandeur les jambes* - spreize deine Beine›, oder ‹*Ouvrez vos cuisses* - öffne deine Schenkel›. ‹*Les Jambes* - die Beine›, ‹*Les cuisses* - die Schenkel›. Dann weißt, du was gemeint ist, dass du deine Beine weit spreizen und sein Glied empfangen sollst. Und jetzt schreibe auf einer neuen Seite. Diese Sätze solltest du sehr gut lernen und nie vergessen.

Also schreib: ‹*la jeune fille nue*›, das nackte Mädchen, ‹*la jeune fille était mal*›, das Mädchen war böse, ‹*la jeune fille a été désobéissante*›, das Mädchen war ungehorsam, ‹*la fille nue est punie*›, das nackte Mädchen wird bestraft, ‹*la punition*›, die Bestrafung. Hast du das geschrieben, Anna?»

«Ja, Madame. Ich habe alles geschrieben.»

«Ich will, dass du dir die Sätze sehr gut einprägst. Also, schreib weiter. ‹*Vous serez punis!*›, Du wirst bestraft!, ‹*le fouet*›, die Peitsche, ‹*la cravache*›, die Reitgerte, ‹*la punition au cravache*›, die Bestrafung mit der Reitgerte.»

«Hast du das?»

«Ja, Madame.»

«Gut. Jetzt noch den Satz. Schreib ihn extra auf: ‹*la jeune fille nue est au cravache puni*›, das nackte Mädchen wird mit der Reitgerte bestraft, ‹*la jeune fille reçoit des coups de cravache*›, das Mädchen erhält Schläge mit der Reitgerte. Jetzt mach einen Absatz und unterstreiche dann den Satz: ‹*la jeune fille désobéissante reçoit des coups avec la cravache sur les fesses nues*›, das ungehorsame Mädchen erhält Schläge mit der Reitgerte auf den nackten Po. Das gilt für dich, Anna. Merk dir das.»

«Ja, Madame», sagte Anna kleinlaut. Diese Sätze in ihrer Direktheit von der Gräfin diktiert zu bekommen, hatten Anna verstört und nervös gemacht.

Aber überaus freundlich sagte die Gräfin zu ihr: «Anna. Ich bin sehr zufrieden mit dir. Hast brav aufgeschrieben. Noch ein Satz: ‹*Tu es très beau* - du bist sehr schön›. oder ‹*Vous êtes une beauté* - du bist eine Schönheit›. Anna, ich spreche dir ein großes Lob aus. Du hast heute sehr gehorsam gelernt. Jetzt ist genug. Wir werden das morgen noch einmal wiederholen. Geh jetzt hinüber zur Mamsell und sage ihr, dass wir um sechs zu Abend essen wollen und sie, wie immer, wenn der hohe Herr außer Haus ist, mir Gesellschaft leisten und mit uns essen soll. Und sage ihr, sie soll Wein bringen», rief die Gräfin hinterher.

Als Anna in die Küche eintrat, wurde sie von der Mamsell stürmisch begrüßt: «Anna! Es sieht so aus, als hättest du einen schönen Tag hinter dir. Dein Gesicht strahlt ja richtig. Komm her, setze dich.»

«Ja Martha. Ein wunderschöner Tag heute. Ich war mit der Gräfin im Schlosspark und sie hat mir viel über Frankreich erzählt. Und sie hat mich weiter unterrichtet. In Französisch.»

«Das freut mich für dich. Ich war leider nie gut in Französisch. Ich konnte ja, wie ich herkam noch nicht einmal Lesen und Schreiben, geschweige denn Französisch.»

«Ich glaube, es ist eine schwierige Sprache. Stell dir vor, Martha, die Franzosen sagen *‹le soleil›* - der Sonne, *‹la lune›* - die Mond, *‹le carrosse›* - der Kutsche, *‹le chateau* - der Schloss. Wie soll man das denn lernen können?»

«Ach Anna. Du wirst das schon schaffen. Du bist sehr flink im Denken, so war ich nie. Du schaffst das, da bin ich sicher.«

Anna war froh über die tröstenden Worte. In Martha, dessen war sie sich sicher, hatte sie eine verständnisvolle Freundin gefunden.

Als Anna erzählte, was die Gräfin ihr aufgetragen hatte, sagte die Mamsell: «Oh. Da muss ich mich beeilen und den Küchenmägden Anweisung geben, dass sie das Essen für das Gesinde allein fertig machen müssen.»

Nachdem die Mamsell die Mägde eingeteilt hatte, setzte sie sich zu Anna: «Dann hast du ja heute viel gelernt.»

«Martha», flüsterte Anna, «stell dir vor, sie hat mir auch viele schlimme Worte diktiert.»

Die Mamsell musste lachen: «Ja ja, das kann ich mir vorstellen. Die Franzosen lieben das. Aber das ist gut, wenn du sie kennst. Auch der hohe Herr liebt es, sie zu hören. Lerne nur fleißig weiter, das hilft dir - und die Gräfin wird von dir begeistert sein. Sie unterrichtet gerne. Hier, nimm schon mal die zwei Karaffen Wein mit. Ich werde in ein paar Minuten mit einer Magd das Essen bringen.»

Es gab Rebhuhnklein mit Kartoffeln und Gemüse und Anna bekam sogar ein Glas Wein von der Gräfin eingeschenkt, mit den Worten, dass es gut für die Verdauung sei. Interessiert hörte Anna während des Essens dem Gespräch der Gräfin und der Mamsell zu. Sie redeten über die Arbeit im Schloss, das Personal und was noch alles vor dem Herbst gemacht werden muss. Als sie alle drei fertig gegessen hatten und Anna noch einige Pflaumen von der Mamsell gereicht bekam, sagte die Gräfin zur Mamsell: «Anna hat heute viel über die Mätressen des Königs Ludwig erfahren», und zu Anna gewandt: «War doch interessant, nicht wahr?»

«Ja, Madame. Sehr.»

«Es war so schön draußen», fuhr die Gräfin fort: «Die Sonne schien so warm. Es war ein traumhafter Nachmittag.»

Die Mamsell wandte sich an Anna: «Es

ist schön im Garten zu sitzen und Geschichten erzählt zu bekommen. Dann weißt du ja jetzt alles über die Mätressen.»

Anna war verlegen. «Ja, es war wirklich interessant. Ich habe nicht gewusst, dass die Könige Mätressen haben.»

«Das habe ich Anna auch gesagt», warf die Gräfin ein. «Es ist nicht so, wie es in den Märchen steht.»

«Madame», warf Anna vorsichtig ein. «Darf ich etwas fragen?»

«Ja. Was möchtest du denn wissen, meine Kleine?»

«Ist das nur in Frankreich, äh, ich meine mit den Mätressen. Hat unser König auch eine Mätresse?»

«Du meinst unseren König Friedrich II. in Berlin? Ja, auch der hat Mätressen. Erinnern Sie sich, Martha? Was Baronin von Landau bei ihrem Besuch hier vor zwei Monaten erzählt hat? Die Baronin, sie ist eine Freundin von mir, war ein paar Wochen vor ihrem Besuch bei uns in Berlin gewesen und hatte Martha und mir die neuesten Interna vom Hofe erzählt. Es ist ja bekannt, dass der König als Mätresse die Sophie von Berckholz hat. Aber es wird bei den Damen der Gesellschaft am Hof seit neuesten darüber getratscht, dass die Berckholz ein ganz junges Mädchen als Zofe hat. Sie heißt Wilhelmine und sie soll unglaublich schön sein. Der König soll dieses wunderschöne

Mädchen schon vor ein paar Jahren der Berckholz zur Ausbildung übergeben haben. Es heißt, sie bekomme Musikausbildung bei der Mätresse.»

Die Mamsell und die Gräfin stimmten lautes Lachen an. «Dabei wissen alle, dass die Kleine zum Flötenspiel ausgebildet wird!»

Anna schaute abwechselnd zur Gräfin und der Mamsell.

«Zum Flötenspiel?»

«Anna», antwortete die Gräfin, «ich habe dir doch erklärt, dass eine Luststute das perfekte Flötenspiel beherrschen muss!» Wieder lachte sie lauthals.

Anna begriff jetzt, was gemeint war.

«Man sagt in Berlin, der König werde sie demnächst zur offiziellen Nebenmätresse erklären.»

«Erzählen sie der Anna doch vom König von Sachsen», meinte die Mamsell lachend zur Gräfin.

Die konnte sich gar nicht halten vor Lachen. «Ja. Ja. August der Starke, König von Sachsen. Martha, du hast Recht. Ach, Anna. Ja, auch die deutschen Könige treiben es wild. Hast du mal von August dem Starken gehört?»

«Nein, Madame.»

«Er war vor hundert Jahren der König von Sachsen. Es wird gesagt, dass er mit seinen Mätressen und Luststuten 354 Kinder gezeugt haben soll. Stell dir das mal vor. Vermutlich hat er mehr als 250 Luststuten und Mätressen zugeritten. Legendär war seine Kraft. August, der Starke konnte Hufeisen mit den bloßen Händen zerbrechen. Zwischen seinen Fingern gaben Münzen jeglichen Widerstand auf und er verbog die Münzen mit Leichtigkeit. Den Beinamen ‹*der Starke*› erhielt August aber aus anderem Grund. Er soll äußerst groß und kräftig, und über ein großes Glied verfügt haben und jede junge Stute, die ihm zu nahe kam, wurde von ihm zugeritten. Mit gerade einmal 24 Jahren wurde Friedrich August I. 1694 König, hielt sich etliche Mätressen gleichzeitig und hatte da schon vorher etliche Erfahrungen mit Frauen gemacht. Seine wohl bekannteste und längste Mätresse war die Gräfin Anna Constantia von Brockdorff, die später zur Reichsgräfin von Cosel ernannt wurde. Fast zehn Jahre begleitete die Gräfin Cosel den Fürsten und gebar ihm in dieser Zeit drei Kinder. Eine seine jüngsten Mätressen aber war eine Fatma Kariman. Als Kriegsgefangene war die Fatma Kariman 1686 als sogenannte ‹*Beutetürkin*› aus der Schlacht bei Ofen in Ungarn im Großen Türkenkrieg vom Hermann Markgraf von Baden-Baden verschleppt und August dem Starken geschenkt worden. Der König ließ sie von Gräfin Maria Aurora von Königsmarck, seiner zweiten Mätresse ausbilden und sie wurde ihm als Luststute zugeführt. Mit neunzehn machte er sie dann zu seiner offiziellen Nebenmätresse und sie gebar ihm zwei Kinder, die der König anerkannte. Jahre später wurde sie als Gräfin Castell verheiratet. Sie ist also als einfaches Mädchen von niedrigsten Stand zur Gräfin geworden. So magst du die Geschichten hören, nicht wahr? Anna?»

Anna wusste nicht, was sie antworten sollte. Sie fand es einfach schön und romantisch, das ein einfaches Mädchen Gräfin werden konnte.

Die Gräfin holte Anna aus ihren Träumen zurück: «Es gibt aber auch weniger schöne Geschichten über Mätressen, vor allen Dingen, wenn sie sich zu sehr in die Politik einmischten. Das solltest du auch wissen, Anna. Ich hab da ein Büchlein, da ist die Geschichte der Dyveke Sigbritsdatter erzählt. Sie war eine Mätresse des Königs von Dänemark, Christian II. 1507 soll der König die Dyveke auf einem Tanzfest in der Stadt Bergen entdeckt haben, zu dem sie mit ihrer Mutter gekommen war. Der König soll so tief von der Schönheit des Mädchen beeindruckt gewesen sein, dass er die Mutter um Erlaubnis bat, ihre Tochter zu seiner Mätresse zu machen. Noch in der selben Nacht wurde sie von ihm entjungfert. Zehn Jahre war sie dann die Mätresse des Königs, bis sie von Gegnern des Königs ermordet wurde, weil ihre Mutter zur Beraterin des Königs aufgestiegen war und sich zu sehr in die Politik einmischte. Dessen muss sich eine Mätresse eben immer bewusst sein, dass es nicht gut ist, sich in die Angelegenheiten eines hohen Herrn einzumischen. Von einer Mätresse erwartet ein hoher Herr, dass sie schön, geistreich und gebildet zu sein hat und ihm seine Lust vielfältig stillen kann. Mehr nicht. Beim Regieren wollen sie nicht gestört werden und wenn sie Kriege führen, dann haben Frauen da nicht mitzureden.»

Anna bemerkte den ernsten Ton in der Stimme der Gräfin beim letzten Satz, den sie sagte. *Die Welt der hohen Herrschaften ist wohl sehr kompliziert,* dachte sie. *Aber die Gräfin hat wohl recht, wenn sie das sagt. Sie ist eine sehr erfahrene Frau.*

«Martha», sagte die Gräfin plötzlich wieder in einem freundschaftlichen Ton und mit einem Lächeln auf den Lippen, «Haben Sie die Kleider, die ich wünschte, aus dem Dépôt-Zimmer geholt?»

«Ja Madame. Sie liegen in ihrem Gemach bereit.»

«Anna. Komm mit mir. Du wirst jetzt ein paar Kleider anprobieren, die ich aus Frankreich habe.»

Kleider? Das versetzte Anna in Hochstimmung. Kleider aus Frankreich hatte die Gräfin gesagt? Sie war ganz außer sich vor Freude. Sie kannte nur ihre alte schmutzige Kleidung von zu Hause und hier die erste saubere Dienstkleidung. «Ja. Madame. Gerne.«

«Martha, Sie können abräumen lassen. Ich werde sie heute Abend nicht mehr benötigen.»

Kleider aus Frankreich

Anna erblickte sofort die schönen Kleider, die auf dem Bett der Gräfin ausgebreitet lagen. Ehrfürchtig blieb sie stehen.

«Komm ruhig näher, Anna. Zieh dein Dienstkleid aus. Ich denke, du hast ein besseres Kleid verdient. Du warst heute sehr gehorsam und hast brav gelernt. So will ich es auch.»

Anna zog ihr Kleid aus und stand nackt vor der Gräfin. Mit ihren Händen bedeckte sie schamhaft ihre Büste.

«Ach, Anna. Vor mir brauchst du dich nicht zu schämen. Du bist eine Schönheit, sei dir dessen bewusst. Sieh mal hier», und die Gräfin hob eines der Kleider hoch. «Dies ist eine sogenannte ‹*Robe volante*›. Zieh es an!»

Es war ein schweres, dunkelrotes Kleid mit langen bestickten Ärmeln und einem weit auslaufenden langen Faltenrock, der hoch unter den Brüsten anfing. Es war vorne breit dekolletiert und bedeckte knapp Annas Brustspitzen. Unterhalb des Dekolletés war es sehr eng geschnitten und mit rosa Schleifen besetzt. Anna drehte und wendete sich vor dem kleinen Spiegel an der Wand.

Die Gräfin betrachte sie lange schweigend. Dann sagte sie: «Es ist zu groß für dich. Wir müssten es in der Taille kürzen und auch der Rock ist zu lang. Probiere das hier an. Das passt sicherlich besser.»

Anna wechselte das Kleid.

Die Gräfin machte ein zufriedenes Gesicht. «Das ist eine Art *Robe à la Française*. Die Robe à la Française ist in Frankreich das verbreitetste Kleidungsstück der hohen Damen der Gesellschaft. Dieses Teil, was du anhast, ist aber extra für Luststuten genäht.»

Anna hatte sich schon gewundert. Das Kleid war dunkelblau und der lange Faltenrock begann in der Taille, nicht wie bei dem Kleid vorhin. Es hatte auch lange bestickte Ärmel und einen bodenlangen Rock mit Schlitzen, wie sie bemerkte. Aber der breite mit Stickereien abgesetzte Ausschnitt endete unterhalb ihrer Brüste und ließ diese unbedeckt. Die Gräfin nahm ein kleines weißes Kleidungsstück vom Bett und kam zu Anna.

«Dieses Teil heißt Stecker, weil es hier oben in den Ausschnitt gesteckt wird und dann deine Brüste verbirgt. Komm, ich mache es. Es wird eingeschoben. So, wie ich das jetzt mache, auch nach rechts und links und dann mit Nadeln festgesteckt. Na, siehst du? Das ist doch wunderschön und es steht dir gut.»

Anna war begeistert. So gefiel ihr das Kleid. Sie dreht und wendete sich und hob immer wieder den weiten Faltenrock seitlich hoch.

«Wir haben eine Magd, die ist Näherin. Du musst es der Mamsell nochmal so zeigen, damit sie Maß nehmen kann. Es muss nämlich in der Taille etwas gekürzt werden, weil du sehr schlank bist. Das bringt deine mädchenhafte Figur besser zur Geltung. Halt mal still, Anna. Lass dich ansehen. Ja, ich denke, das ist das Richtige.»

«Wann darf ich das denn anziehen?»

«Wenn ich es dir erlaube. Dieses ist ein sehr wertvolles und ganz besonders Kleid. Ein einfaches ähnliches Kleid, da hinten, das Rote, das kannst du auch gleich anprobieren. Es hat nicht diesen tiefen Ausschnitt und auch andere Besonderheiten nicht. Ich werde es dir erklären. Das Einfache wirst du auch der Mamsell vorführen, damit sie es ändern lassen kann.»

Die Gräfin setzte sich auf das Bett und betrachtete Anna lange Zeit. Dann lächelte sie: «Ich habe es mir von Anfang an gedacht, dass dir dieses Kleid gut steht. Komm stell dich vor mich. Normalerweise wird unter dem Oberteil ein steifes Mieder getragen. Das werden wir später einmal anprobieren. Es presst die Brüste nach oben, aber das brauchst du nicht. Deine Brüste sind klein, aber stehen sehr gut. Weißt du, es gibt auch verschiedene Steckerteile. Einige sind ganz knapp geschnitten und bedecken nur knapp die Brustwarzen. Das nennt man Dekolleté, wenn man den Busen einsehen kann. Ein schönes

Dekolleté zu zeigen ist sehr in Mode in Frankreich. In der hohen Adels- und Hofgesellschaft ist den Damen von Stand das Dekolleté vorgeschrieben. Sie wird auch *‹Robe battante - die verführerische Robe›* genannt. Oder auch *‹Robe innocente - die Robe der Unschuld›*. Na, gefällt dir das?»

«Oh. Sehr, Madame. Es ist wie im Traum.»

«Ja. Pass auf. Ich erkläre dir auch noch die Besonderheit. Es ist nämlich eine Robe für Luststuten oder Mätressen, die diese Kleider zu Soirées oder private Empfängen tragen. Siehst du vorne unten den Schlitz. Er ist verdeckt von den Falten. Er endet an einem kleinen Knopf. Öffne den Kopf und auch den nächsten. Jetzt zieh den Rock auseinander.»«

Anna erstaunte. Nachdem sie die winzigen Knöpfe gelöst hatte und den Rock vorne auseinanderzog, sah sie, dass der Schlitz bis hoch zu ihrer Taille ging und ihre Scham freilegte. «Oh», kam aus ihrem Mund.

«Ich zeige dir noch etwas», sagte die Gräfin und beugte sich vor. «Wenn du die Falten zur Seite schlägst sind hier an der Seite, siehst du es, hier sind auch winzige Knöpfe und dort sind die Knopflöcher versteckt. So. Siehst du? Jetzt ist es auseinandergefaltet und hält. Jetzt kann jeder deine Schönheit bewundern.»

Anna war überrascht und erschrocken zugleich. Es war wirklich versteckt gearbeitet, dass man die Knöpfe und die Knopflöcher kaum finden konnte. *So müssen sich Luststuten bei einer Soirée zeigen?*

Die Gräfin beantwortete ihr Gedanken: «So gekleidet nimmt eine Luststute schon beim gemeinsamen Dinieren teil. Natürlich ohne das Einsteckteil oben. Ihr Brüste müssen auch frei sein. Die hohen Herren wollen ihre Schönheiten betrachten können. Du kannst es jetzt wieder ausziehen. Wenn es gekürzt worden ist, bringst du es mir wieder her. Ich werde es in einem meiner Schränke aufbewahren. Mal sehen, wann du es tragen kannst. Zieh jetzt schnell das einfache Kleid an. Es ist in der Art, wie ich sie täglich trage. Es hat kein Einsteckteil oben, sondern es ist ein fest aufgenähtes Oberteil, das deine Brüste bedeckt und es hat keine Schlitze.»

Anna probierte das hellrote einfache Kleid an, stellte sich vor die Gräfin und drehte sich freudig um sich selbst.

«Die Mamsell muss es auch kürzen lassen, der Rock braucht nur bis zu den Knöchel zu reichen. Die Taille sollte auch enger sein. Das sieht besser aus. Gefällt es dir?»

«Oh. Ja. Madame. Es ist wunderbar!»

«Dann darfst du dieses Kleid anstelle der Dienstkleidung tragen, wenn du mit mir und meinem Gemahl im Salon die Mahlzeiten einnimmst.»

Anna konnte es kaum glauben und im Nu

war sie überglücklich. Ein solches Kleid hatte sie noch nie in den Händen gehabt, geschweige denn je tragen dürfen. Und die Gräfin bezeichnete es, als das einfache Kleid. Sie durfte damit hinunter zum Salon gehen und gemeinsam mit dem Grafen und der Gräfin essen. Sie durfte vielleicht auch damit in den Schlosspark gehen. Sie fühlte sich wieder wie in einem Traum und war der Gräfin sehr dankbar

«Madame. Ich möchte mich bedanken. Das ist sehr großzügig von Ihnen und ich werde Ihnen immer meine Dankbarkeit zeigen und gehorsam dienen.»

«Anna, das freut mich. Es steht dir wirklich gut.»

Dann aber wurde die Gräfin wieder ernst: «Dies soll auch eine Belohnung für dich sein, Anna. Weil du bisher sehr gehorsam gedient hat. Vergiss deshalb nie, warum du hier sein darfst. Du hast zu gehorchen oder du musst wieder auf den Feldern arbeiten, in Lumpen, ohne solche wertvollen Kleider.»

«Ja, Madame. Das vergesse ich nicht. Das verspreche ich.»

«Ich werde dich erziehen und du hast zu gehorchen. Dies werden sehr oft schöne und angenehme Stunden für dich sein, so wie heute, aber auch manchmal schwierige und anstrengende. Wenn du bereitwillig der Erziehung folgst, wirst du in mir eine fürsorgliche Freundin haben, die dir helfen wird. Hast du das verstanden? «

«Ja, Madame», antworte Anna kleinlaut.

«Du kannst das Kleid ausziehen und leg es zu den anderen Kleidern drüben auf die Bank, damit die Mamsell sie morgen früh abholen kann.»Anna betrachte liebevoll das Kleid in ihren Händen, als sie es zu den anderen Kleidern brachte. Dann ging sie zum Tisch, ergriff ihr Dienstkleid und wollte es anziehen.

«Nein, Anna!», hörte sie die strenge Stimme der Gräfin. «Komm her und setzt dich zu mir auf das Bett.»

Nackt wie sie war und etwas verschämt setzte sie sich zu der Gräfin.

Wortlos ergriff die Gräfin Annas Hand und zog Anna ganz nah zu sich. Dann strich sie mit den Fingern den Oberarm hoch, über Annas Schulter zu ihrem Hals. Sie ergriff Annas Kinn und zwang sie, sie anzuschauen. Anna blickte direkt in das Gesicht der Gräfin und glaubte in ihrem Mundwinkel ein kleines aufmunterndes Lächeln zu erkennen. Als die Hand der Gräfin nachließ, wollte Anna ihren Kopf wegdrehen, aber die Hand der Gräfin packte ihr Kinn fester.

«Schau mich an! Ich will, dass du mich ansiehst!»

Anna sah wieder in die tief braunen und leuchtenden Augen der Gräfin. Die Hand ließ ihr Kinn los und diesmal traute sich Anna nicht, ihren Kopf abzuwenden. Der Zeigefinger der Gräfin strich hinunter zu ihrem Busen, dann legte sie ihre ganze Hand auf die linke Brust. Ihre Finger kreisten über Annas Brustwarze und begannen sie zu kneten. Anna konnte dem unablässigen Blick der Gräfin in ihren Augen nicht ausweichen und wurde unsicher. Aus dem Augenwinkel sah sie, dass die Gräfin ihre Hand zurücknahm, sie zu ihrem Mund führte, die Finger benetzte und dann mit den nassen Fingern wieder Annas Brustwarze streichelte.

Anna spürte die Kühle an der Warze, die augenblicklich steif wurde.

«Du bist schön, Anna. Sehr schön. Tut das gut? Fühlst du das? Ist das nicht ein schönes Gefühl?

Anna stöhnte leicht. Sie wusste, dass die Gräfin keine Antwort von ihr verlangte. Unablässig streichelte die Gräfin jetzt ihre beiden Brüste und zupfte ab und zu an den Brustwarzen. Anna empfand es als sehr angenehm, obwohl es sie überraschte, dass die Gräfin das tat. Aber nach einer Weile packte die Gräfin ihre kleinen steifen Brustwarzen jeweils mit zwei Fingern sehr kräftig und zog an ihnen. Anna stöhnte auf. Dies war ihr jetzt nicht mehr so angenehm. «Schau mich an!», herrschte die Gräfin sie an und zog an ihren Brustwarzen noch fester. Anna wandte sich und stöhnte lauter.

«Na, meine kleine Stute. Du hast liebliche kleine Nippel. Ist das schön? Sags mir!»

Aufstöhnend kam es von Anna: «Ja. Madame. Es ist schön.»

Eine Hand der Gräfin wanderte langsam hinunter über ihren Bauch und legte sich zärtlich auf ihre Scham. Anna war irritiert und wusste nicht, wie sie dem nach wie vor festen Blick der Gräfin entkommen konnte.

Die Gräfin machte keine Anstalten, ihren Blick zu beenden, ganz im Gegenteil. Ihre Hand wanderte zärtlich streichelnd weiter über Annas Schenkel zum Knie. Behutsam zwängte sich die Hand zwischen Annas Beine und mit ein wenig Druck spreizte sie die Schenkel weit auseinander. Mehrmals strich die Gräfin mit ihrer Hand die Innenseite beider Schenkel bis hoch zu Annas Scham und wieder zurück.

Obwohl Anna ihren Blick nicht abgewendet hatte, sagte die Gräfin: «Anna, schau mich an.» Aber sie sagte es diesmal nicht in einem Befehlsmäßigen Ton, sondern sehr sanftmütig und warmherzig.

Anna schreckte innerlich auf, als sie spürte, wie die feuchten Finger der Gräfin sich einen Weg zwischen ihre Schamlippen bahnten. Sie öffnete ihren Mund und atmete tief; und sah, dass die Gräfin sie jetzt anlächelte. Sanft und wohltuend bewegten sich die Finger zwischen ihren Schamlippen tief auf und ab.

Anna stöhnte laut auf, als die Bewegungen der Finger zwischen ihren Schamlippen fester und schneller wurden. Sie spürte eine freudige Erregung in sich und zugleich das unangenehme Ziehen an ihrer Brustwarze. Sie begann schneller zu atmen. Und sie fühlte, wie die unaufhörlich tanzenden Finger ihre Scham feucht werden ließ.

Auch die Gräfin bemerkte, dass Anna feucht wurde.

«Eine brave Stute», flüsterte die Gräfin, ohne den Blick von Annas Augen abzuwenden. Sie wechselte mit ihrer Hand zu Annas anderer Brust und zog auch hier so kräftig an der Brustwarze, dass Anna aufstöhnte. Weil Anna nicht antwortete, sagte sie langsam und sehr leise: «Was bist du? Ich will es hören!»

Anna war von den heftig reibenden Fingern und dem Ziehen an ihrer Brustwarze abgelenkt. «Eine brave Stute.»

Fast zärtlich und einfühlsam langsam sprach die Gräfin zu Anna: «Ja. Eine Stute. Eine Stute der Lust. Schau mir in die Augen. Dazu werde ich dich erziehen. Du gehörst mir und meinem Gemahl. Du wirst erzogen, um unsere Lust zu stillen. Das allein ist die Aufgabe einer Stute.»

Noch langsamer, aber energischer flüsterte die Gräfin: «Dazu werde ich dich streng erziehen und du wirst gehorchen. Ich werde dich zu einer Dienerin der Lust erziehen. Zu einer Luststute, die mit ihrem Körper und ihrer Anmut Lust entfachen soll und dann damit zu dienen hat.»

Mit der Hand, die unablässig an Annas

Brustwarze gezogen hatte, fasste die Gräfin nun ihren Hinterkopf und schob ihren Mund auf den ihren.

Anna schloss die Augen und die Lippen der Gräfin berührten die ihrigen ganz sanft. Die Zunge öffnete Annas Mund und sie folgte brav dem Drängen. Tief fühlte sie die spitze Zunge in ihrem Mund, die sich lebhaft bewegte. Zum ersten Mal in ihrem Leben wurde sie von einer anderen Frau geküsst, richtig geküsst – und Anna fand Gefallen daran.

Die andere Hand der Gräfin schob sich zwischen ihre Schenkel und spreizte sie so weit auseinander, wie es ging. Anna gab sich dem Kuss hin und als der Finger der Gräfin über ihre Spalte fuhr, erschauderte sie. Der Finger kreiste einige Male über ihre Perle und suchte dann die Öffnung, die der hohe Herr nutzte. Anna erzitterte am ganzen Körper, als die Gräfin ihren Finger tief hineinsteckte. Die Gräfin zog ihre Zunge zurück, blieb aber mit ihrem Mund dicht vor Annas Lippen und sprach leise: «Meine kleine Stute wird nass. Ich fühle es. Dein Kätzchen wird richtig nass. Fühlst du meinen Finger? Ist es wie das steife Glied meines Gemahls? Dafür ist dein Kätzchen geschaffen. Du wirst dein Kätzchen immer meinem Gemahl anbieten, damit du dich von seinem harten Glied ficken lässt. Du wirst dein Kätzchen immer gehorsam zeigen und öffnen, um sein Glied brav und mit Freude zu empfangen.»

Ohne Unterlass flüsterte die Gräfin Anna solche Sätze ins Ohr. Anna spürte, dass in ihrem Kätzchen ein unglaubliches Gefühl entstand, ein Gefühl, das langsam aber sicher ihren ganzen Körper erfasste. Es war erregend, aufregend und zugleich unbekannt. Sie stieß einen kleinen Schrei aus, als die Gräfin begann, ihr Kätzchen kräftig zu reiben.

«Brave Stute. Meine kleine Anna. So lieb», flüsterte die Gräfin wieder. «So gehorsam. Ist das erregend? Ist das nicht ein schönes Gefühl? Du magst es. Öffne dich. Öffne dein Kätzchen. Fühle meinen Finger, wie er dein heißes Kätzchen reibt. Sind das schon die ersten sinnlichen Empfindungen? Hat meine kleine Stute schon die erste sinnliche Erregung? Entspann dich. Genieße die Erregung. Du bist eine Stute. Sie soll auch die sinnliche Erregung spüren. Sie muss sie spüren. Ich werde dir deine sinnliche Erregung anerziehen. Ich erziehe gerne junge Mädchen zu Stuten. Zu sinnlichen Stuten. Die sich gehorsam ficken lassen. Du wirst von mir zum sinnlichen Ficken erzogen.»

Anna wurde überwältigt von ihren Gefühlen, die von ihrem Kätzchen ausgingen. Sie spürte eine Anspannung in ihrer Bauchdecke und an den Seiten ihrer Schenkel. Ein starkes Kribbeln und Zucken ihrer Schamlippen. Ihr Kätzchen pulsierte im tiefen Innern und ihr Körper begann zu zittern - und sie konnte es nicht verhindern. Sie wusste nicht mehr, was um sie herum geschah. Sie hörte auch nicht mehr, was die Gräfin flüsterte. Ihre Augen verdrehten sich und eine Woge unfassbarer Gefühle zog durch ihren ganz Körper. Sie schrie laut und warf ihren Kopf hin und her. Es hörte nicht auf. Ihr Körper verkrampfte sich, bebte und zitterte bis in die Fußspitzen. Laut musste sie stöhnen.

Die streichelnden Bewegungen der Hand der Gräfin wurden ruhiger. Wieder wurde Annas Körper von einer Welle des Bebens durchzogen. Sie stemmte ihren Unterkörper der Hand entgegen und erst langsam, ganz langsam ließ das Zittern nach. Der Mund der Gräfin legt sich auf Annas Lippen und ihre Zunge suchte sich Eintritt in Annas Mund.

Annas stürmische Empfindungen beruhigten sich und langsam wurde sie wieder gewahr, was um sie herum geschah. Sie genoss den nicht enden wollenden Kuss der Gräfin, der so beruhigend wirkte. Was war mit ihr passiert? Was hat die Gräfin gemacht? *Was habe ich erlebt?*

«Meine kleine Stute ist gekommen», hörte sie die Gräfin leise sagen. «Meine Kleine hatte ihren ersten Orgasmus. Wie schön. Du bist so schön gekommen, Anna. War das ein schönes Gefühl? War das ein ganz neues Erlebnis für dich?»

Anna nickte erschöpft mit dem Kopf.

«Genieße es, meine kleine Stute. ‹*Les plus délicieux moments de votre vie*›. Es sind die schönsten lustvollen Momente in deinem Leben. Ruhe dich aus.»

Die Gräfin schob Anna in die Mitte des Bettes, stand auf und zog ihr Kleid aus. Anna war erstaunt. Sie sah die schweren großen Brüste der Gräfin und eine Scham ohne Haare, die die schmale Spalte zeigte. Splitternackt legte sie sich eng neben Anna und ließ ihre Hand auf Annas Kätzchen ruhen.

«War es dein erster Orgasmus?»

Anna war das Wort unbekannt, aber sie konnte sich denken, was die Gräfin damit meinte.

«Ja. Madame», antwortet sie zaghaft.

«War es schön, die Engel singen zu hören?»

«Die Engel?»

«Ja. So sagt man, wenn man einen Orgasmus bekommt. War es schön?»

Anna stotterte. «Ja. Es war schön. Es war so neu.»

«Das ist, wenn man die Lust empfinden und genießen kann. Dazu wirst du von mir erzogen werden. Du warst sehr brav. Ich habe sofort gemerkt, dass du ein sehr empfindsames junges Mädchen bist, dass reif ist, die ersten großen Empfindungen ihres Körpers kennenzulernen. Entspanne dich, Anna. Gib dich ganz deinen Gefühlen hin. So werden wir uns sehr oft unterhalten. Es ist Teil der Lektionen, mit denen ich dich erziehen werde. Nur so erlernst du die hohe Kunst des ‹faire l›amour›, die Kunst der Liebe. Und die Liebe bedeutet hier, dem Glied des Hohen Herrn deine ganze Aufmerksamkeit zu schenken, damit es steif und hart wird und er dich kräftig ficken kann. Wenn du dich diesen Gefühlen weit genug öffnest, dann wirst du auch durch das harte Glied meines Gemahls zum Orgasmus gefickt werden.»

Ermattet nahm sie einen lang anhaltenden Kuss der Gräfin entgegen. Öffnete bereitwillig ihre Lippen und versuchte auch mit ihrer Zunge zu spielen.

«Anna. Ich bin erstaunt. Du bist sehr brav. So jung, vor wenigen Tagen erst von meinem Gemahl entjungfert und jetzt schon einen Orgasmus erlebt. Das ist schön, nicht wahr?»

Außer Atem antwortete Anna: «Ja Madame. Es ist sehr schön.»

«Ruhe dich etwas aus. Ich hole uns etwas Wein. Ein Schluck Wein tut auch dir gut.»

Die Gräfin schenkte am Tisch die zwei Gläser voll und kam wieder zum Bett. Nackt, mit den Gläsern in der Hand, blieb sie stehen. «Du bist wunderschön. Dein Gesicht ist noch ganz gerötet. Zeig mir dein Kätzchen.»

Bereitwillig öffnete Anna ihre Beine und zeigte der Gräfin ihr Kätzchen.

«Brav, meine Stute. Deine Schamlippen sind

noch ganz gerötet, mehr als deine Wangen. Es ist schön sie zu betrachten. Ich liebe es, gerötete Schamlippen zu sehen», und reichte Anna das Glas Wein.

Die Gräfin trank in einem Zug ihr Glas aus, stellte es zur Seite und legte sich zu Anna. Mit der rechten Hand stupste sie Annas Nase. «Du bist ein braves Mädchen. Du wirst eine wunderbare Stute. Ich kann es kaum glauben. Du musst das auch in dein Stutenbuch eintragen. Jeden Orgasmus, den du erlebst, schreibst du auf. Ob mit mir oder, wenn du von meinem Gemahl gefickt wirst. Hörst du? Ich möchte immer Bescheid wissen über den Stand deiner Erziehung. Wenn du das erste Mal einen Orgasmus durch meinen Gemahl erlebst, dann wirst du danach sofort zu mir kommen und mir das berichten. Das kann natürlich noch etliche Tage dauernd. Aber ich denke, du bist bald schon bereit, dies zu erleben und die gewaltigen Gefühle zu genießen. So sinnlich, wie du bist, wird es dir irgendwann gelingen. Und ab dann wirst du dich danach sehnen, täglich gefickt zu werden. Eine Stute muss sich nach dem Glied des Hohen Herrn sehnen. Ich freue mich darauf, dich dazu zu erziehen.»

Anna wurde noch einige Male von der Gräfin intensiv geküsst, bis sie sich aufrichtete, das Leinentuch über sie beide hochzog. «So. Meine kleine Stute. Jetzt wird geschlafen. Wir wollen uns von den Freuden erholen, damit wir morgen den Unterricht fortsetzen können. Schlafe gut und träume was Süßes.»

Eng aneinander gekuschelt, die eine Hand der Gräfin auf ihrer Brust, versuchte Anna zu schlafen. Aber sie war noch viel zu aufgeregt. Immer wieder schossen ihr Gedankensplitter durch den Kopf. *Was habe ich erlebt? Ist das unanständig, was der Graf und die Gräfin mit mir machen? Ist das wirklich so, das die hohen Herrn das mit allen jungen Mädchen machen? Auch die Könige? Ist das die Aufgabe eines jungen Mädchens? Warum redet die Gräfin dauernd von Erziehung? Wieso erregt sie sich dabei so sehr, wenn sie ihr sagt, dass sie gerne junge Mädchen erzieht? Ist das mein Schicksal, dass ich zu einer Stute der Lust erzogen werde? Erziehen wirklich alle Frauen der hohen Herren junge Mädchen zu Stuten? Auch die Königinnen für ihren König?* Fragen, auf die Anna keine richtigen Antworten fand. Dann ertappte sie sich bei der Erinnerung an das schöne Gefühl. Ja, es war ein unbeschreibliches Gefühl. Es war wirklich das schönste Gefühl. Sie hatte sich danach unheimlich erleichtert gefühlt. Sie dachte an die wertvollen Kleider. T*raumhafte Kleider, die sie noch nie zuvor in der Hand gehabt hatte. Ob Luststuten überall solche teuren Kleider tragen dürfen? Ob die Mätresssen der Könige und Fürsten auch so wunderschöne Kleider tragen? Ob sie sogar viele Kleider haben? Wie mag das bei einer Soirée sein? Müssen sich dort die Mätressen und*

Luststuten wirklich schon beim Essen nackt zeigen? Wird dort eine Luststute wirklich vor allen anderen hohen Damen zugeritten? Werden wirklich nur die schönsten Mädchen zu Luststuten erzogen? Werden sie immer dazu erzogen sich gehorsam ficken zu lassen? Können alle schönen Luststuten, die sich gehorsam ficken lassen, Gräfinnen werden? Bin ich schön?

Mit diesem letzten Gedanken schlief Anna ein und träumte, wie sie in einem wunderschönen Kleid durch den Park eines herrlichen Schlosses wanderte und auf einen großen Fluss blickte.

Erster Haarschnitt

Die Mamsell kam zur Türe herein und brachte das Frühstück. Sie deckte den Tisch und stellte Brot, Hagebuttenmarmelade, neue Gläser und eine Kanne Saft dazu. Anna wachte auf und rieb sich die Augen. Auch die Gräfin erwachte und richtete sich auf. Dabei fiel ihr die Leinendecke auf den Schoß, sodass ihre großen Brüste zu sehen waren. Die Mamsell kam zum Bett und als sei es das Natürlichste der Welt, wünschte sie nacheinander beiden einen ‹*Guten Morgen*›.

«Guten Morgen, Martha. Anna, steh auf und zeige der Mamsell die Kleider, die sie mitnehmen soll. Martha, rufen Sie die Schneiderin, zwei der Kleider müssen passend gemacht werden. Dann soll Anna sie anprobieren und die Schneiderin kann Maß nehmen.»

Anna, irritiert, da sie ja nackt war, sprang gehorsam aus dem Bett und zeigte der Mamsell, welche Kleider es sein sollen. Die Mamsell, die Anna von oben bis unten anschaute, warf ihr ein aufmunterndes Lächeln zu und nahm wortlos die Kleider.

Und dann sagte die Gräfin etwas zur Mamsell, dass Anna vor Schreck das Blut gefror. «Martha. Die Schamhaare bei Anna sind zu buschig.

Stutzen sie sie ab heute. Sie ist soweit.»

Wieso sagte die Gräfin, ich bin so weit. Und das vor der Mamsell. Was bedeutet das? Aber von der Mamsell kam nur ein kurzes: «Jawohl, Madame.

Die Gräfin stand auf, ging zu einem der Schränke, entnahm ihm einen leichten Morgenmantel und zog ihn an. Dann kam sie zu Anna, die am Tisch stand. Mit beiden Händen ergriff sie Annas Gesicht und küsste sie auf ihren Mund.

«Guten Morgen. Hat mein Täubchen gut geschlafen?»

«Ja. Madame. Sehr gut.»

«Ah. Sehr gut. Naja, das war ja gestern sicher ein ereignisreicher Tag für dich. Nicht wahr? Komm, wir wollen frühstücken.»

Mitten beim Frühstück sah die Gräfin auf: «Na, meine kleine Stute. Wie geht es deinem Kätzchen?»

Anna, die seitlich am Tisch bei der Gräfin saß, öffnete brav ihre Beine und zeigte der Gräfin ihr Kätzchen.

«Das ist sehr brav, Anna. Du lernst sehr schnell. Es freut mich, dass man dich so gut erziehen kann. Und wie ich sehe, geht es deinem Kätzchen ganz gut.»

Und mit einem breiten Lächeln auf den Lippen meinte sie: «Du darfst die Beine wieder schließen. Lass uns fertig frühstücken. Ich muss mich heute Morgen um einige Sachen im Gestüt und ums Schloss kümmern, da mein Gemahl nicht da ist. Zieh dich gleich an, geh zur Mamsell und probiere mit der Schneiderin die Kleider an. Heute Mittag um zwölf erwarte ich dich im Salon, wo wir beide essen werden.»

Der Gesindetrakt des Schlosses bestand nicht nur aus dem kleinen Saal, wo das Gesinde das Essen einnahm und den Küchenräumen, sondern auch aus mehren kleinen Kammern. In einer der Kammern fand Anna die Mamsell.

«Anna. Schön, dass du kommst. Das ist unsere Schneiderin, die Rosalie. Komm, probiere die Kleider an, damit sie Maß nehmen kann.»

Der Reihe nach zog Anna die Kleider an und es wurde abgesteckt. Die Schneiderin machte Änderungsvorschläge, wie die schmale Taille von Anna besser zur Geltung kommen könne und die Mamsell war zufrieden.

Anna war glücklich. Sie drehte sich und wendete sich immer wieder hin und her und warf die Röcke hoch. Sie fühlte sich heute Morgen so leicht und beschwingt. Es war für sie herrlich zu wissen, dass sie diese Kleider ihrer Träume demnächst anziehen durfte.

Als die Schneiderin, beladen mit den Kleidern die Kammer verlassen hatte, setzten sich Anna und die Mamsell auf die Bank.

«Du bist ja heute herzerfrischend fröhlich, Anna. Hat dir die Nacht gutgetan?»

Anna schaute die Mamsell an. Dann lächelte

sie. «Ja, es hat mir gutgetan, Martha. Die Gräfin ist eine außergewöhnliche Frau. Sie war sehr nett zu mir.»

Die Mamsell, die sich denken konnte, wie nett die Gräfin war, lachte. Anna sah die Mamsell an. «Warum lachst du? Was denkst du?»

«Ach, Anna, mein Kind. Eine Mamsell weiß doch alles. Alles, was im Schloss so vor sich geht. Ich hab doch heute Morgen gesehen, dass du zusammen mit der Gräfin im Bett lagst und ihr beiden noch geschlafen habt. Aber es ist schön, dass du dich mit der Gräfin gut verstehst und es dir so gut geht.»

Ob die Mamsell weiß, was die Gräfin mit mir gemacht hat?, fragte sich Anna. Aber die war aufgestanden, ging zur Kammertüre und schob den Riegel vor.

«So, jetzt sind wir ungestört. Anna. Ich habe nicht viel Zeit, ich muss mich um die Vorräte und die Küche kümmern. Du erinnerst dich, die Gräfin hat mir gesagt, ich soll deine Haare stutzen. Das machen wir jetzt schnell.»

Die Mamsell hob einen Korb vom Boden und setzte ihn neben Anna auf die Bank. Dann holte sie einen Kübel Wasser aus der Ecke. «Was willst du machen?»

«Anna, ich werde dir die Haare schneiden. Im Korb ist eine Schere, ein Rasiermesser, Schaumseife. Komm, heb deinen Rock ganz hoch.»

«Meinen Rock? Ich denke du willst meine Haare schneiden!»

«Nein, Anna. Die Gräfin möchte, dass ich dir die Haare an deinem Kätzchen schneide.»

Etwas widerwillig hob Anna ihren Rock.

«Zieh ihn höher, damit er nicht nass wird und mach deine Beine ganz breit. Halte still und bewege dich nicht, sonst tue ich dir vielleicht weh und das will ich nicht.»

Die Mamsell, nahm die Schere und begann Annas Haare zu stutzen. Sie schnitt ringsum Annas Kätzchen alle Haare ganz kurz, sodass nur noch winzige Haarstoppeln übrig blieben. Anna staunte, mit welcher Leichtigkeit die Mamsell das machte, war aber zugleich verwundert, dass sie die Haare ganz wegschnitt.

Die Mamsell nahm die Schaumseife, tauchte sie in die Kanne Wasser und begann mit beiden Händen dicken Schaum zu machen und um dann Stück für Stück Annas Kätzchen einzuschäumen. Dann nahm sie das Rasiermesser, schärfte die Klinge mit einem Eisen, sagte zu Anna, dass sie jetzt ganz still halten solle und begann Annas Haut um ihrem Kätzchen herum zu rasieren. Anna schaute erstaunt zu, wagte aber nicht sich zu bewegen oder etwas zu sagen. Wenn die Gräfin das wünscht, dann muss sie eben gehorchen, sagte sie sich. Als die Mamsell fertig und das Kätzchen zufrieden betrachtete, wurde Anna verlegen.

«Anna, brauchst dich nicht zu schämen. Es sieht gut aus. Ich streue jetzt noch Puder darauf, dann merkst du nicht mehr die Rasur. Gleich gehst du hoch und nimmst die Salbe der Gräfin und reibst die ganze Stelle um dein Kätzchen ein.»

Anna blickte von oben auf ihr Kätzchen. «Das wollte die Gräfin?»

Die Mamsell schaute Anna an. «Das werde ich von nun ab jede Woche bei dir machen. Der Graf wünscht es genauso.»

«Jede Woche?»

«Ach Anna. Ist doch nicht schlimm, außerdem ist es auch gut für die Gesundheit. In den Haaren hängt immer zu schnell der Schmutz des Tages und das ist nicht gut für ein Kätzchen. Komm mit, wir gehen in die große Küche und trinken einen Apfelsaft.»

Als sie zusammen am Tisch in der Küche saßen, fragte Anna: «Wann wird der Graf von der Jagd zurückkommen?»

«Ich weiß es nicht. Wahrscheinlich wird es spät werden. Hoffentlich ist die Jagd erfolgreich.»

«Warum soll sie erfolgreich sein?»

«Anna. Was fragst du. Dann gibt es wieder etwas Leckeres zu essen. Vielleicht sogar ein Rehrücken oder Wildschweinbraten. Aber was viel wichtiger ist, dann hat der Graf wieder für viele Tage gute Laune.»

«Und wie ist das, wenn er gute Laune hat?

«Oh, das ist ganz verschieden. Er ist dann sehr freundlich und nicht so streng. Mit deiner Hilfe war er ja schon die letzten drei Tage auch immer bei guter Laune.»

«Mit meiner Hilfe?»

«Ja, Anna. Weil er dich sehr mag und du ihm viel Freude bereitest.»

Anna stöhnte: «Ja. Ich verstehe. Weil ich ihm viel Freude bereite. Puh.»

«Ach, meine Kleine. Ich weiß, an was du denkst. Denke nicht zu viel darüber nach. Jeder Mensch hat eine vorbestimmte Aufgabe zu erfüllen und du hast die Aufgabe ihm Freude zu machen. Tue gehorsam das, was er von dir verlangt. So, jetzt geh auf dein Zimmer und denk an die Salbe. Nach dem Rasieren juckt das immer.»

Im Bett der Gräfin

Anna öffnete die Türe zum Salon und trat ein. Die Gräfin schaute sie freundlich an und bedeutete ihr sich zu ihr zu setzen.

«Anna, Ich muss dich etwas fragen, dass ich wissen muss. Wann hattest du deine letzte Blutung?»

«Ich weiß es nicht genau. Ich glaube, es waren einige Tage vor der Abreise.»

«Wie viele Tage? Ich muss es genau wissen. Du bist jetzt den vierten Tag hier.»

Anna überlegte: «Eine Woche vorher, bevor ich herkam, Ja. Noch zu Hause.»

«Du bist Samstag mit den anderen gekommen. Ihr seid den ganzen Tag gereist. Wie viele Tage vorher?»

Anna fühlte sich unsicher. Sie wusste nicht, worauf die Gräfin hinauswollte.

«Es war eine Woche vorher. Der Freitag oder der Donnerstag.»

Die Gräfin schrieb etwas auf ihr Papier und rechnete. «Das sind dann bis heute 17 oder 18 Tage. Das ist gut. Dann waren deine fruchtbaren Tage vorbei, als du kamst. Du solltest in neun Tagen wieder deine Blutung bekommen. Dann sagst du mir sofort Bescheid.»

Die Gräfin rechnete weiter und Anna schaute gebannt über ihren Schreibtisch.

«Danach dann sieben Tage. Gut. Dann haben wir für deine Erziehung jetzt noch 16 Tage. Dann machen wir eine Pause von 10 Tagen. Das heißt, mein Gemahl wird dich nicht in dein Kätzchen besamen, wenn er dich zureitet, damit du nicht schwanger wirst.»

«Das kann man berechnen?»

«Nicht sehr genau. Normalerweise hast du etwa alle vier Wochen die Blutung. Man sagt, die zweite und die dritte Woche sind die fruchtbaren Tage. Die erste und die vierte Woche die Unfruchtbaren. In den Tagen der Pause wirst du andere Arten des Liebesspiels erlernen.»

Anna stutzte. «Was für andere Arten. Madame?»

«Wenn es soweit ist, wirst du es kennenlernen. So, jetzt wollen wir essen. Sag der Mamsell Bescheid.»

Als sei es vollkommen natürlich, sprach die Gräfin zur Mamsell nach dem Essen: «Achten sie auf Annas Bettwäsche. Wir müssen genau wissen, wann sie ihre Blutung bekommt, um ihre Erziehung danach auszurichten.»

Genauso so sachlich antwortete die Mamsell: «Ja. Madame. Wann wird es soweit sein?»

«In acht oder neun Tagen. Wir haben also noch Zeit. So. Martha. Sie können abräumen lassen. Anna und ich, wir werden uns in mein Gemach zurückziehen und den Unterricht fortsetzen. Komm mit Anna!»

Anna wunderte sich, dass die Gräfin den Unterricht in ihrem Gemach fortsetzen wollte. Brav folgte sie ihr die breite steinerne Treppe in der Einganghalle hinaus in die privaten Gemächer.

Als Anna in der Mitte des Gemachs unschlüssig herumstand und die Gräfin einige Sachen in Schränke packte, entdeckte sie ein kleines Bild an der Wand, dass eine nackte Frau auf einem Sofa zeigte, die auf dem Bauch liegend ein Bein seitlich auf den Boden fallen ließ und das andere gespreizt zur Seite anhob.

Die Gräfin bemerkte es und kam zu Anna. Hinter ihr stehend umarmte sie Anna.

«Gefällt es dir?»

«Es ist sehr schön. Wer ist die Frau?»

Die Gräfin lachte. «Das interessiert dich, meine Kleine. Nicht wahr? Das ist ein sogenannter Stich, eine Gravur. Sie ist nach einem Bild des Malers François Boucher gemacht, das dieser für den König gemalt hat. Sie zeigt die damals jüngste Luststute Ludwigs des XV, die junge Marie-Louise O'Murphy.»

«Eine Mätresse?»

«Nein, da war sie noch keine Mätresse. Das originale Bild ist in Öl gemalt und sehr groß. Es gehört dem König.»

«Da war sie eine Luststute? Und der König hat sie da schon zu ...?»

Die Gräfin lachte, schlang ihre Arme um Anna und legte ihre Handflächen auf ihre Brüste. «Du meinst zugeritten? Ja. Da wurde sie schon vom König regelmäßig gefickt.»

Anna war erstaunt, wie ergriffen die Gräfin ihr von diesem Bild erzählte und fand es seltsam erregend, dass ihre Brüste von der Gräfin geknetet wurden. Erst recht, als die Gräfin dieses verbotene Wort benutzte. Aber sie hatte ja gesagt, bei Gesprächen mit ihr, darf es erwähnt werden.

«Und jeder kann dieses Bild sehen?»

«Nein. Wo denkst du hin. Das große Ölbild hat der König, aber er zeigt es stolz bei *Soirées privè*. Dieser kleine Stich ist nachträglich in kleiner Stückzahl von dem Maler gemacht worden und es war sehr schwierig ein Exemplar zu bekommen. Ich bin sehr stolz, dass ich es habe.»

Die Gräfin ergriff Annas Kopf, drehte ihn zu sich und küsste sie auf den Mund. Dann zog sie Anna zum Bett, setzte sich und befahl Anna sich auszuziehen.

«Ah, *‹une chatte dénudé - eine blankes Kätzchen›* schaut mich an. Zeig mir dein Kätzchen, Anna.»

Brav öffnete Anna beide Beine weit auseinander und stand so vor der Gräfin.

«Wunderbar. Das ist ein schönes Kätzchen einer jungen Stute. Der Anblick erfreut das Herz. Findest du es nicht auch bezaubernd?»

«Ja, Madame. Es sieht gut aus. Die Mamsell hat gesagt, es sei auch gut für die Gesundheit.»

Die Gräfin lachte. «So, das hat sie gesagt. Ja, Ja. Es ist gut für die Sauberkeit einer Frau oder eines Mädchens. Aber du sollst ruhig wissen, der Hauptgrund ist, dass es reizvoller aussieht. Dass die Männer das Kätzchen blank sehen wollen, nicht nur bei jungen Stuten, sondern bei allen Frauen oder Mätressen, mit denen sie das *‹faire L›amour›* spielen wollen. Sie wollen die nackte schmale Spalte sehen. Dann sieht sie so jugendlich frisch aus. Das macht ihnen Spaß. Alle Stuten und Mätressen haben *‹une chatte rasée - ein rasiertes Kätzchen›*. Das ist auch Pflicht, wenn eine Luststute oder eine Mätresse an gesellschaftlichen Veranstaltungen teilnimmt. Und um ehrlich zu sein, mir gefällt es ganz besonders. Deine Spalte ist süß. Sie sieht so klein, so schmal aus, so wunderschön. Anna, du hast ein liebreizendes Kätzchen.»

«Danke. Madame.»

Die Gräfin zog Anna zu sich auf das Bett und ließ sie sich flach auf den Rücken legen. Dann stand die Gräfin auf, zog ihr Kleid aus, kniete sich auf das Bett zwischen Annas Schenkel, spreizte ihre Beine noch weiter auseinander und küsste Annas Kätzchen. Für Anna war es ein völlig neues Gefühl die Zunge der Gräfin an ihrem Kätzchen zu fühlen. Sie spürte, wie sich deren Zunge ihren Weg zwischen ihre Schamlippen suchte, ihre Perle fand und sie mit der Zungenspitze umkreiste. Anna wurde immer erregter. Die Zunge der Gräfin ließ nicht nach, sondern bearbeitete fest und nachdrücklich ihre Perle in schier unendlichen Minuten. Als Anna einen Finger der Gräfin tief in ihrem inneren Kätzchen spürte und der Finger sich immer schneller hinein und herausbewegte, wurde sie wieder von dieser unheimlichen Empfindung überwältigt, die ihren ganzen Körper erzittern ließ. Laute Schreie ausstoßend erlebte Anna einen Orgasmus in mehreren Wellen.

Die Gräfin legte sich neben Anna, betrachtete lange Zeit ihren nackten Körper und strich mit ihrer Hand zärtlich über Annas Schenkel, berührte ihre Brüste und ihre Wangen. Als Annas Atmen langsamer ging, küsste sie Anna innig.

«Mein Täubchen. Was ist mit dir los? So schnell zum Orgasmus? Du bist sehr sensibel und empfindlich; und du bist wohl sehr empfänglich für die Freuden der Liebe. War das nicht himmlisch?»

«Ja. Madame. Es war sehr schön. So plötzlich.»

«Das ist gut so, Anna. Das bedeutet, dein Körper sehnt sich nach der Zärtlichkeit. Er sehnt sich nach dem großen Gefühl eines Orgasmus. Rücke in die Mitte des Bettes. Ich möchte mich mit dir unterhalten und danach werden wir ein

Mittagsschläfchen halten. Das tut uns gut. Was meinst du dazu?»

«Oh, ja, Madame», Anna war erleichtert.

Aber ehe sich Anna versah, sagte die Gräfin: «Du weißt, was du zu tun hast, wenn ich mich mit dir unterhalten will?»

Anna schaute sie kurz an und erinnerte sich. Vorsichtig legte sie ihre Hand auf das Kätzchen der Gräfin. Es war bereits nass. Langsam bewegte sie ihre Finger zwischen den Schamlippen der Gräfin.

«So ist es richtig. Anna. Reib mein Kätzchen, so wie du es gestern getan hast und schau mich dabei an. Ich will dir Einiges erklären. Es ist Teil deiner Erziehung. Hast du meinen Finger tief in deinem Kätzchen gespürt?»

«Ja. Madame.»

«Süß. Er hat dich zugeritten wie das Glied meines Gemahls. Nicht wahr?»

«Ja. Madame.»

«Ich werde dich dazu erziehen, dass du das Glied meines Gemahls genauso freudig aufnimmst, wie mein Finger. Und dann wirst du auch bald einen Orgasmus bekommen, wenn du von dem steifen harten Glied meines Gemahls zugeritten wirst. Reibe mein Kätzchen, Anna, fester. Ja. Es ist so schön, sich mit dir zu unterhalten, wenn du mein nasses Kätzchen reibst. Du musst meinen Gemahl so lange wie möglich vorher an deinem Kätzchen spielen lassen. Nicht nur, weil es ihm gefällt, sondern weil du besser vorbereitet wirst, das pralle Glied mit deinem Kätzchen zu empfangen. Du muss dich bereit machen lassen, um gefickt zu werden. Reibe auch du sein Glied vorher lange und ausdauernd und spiele die Flöte. Ich werde dich dazu erziehen, wie du ein Glied zu reiben hast, damit es hart und steif wird. Und du wirst von mir besonderen eingewiesen, wie du die Flöte spielen musst. Ich werde dir das in den Unterrichtsstunden der nächsten Tage zeigen. Ich werde dich dazu erziehen, wie du ein Glied mit Ausdauer steif machen kannst. Dazu musst du als Stute sehr ernsthaft erzogen werden. Damit du es mit Ausdauer machen kannst. Die Ausdauer und wie du es machst, das ist wichtig. Wir werden das üben, sehr oft, da du das nicht sehr schnell lernen wirst. Es bedarf der langen Übung um eine gute Flötenspielerin zu werden. Ja, reib mich fester. Wir werden das sehr oft üben, das gefällt mir und du wirst gehorsam lernen. Ach, ist das herrlich eine junge Stute zu erziehen.»

Das Stöhnen der Gräfin wurde heftiger. Es schien ihr Spaß zu machen, streng mit Anna zu reden, während ihr Kätzchen gestreichelt wurde. Anna bemühte sich das Kätzchen der Gräfin so feste wie möglich zu reiben.

«Madame. Nachdem die Mamsell mein Kätzchen rasiert hat, hab ich es mit ihrer Salbe eingerieben. Es tat sehr gut», gestand Anna.

«Anna!», schreckte die Gräfin hoch und richtete sich auf. «Hast du etwa dein Kätzchen gestreichelt? Antworte!»

«Nein Madame, Nein», stotterte Anna und setzte sich jetzt auch aufrecht neben der Gräfin. «Nur eingerieben.»

«Anna, hör gut zu. Es ist dir verboten dein Kätzchen selbst zu streicheln. Deine Lust gehört allein meinem Gatten und mir», sprach die Gräfin sehr streng zu ihr und ergriff mit beiden Händen Annas Brustwarzen und zog an ihnen. Anna stieß einen kleinen Schrei aus.

«Anna», sagte die Gräfin und zog noch fester an ihren Brustwarzen, dass es ihr weh tat und sie sich hin und her wandte, «Wenn du dich selbst streichelst und ich merke das, wirst du hart bestraft. Ich werde dich auspeitschen. Nur, wenn mein Gemahl oder ich es dir erlauben, darfst du dein Kätzchen streicheln. Verstanden?»

«Ja. Madame!», keuchte Anna.

Die Gräfin löste ihre Finger nicht, sondern zog noch kräftiger an Annas Brustwarzen, sodass Anna laut aufschrie.

«Wirst du gehorsam sein?»

«Ja, Madame», stammelte Anna.

«Ich will das richtig hören!»

«Madame, ich werde gehorsam sein.»

«Ich hoffe es, Anna!», sagte die Gräfin, ließ Annas Brustwarzen los und beugte ihren Kopf über ihr Gesicht und küsste sie. «Weil du so ehrlich warst, werde ich dich nicht bestrafen. Du bist eine junge Stute, die das noch nicht weiß und jetzt ihre ersten Gefühle entdeckt. Das ist gut. Aber denke immer daran, dein Kätzchen ist für unsere Lust. Und jetzt reibe mein Kätzchen. Ja. Anna. Reibe. Ich will kommen. Ich will deine Finger spüren. Reibe meine Perle. Fester. Küss meine Brust. Komm näher mit deinem Kopf. Ich will, dass du an meiner Brustwarze saugst.»

Anna ergriff mit einer Hand die schwere Brust und saugte mit ihren Lippen an der steifen Warze der Gräfin.

«Ahh. Tut das gut. Sauge fester! Streichle mich! Oh. Ist das himmlisch. Ohh. Ah.»

Der Oberkörper der Gräfin begann zu zittern und mit wilden Schreien kam ihr Orgasmus.

Die Blume der Lust

Anna saß am Abend mit der Gräfin und der Mamsell am Tisch im Salon beim Abendessen.

«Martha. Haben Sie etwas von meinem Gemahl gehört?»

«Ein Treiber ist heute Nachmittag gekommen und hat eine Kutsche geholt. Es scheint eine gute Strecke zu werden. Aber das bedeutet auch, dass ihr Gemahl sehr spät kommen wird.»

«Haben Sie alles vorbereitet?»

«Ja. Madame. Der Schlachter wird bereitstehen, notfalls die ganze Nacht und beim Zerlegen helfen. Ich habe ein paar Schinken- und Käsebrote und Hartwürste in das Gemach des Grafen stellen lassen, da er, wenn er diese Nacht kommt, bestimmt Hunger hat.»

«Sehr gut. Anna, du kannst, wenn du fertig gegessen hast, in dein Zimmer gehen. Ich habe dir das kleine Büchlein ‹*Das Leben der galanten Damen*› gegeben. Es ist eine erste Übersetzung ins Deutsche und leider schlecht gedruckt. Aber ich wünsche, dass du es studierst. Es ist schon vor Jahrzehnten von dem französischen Schriftsteller Pierre de Bourdeille Brantôme geschrieben worden. In Frankreich ist das Büchlein sehr beliebt in den hohen Kreisen der Gesellschaft. Der Titel lautet dort ‹*Les vies des dames galantes*›. Fange es an zu lesen. Wir werden dann immer wieder mal darüber reden. Du darfst jetzt aufstehen und du wirst ja hören, wenn mein Gemahl kommt, dann gehst du in sein Bett.»

Anna hatte sich an das Fenster gesetzt und nutzte die Abendsonne, um das Buch zu lesen. Nach ein paar Seiten bereits liefen ihre Wangen ab und zu rot an. Sie wunderte sich, dass die Gräfin ihr ein solches Buch in die Hand gegeben hat. Je mehr sie las, desto erregter wurde sie. Die Geschichten handelten ausnahmslos von Damen der hohen Gesellschaft, die sich dem Liebesspiel hingaben und die einzelnen Vergnügungen waren mit sehr offenen Worten beschrieben, sodass Anna sich sagte, das Buch könne auch ‹*Das Ficken der galanten Damen*› heißen.

Als die Sonne untergegangen war und auch die Kerze abgebrannt, zog sie sich aus und ging hinüber in das Gemach des Grafen und legte sich in sein Bett. Schnell war sie eingeschlafen - mit letzten Gedanken an die galanten Damen.

Kurz nach Mitternacht hörte Anna die Türe zuschlagen und wachte auf. Der Graf schwankte zum Alkoven und hielt sich an der einen Säule fest.

«Ah. Mein Täubchen. Mein kleines Mädchen. Jetzt wirst du gefickt. Das habe ich die Tage vermisst. Komm her, zieh mich aus.» Er ließ sich auf das Bett fallen.

Als der Graf nackt war, zog er Annas Hand heran, legte sie auf sein Glied und bedeutete Anna mit seiner Hand, wie sie ihn zu streicheln habe.

«Ich freue mich auf meine Blume. Sag mir, was tut man, damit eine schöne Blume frisch bleibt?»

Anna sah ihn an: «Man muss sie gießen, hoher Herr.»

«Sehr gut, meine Kleine. Man muss sie jeden Tag gießen. Und wie gießt man eine Blume?»

Anna schüttelte den Kopf, aber der Graf lachte nur: «Die Blume einer Stute gießt man, indem man sie fickt und mit Samen begießt. Damit deine Blume frisch bleibt, wird sie jeden Tag von mir gefickt und mit meinem Samen begossen.»

Er zog Anna zu sich her, legte sie auf den Rücken, öffnete ihre Beine und bestieg sie. Anna erschrak. Der Graf stank aus dem Mund nach Bier und Wein. Er rülpste und während er sein steifes Glied in Anna stieß, rief er mit einer heiseren Stimme immer wieder: «Lass dich ficken. Du gehörst mir, meine Kleine. Du wirst jetzt richtig gefickt. Ach, habe ich mich darauf gefreut mein Mädchen zu reiten! Jetzt werde ich deine Blume begießen.»

Es dauerte nur wenige Minuten und der Graf entlud sich. Er rollte sich schwerfällig von Anna herunter, legte sich zur Seite, rülpste wieder tief und lang und schlief laut schnarchend ein.

Anna konnte lange nicht einschlafen, da sie immer wieder von dem lauten Schnarchen des Grafen geweckt wurde. Dass sie vom Grafen zugeritten worden war, hatte ihr dieses Mal keine besonderen Schwierigkeiten bereitet, da seine Stöße nur sehr kurz und halb so tief und sein Glied nicht ganz so prall wie sonst gewesen war. Aber entsetzt war sie von dem, was der Graf zu ihr gesagt hatte.

Erste Reitstunde

Am späten Vormittag kam Anna zur Gräfin in den Salon.

«Ist mein Gemahl aufgewacht, Anna?»

«Ja. Madame.»

«Bist du zugeritten worden?»

«Gestern Nacht, als er kam. Heute Morgen nicht. Er hat sich sofort nach dem Aufwachen angezogen und will die Strecke sehen und ob seine Diener sie richtig aufgebrochen haben. Ich habe das nicht verstanden.»

Die Gräfin schmunzelte. «Die Strecke ist das, was sie gejagt haben. So nennt man das und sie haben eine große Strecke erlegt. Drei Rehe haben sie geschossen und vier Wildschweine mit der Saufeder erlegt und noch etliche Rebhühner und Fasane gejagt. Es ist toll. Nicht wahr, Martha?»

«Ja. Madame. Die Diener haben die ganze Nacht hindurch die Tiere aufgebrochen und zerlegt. Ich denke, der hohe Herr wird sehr zufrieden sein.»

«Hat mein Gemahl sonst noch etwas gesagt, Anna?»

«Madame. Er hat gesagt, dass er ein kräftiges Mittagessen wünscht und nach seinem Jagdkumpan schauen will.»

«Der schläft noch», beeilte sich die Mamsell

zu sagen. «Wir haben ihn diese Nacht in das Gästezimmer tragen müssen. Ich habe eben nachgesehen.»

«Gut. Lassen wir ihn schlafen. Es ist noch etwas Zeit bis Mittag. Mein Gatte wird bis dahin beschäftigt sein. Martha, decken sie dann im Salon für den Grafen, unseren Gast und für mich und Anna ein. Anna, komm mit mir, dein Kleid ist fertig. Wenn wir Besuch haben sollst du gut aussehen.»

Anna hatte die Gräfin in ihr Gemach begleitet und sah mit Freude das Kleid auf einem Bügel an der Wand hängen. Schnell zog sie sich aus und probierte das Kleid an. Es saß phantastisch und Anna war überglücklich.

«Du darfst es heute Mittag anbehalten. Wir werden zum Mittagessen den Jagdfreund zu Gast haben.»

«Wirklich Madame. Ich darf es anbehalten? Danke.»

«Anna. Diese Nacht, was hat er mit dir gemacht?»

«Der Hohe Herr hat mich zugeritten.»

«Ja, das weiß ich. Ich will wissen, was er mit dir gemacht hat.»

«Äh. Madame. Er hat sich auf mich gelegt und mich dann zugeritten.»

«Erstaunlich, dass er überhaupt ficken konnte. Er konnte kaum auf seinen Beinen stehen, hat mir die Mamsell gesagt. Na ja. Aber das Glied steht wohl immer.»

«Es ging sehr schnell, Madame. Er roch furchtbar nach Bier und Wein.»

Die Gräfin musste lachen. «Das, mein Kind, wirst du öfter erleben, wenn er mit seinen Jagdkumpanen von der Jagd zurückkehrt. Aber gut. Bereiten wir den Mittagstisch für unseren Gast vor. Ach, Anna. Was ich dir noch sagen wollte. Nach dem Mittagessen wirst du auch nicht zugeritten werden, da der Jagdfreund meines Mannes uns erst am späten Nachmittag verlassen wird. Dafür wirst du sicherlich heute Abend zweimal zugeritten. Ich werde dir dabei helfen.»

Anna fragte sich, was das bedeuten sollte. *Sie wird mir dabei helfen?*

Aber die Gräfin fuhr fort: «Nach dem Essen gehen wir beide zum Gestüt. Du wirst deine erste Reitstunde bekommen.»

Annas Gemüt erhellte sich sofort, als sie das hörte. *Ich werde meine erste Reitstunde bekommen.*

Das Mittagessen war für Anna sehr langweilig gewesen, da sich die Männer ausschließlich über die Jagd unterhielten. Dabei war sie so stolz auf ihr Kleid, aber der Gast nahm davon keine Notiz. Umso mehr freute sie sich, als die Gräfin meinte, dass sie beide jetzt gehen können.

Anna folgte der Gräfin in den großen Stall des Gestüts. Schnell fand die Gräfin Annas neue Reitlehrerin.

«Anna, das ist die Stallmagd Maria. Sie wird dir Reitunterricht geben. Ich werde heute dabei bleiben, ab Morgen werden wir feste Zeiten ausmachen, wann du reiten wirst. Maria, führen sie uns zu meinem Wallach. Haben Sie alles vorbereitet?»

«Ja Madame.»

«Ist der Sattel sauber?»

«Ja. Madame. Ich habe den Wallach schon gesattelt und den Sattel noch einmal geputzt.»

«Gut. Maria. Du weißt, es sind besondere Reitstunden und ich möchte, dass du meine Anweisungen auch die nächsten Tage genau ausführt. Keine Ausritte. Erstmal nur Voltigieren an der führenden Hand der Maria.»

«Ja. Madame.»

Die Stallmagd führte den Wallach aus und Anna konnte ihn sich ansehen. Durfte ihm den Hals klopfen und gut zureden.

«Gehen wir zur hinteren kleinen Koppel. Dort werden Sie Anna Reitstunden geben, Maria. Ich wünsche, dass Sie immer dort mit Anna sind. Die anderen brauchen es nicht zu sehen, ich habe dem Rittmeister auch Bescheid gegeben, dass er aufpasst, dass keiner stört.»

An der Koppel angekommen dufte Anna aufsitzen.

«Aber das Kleid, Madame.»

«Das Kleid hat einen extra weiten Rock, raffe

ihn hoch bis knapp über die Knie und setzt dich auf den Sattel.»

«Aber ich habe keine Hose darunter an, Madame.»

«Anna. Du wirst hier immer ohne eine Hose reiten. Ich will es so. Also, hoch! «

Die Stallmagd half Anna hoch. Es ging erstaunlich gut mit dem Rock, da er sich vorne und hinten in dicken Falten auf den Sattel legte. An den Seiten fiel der Stoff hinunter und ließ nur die halben Waden von Anna frei.

Zuerst war Anna überrascht, aus welcher Art Weichleder der Sattel gemacht war. Sie kannte Sattel von zu Hause, dick, schwer, hart. Dieser war unglaublich weich. Aber dann fiel ihr etwas auf und als sie richtig saß, spürte sie etwas an ihrem Kätzchen.

Die Gräfin schmunzelte und hob vorne ihren Rock ganz hoch, sodass Anna einen Blick auf den Sattel werfen konnte. Was sie sah erstaunte Anna. Genau in der Mitte, unter ihrem nackten Kätzchen ragte eine längliche Reihe daumendicker Noppen aus dem weichen Leder empor.

«Anna, du siehst diese Noppen. Da sollst du mit deinem Kätzchen schön drauf sitzen. Achte darauf. Dies ist ein extra für junge Luststuten angefertigter Ausbildungssattel aus Frankreich. Er wird deine Muskeln und deine Durchblutung fördern. Maria! Sie wissen Bescheid, was ich will. Achten Sie darauf, dass sie immer richtig im Sattel sitzt. Führen Sie den Wallach. Und jetzt nur eine viertel Stunde, dann eine Pause. Sie soll dabei absteigen und etwas herumspazieren. Dann nochmals eine viertel Stunde. Nicht mehr. Und langsam.»

Die Stallmagd lächelte: «Ja. Madame. Ich werde darauf achten.»

Anna wusste nicht, was sie denken sollte, als die Magd die Zügel in die Hand nahm und den Wallach langsam in die Koppel führte. Von den ersten Schritten an, die das Pferd machte, spürte Anna die Noppen an ihren Schamlippen. Sie fühlte auch, dass die vordere etwas höhere Noppe ab und zu auf ihre Perle drückte. Als die Stallmagd den Wallach zur zweiten Runde führte, spürte Anna schon ihre Erregung. Es war nicht unangenehm, eher sogar angenehm, sodass sie zeitweise die Augen schloss. Sie fühlte, wie sie feucht wurde. Runde für Runde stieg ihre Erregung, sie stöhnte und sah die Gräfin am Koppelrand lächeln. Sie spürte, dass sie ihre Erregung nicht mehr zurückhalten konnte. Das tiefe Gefühl der Lust stieg unaufhaltsam hoch und mit kurz ausgestoßenen Schreien bekam sie einen Orgasmus. Anna sank nach vorne und versuchte sich krampfhaft am Sattel festzuhalten.

Die Stallmagd hatte den Wallach zur Gräfin geführt und half Anna beim Absteigen. Die Gräfin nahm die keuchende Anna zufrieden in ihre

Arme. «Meine Kleine. Toll hast du das gemacht. Komm setze dich auf die Bank dort.»

Als die Stallmagd den Wallach zurück in den Stall gebracht hatte, sagte die Gräfin: «Na. Anna, hattest du einen schönen Orgasmus?»

Anna nickte außer Atem nur mit dem Kopf.

«Anna. Du wirst die nächsten drei oder vier Tage auf diesem Sattel reiten. Er soll dir helfen, gelockert deine Empfindungen zu stärken und zum Orgasmus zu kommen. Natürlich bekommst du auch richtigen Reitunterricht. Morgen, eine Stunde richtigen Reitunterricht und dann ein paar Minuten auf diesem Sattel. Ist das klar? Der Maria kannst du vertrauen, sie kennt das. Also, kannst du aufstehen? Dann gehen wir ins Schloss zurück, leg dich in deinem Zimmer ein wenig hin und zum Abendessen kannst du wieder in den Salon kommen.»

Die Gräfin sah Anna mit einem Grinsen an: «Du hast ganz rote Wangen, Anna. Vom Reiten oder von dem Sattel? Dann verstehst du auch, weshalb mein Gemahl und ich dich gerne unsere Stute nennen. Weil du auch eine junge Stute bist, die das steife Glied meines Gatten reiten soll und gefickt wird. Ach, Anna. Du brauchst nicht rot zu werden. Hier können wir offen reden. Uns hört niemand. Ficken gefällt allen, auch den Königen.»

«Madame. Haben sie den König damals auch gesehen? Ich meine sein ....?»

Die Gräfin hielt in ihrem Schritt inne und ergriff fest Annas Hand. Mit der anderen Hand strich sie über Annas Wange und gab ihr dann einen Kuss. «Du meinst, sein Glied?»

Anna stotterte: «Ja, Madame.»

Die Gräfin lachte. «Ja, das Glied des Königs habe ich damals auch gesehen. Du erinnerst dich, Anna. Ich hatte dir von der Soirée im Chateau Vantoux erzählt, bei der der König inkognito als polnischer Graf dabei gewesen war und unsere Luststute gefickt hatte. Ja, der König hatte ein schönes steifes Glied, nicht ganz so groß wie das von meinem Gatten, aber ansehnlich. Bei einer Soirée sieht man viele steife Glieder. Das schönste und auch imposanteste Glied hatte der Comte de Tremont, der mich beehrte. Es war lang und etwas nach oben gerichtet, einfach herrlich anzusehen. Ach, mir wird ganz heiß, wenn ich mich erinnere. Es ist etwas Wundervolles, Anna, wenn ein edler Mann mit solch einem prachtvollen Freudenspender deinem Kätzchen huldigt.»

«Freudenspender? «

«Ja, Anna. So nennt man ein steifes Glied auch. Heute Abend, Anna. Heute Abend werde ich dabei sein, wenn mein Gemahl dich mit seinem Freudenspender fickt. Ich mag zusehen, wenn eine junge Stute von einem stattlichen Freudenspender gefickt wird und du bist eine wunderschöne junge Stute. Ganz besonders liebe ich es zu sehen, wenn ein so junges unerfahrenes Mädchen, wie du es bist, gefickt wird. Es ist einfach herrlich. Und du lässt dich gerne ficken, nicht wahr, Anna?»

«Ja, Madame», antwortete Anna brav und schaute auf den Boden.

«Anna», sagte die Gräfin streng, «Ich habe dich etwas gefragt. Schau mich an. Lässt du dich gerne ficken?»

Anna blickte in das lächelnde Gesicht der Gräfin: «Ja. Madame. Ich lass mich gerne ficken.»

«Ich liebe dich», sagte die Gräfin zu Anna, «wenn du mir in die Augen siehst und das zu mir sagst.»

Zuchtbock

Außer sich vor Freude kam die Gräfin mit einem großen Brief in der Hand in den Salon geeilt. Der Graf und Anna hatten schon ein paar Minuten auf sie warten müssen.

«Was ist denn los, Isabelle?»

«Maximilian, Maximilian. Stell dir vor, was ich in der Hand habe. Es ist ein Brief von meiner Schwester Claire. Sie hat ihn durch einen Kurier bringen lassen.»

«Durch einen Kurier? Von Frankreich?»

«Nein. Sie ist in der Nähe. Sie kommt uns besuchen. In drei Tagen. Ist das nicht toll?»

Die Gräfin reichte dem Grafen den Brief. Der faltete ihn auf, da das Siegel schon gebrochen war.

«Der ist ja in Französisch! Was schreibt sie denn?»

Die Gräfin nahm den Brief wieder entgegen. «Sie schreibt, dass sie in Drohiczyn, in der Woiwodschaft Podlachien ist. Nicht weit von Warschau. Und das ist lustig und typisch für meine Schwester. Sie schreibt, dass sie beim Grafen Karol Hauke-Bosak ist und ihm ihre Antoinette übergibt.»

«Übergibt? Antoinette?»

«Maximilian. Antoinette ist eine Luststute

von Claire. Der Graf hat sie vor einem halben Jahr bei ihr in Frankreich kennengelernt. Er will sie zu seiner Mätresse machen und hätte keine Mühen und Kosten gescheut, sie, also Claire, davon zu überzeugen, dass sie sie ihm bringen soll. Sie schreib da noch einige persönliche Notizen für mich. Ich soll dir viele Grüße bestellen und so weiter und dass sie übermorgen mit der Kutsche hierher weiterfährt und am Montag, also in zwei Tagesritten hier sein wird. Ist das nicht toll, Maximilian?»

«Ja gut. Sie kann ja immer gute Geschichten erzählen. Schreibt sie sonst noch was?»

«Ja, sie hätte mir und dir etwas Wichtiges zu berichten, könne aber nur ein paar Tage bleiben, da sie eiligst zurückmuss und die Reise etwa zehn Tage dauert. Und post scriptum, ob du Maximilian eine neue Stute hättest, die sie gerne beim Zureiten begutachten würde.»

Der Graf lachte schallend. «Ja. Sas ist typisch für deine Schwester. Hat nichts anders im Kopf als ihre Stutenausbildung. Gut, soll sie kommen. Mal sehen, was sie uns Wichtiges zu berichten hat.»

Die Mamsell brachte das Essen und den Wein.

«Martha, ich habe es Ihnen ja schon eben gesagt, dass meine Schwester kommt. Beginnen Sie dann morgen das große Gästezimmer zu richten, den Blauen Salon und das, was ich Ihnen eben aufgetragen habe, können sie jetzt tun, während wir essen.»

«Was hast du ihr aufgetragen, Isabelle?»

«Mein Gemahl. Lass dich überraschen. Anna, hör zu. Für die Vorbereitung des Besuches meiner Schwester werden wir uns morgen Vormittag unterhalten. Du musst noch einige Anstandsregeln kennenlernen. Ach, ist das alles aufregend.»

Während des Essens klärte die Gräfin Anna über ihre Schwester auf.

«Anna. Meine Schwester heißt Claire, Comtesse de Vermandois. So ist ihr Name. Wenn du sie anredest, sagst du Madame Comtesse. Sie ist die Mätresse des Marquis d›Aurilac, das ist ihr Maitre, ihr hoher Herr. So, wie ich, erzieht sie auch junge Stuten für ihren hohen Herrn und sie ist mehr noch als ich, sehr erfahren. Es wird auch für dich, Anna, ein sehr interessanter und aufschlussreicher Besuch werden. Deshalb, benimm dich gut und sei gehorsam. Sie wird uns sicherlich viel Neues aus Frankreich erzählen.»

Der Graf lehnte sich zurück, als er mit dem Essen fertig war und goss sich noch ein Glas Wein ein. «Na, dann bin ich mal gespannt, was deine Schwester von der Hohen Gesellschaft alles berichten kann.»

Die Gräfin, der Anna anmerken konnte, dass sie ganz aufgeregt über den angekündigten

Besuch ihrer Schwester war, sprach plötzlich zu ihrem Mann. «Mein Gemahl. Ich denke, wir sollten heute Abend bei der Erziehung von Anna mit der Hohen Schule beginnen.»

«So, so. Meinst du? Ist sie schon so weit?»

«Ja doch. Maximilian», sagte die Gräfin ganz charmant. «Ich weiß doch, dass du es kaum erwarten kannst. Und denk doch. Wenn Claire kommt, dann würde ich ihr gerne zeigen, wie weit wir mit Annas Erziehung fortgeschritten sind.»

«Ho, ho. Das ist der Grund. Na, mir soll es recht sein.»

«Ich habe schon alles in deinem Gemach vorbereiten lassen.»

Anna blickte zwischen der Gräfin und dem Grafen hin und her. Sie verstand nicht, worüber die zwei redeten. Nur soviel, dass es offenkundig um ihre Erziehung ging. Aber die beiden redeten nicht weiter darüber und Anna konnte sich nicht vorstellen, worum es ging.

Zu Annas Erstaunen war die Gräfin mit in das Gemach des Grafen gekommen. Schnell zog sie Anna aus und führte sie nackt zum Bett. Zur vollen Verwunderung Annas zog sich die Gräfin auch aus. Als Anna sich hinlegte, sah sie, dass der Graf schon auf der anderen Seite des riesigen Bettes stand und sein Glied rieb. Als sie alle drei auf dem Bett lagen, Anna in der

Mitte, ergriff die Gräfin das Glied ihres Mannes und streichelte es, während Anna die Hand des Grafen an ihren Kätzchen fühlte.

«Anna. Knie dich hin. Mit deinem Popo zu meinem Gemahl und beuge deinen Kopf vor, um sein Glied zu lutschen. So ist gut. Lutsche kräftig sein Glied, du kannst es ja jetzt. Hmm, Maximilian, mein Gatte. Ist das schön? Reite sie zu, dann kannst du beim zweiten Mal die Hohe Schule besser und viel länger genießen.»

Anna, die sich auf das Glied des Grafen konzentrierte und hinten seine Finger in ihrem Kätzchen spürte, hatte den Satz wohl wahrgenommen. *Was soll viel länger dauern?*, dachte sie. Aber da sie sich bemühte, das Glied des Grafen, so wie sie es gelehrt bekommen hatte noch steifer zu machen, war sie abgelenkt. Gehorsam presste sie die Lippen ihres Mundes um das Glied und bewegte ihren Kopf auf und ab. Anna spürte wie die Hände der Gräfin sie von oben umfassten und ihre Brüste ergriffen, wie die Finger ihre Brustwarzen ergriffen und kräftig daran zogen.

Urplötzlich wurde Anna vom Grafen gepackt, herumgedreht, ihre Beine wurden von seinen kraftvollen Händen auseinander gezogen und er legte sich auf sie. Ehe sie sich versah, schob er sein Glied in ihr Kätzchen und sie wurde von ihm zugeritten. Die Gräfin kam mit ihrem Kopf hoch zu Annas Gesicht, küsste sie unentwegt und streichelte ihre Brüste und zog wieder kräftig an ihren Brustwarzen.

«Na, mein kleines Mädchen? Es ist schön zu sehen, wie du gefickt wirst? Spürst du sein Glied, wie es dich fickt. Genieße es, gefickt zu werden.»

Anna spürte eine leichte Erregung, aber durch die Wucht der wilden Stöße wurde es immer wieder unterdrückt. Sie hörte wieder die Stimme der Gräfin an ihrem Ohr, die ihre steifen Brustwarzen zwirbelte.

«Heute Abend wirst du ganz besonders gefickt. Meine kleine Anna. Heute Abend wird mein Gemahl dich auch einmal anders ficken. Das wird sehr neu für dich sein. Lass dich überraschen, wie du gefickt wirst. Ach, wie freue ich mich darauf, das zu sehen.»

Mit seinem typischen Gebrüll entlud sich der Graf in sie und sank auf sie herab. Ermattet rollte der Graf sich von ihr, meinte noch, das sei für den Anfang ein guter Ritt gewesen und lobte sie.

Schweigend lagen sie lange Zeit eng beieinander, während die Gräfin zärtlich Annas Brüste und ihre Brustwarzen streichelte. Anna mochte das. Sie mochte es, wenn die Gräfin ihre kleinen Brustwarzen zwischen zwei Finger nahm und sie zärtlich zupfte und massierte, bis sie langsam aber sicher steif wurden. Anna fiel wieder ein, was die Gräfin gesagt hatte, als ihr Mann auf ihr lag und sie zugeritten wurde. Hohe Schule? Dann kann er länger genießen? Hatte sie nicht auch gesagt, beim zweiten Mal? Wieso war sie die ganze Zeit so freundlich? Wo sie doch vorgestern, als sie zu dritt das Bett teilten, furchtbar streng mit ihr gewesen war? Was hatte sie da gesagt, dass der Graf sie anders ficken wird? Anna war sich sicher, dass der Graf sie gleich nochmal zureiten würde.

Die Hand der Gräfin kam zu ihrem Kätzchen. Anna spürte, dass sie zwischen ihren Schamlippen mehr als feucht war. Zärtlich glitt ein Finger in ihr Inneres, um danach mit ihrer Feuchte ihre Perle zu massieren. Anna mochte den Finger der Gräfin auf ihrer Perle, der ihr schon soviel himmlische Gefühle gebracht hatte.

Sie erkannte, wie ihre Erregung zunahm und die Finger der Gräfin jetzt fordernder ihre Perle bearbeiteten. Ihre Erregung wurde immer heftiger. Wollte die Gräfin sie zum Orgasmus bringen? Hier neben dem Grafen? Der die ganze Zeit zusah, wie seine Frau ihr Kätzchen streichelte? Aus dem Augenwinkel heraus sah sie, dass der Graf sein Glied heftig selbst streichelte und es dauerte nicht lange, dass es steif wurde. Der Graf nahm Annas rechte Hand und bedeutet ihr, sein Glied zu massieren. Als Anna das steife Glied umfasste, wunderte sie sich ein wenig, dass es schon wieder so hart und prall war. *Mochte der Graf das? Mochte er beobachten, wie ich von der Gräfin zum Orgasmus gestreichelt werde, während sie sein Glied massieren musste? Ist das die Hohe Schule, sie zum Orgasmus zu bringen?* Die Fragen, die sich Anna stellte, verschwanden. Sie gab sich dem erregenden Gefühl durch die Hand der Gräfin hin und war stolz, dass das Glied des Grafen durch ihre kräftige Massage immer härter wurde.

Unerwartet stand der Graf auf, ging zum Tisch und trank ein Glas Wein. Dann kam er zurück und blieb vor dem Bett stehen. Genussvoll rieb er sein steifes Glied. Anna fand sowohl lustig, als auch lustvoll, hier im Bett mit weit gespreizten Beinen zu liegen, die wild reibende Hand der Gräfin an ihren Kätzchen zu spüren und abwechselnd dem Grafen in die Augen und dann auf dieses große Glied zu sehen. Sie fand es erregend, wie der Graf sie beobachtet und dabei sein Glied massiert. Sie war bereit, ihm zu zeigen, wie sie ihren Orgasmus erlebt. Anna gab sich ganz ihrer Erregung hin und schwenkte ihren Kopf hin und her.

Die Gräfin sprach leise zu ihr: «Möchtest du die Engel singen hören? Möchtest du einen himmlischen Orgasmus? Lass dich gehen, Anna.»

Anna nickte und brachte nur ein stöhnendes «Bitte Madame, Bitte.» heraus. Sie hörte die Stimme des Grafen. «Hast du meine kleine Stute soweit?»

Und die Antwort der Gräfin: «Deine Stute ist gleich soweit. Ich denke, wir können beginnen.»

Anna genoss ihre Erregung und hörte nur

schwach, als der Graf leise sagte: «So, meine kleine Stute. Jetzt schreiten wir zur Tat. Sei gehorsam.»

Die Gräfin unterbrach es Anna zu streicheln, setzte sich aufrecht und zog Anna mit sich. Dann erhob sie sich und befahl Anna ebenso aufzustehen. Anna war verwundert und ein wenig enttäuscht. Mit der linken Hand nahm die Gräfin Annas Arm und mit ihrer Rechten begann sie von hinten wieder ihr Kätzchen zu streicheln. «Sei brav Anna. Ich werde dich weiter streicheln. Fühlst du meine Hand. Ist es nicht schön?»

Erleichtert spürte Anna wieder die Hand der Gräfin an ihrem Kätzchen. Stehend und von hinten zwischen ihren Schenkeln gestreichelt zu werden, das hatte die Gräfin noch nie gemacht. Und das vor ihrem Mann, der direkt vor Anna stand und sein Glied massierte. *Ist das erregend für den Grafen? Will die Gräfin mich im Stehen zum Orgasmus bringen? Kann ich im Stehen zum Orgasmus kommen?* Und Anna war überwältigt von der erregenden Situation und den starken Empfindungen, die ihren Körper erfassten. Unentwegt ihr Kätzchen streichelnd führte die Gräfin Anna langsam in den hinteren dunklen Teil des Gemachs zum Erker. Anna war etwas verwundert, aber die fordernde Hand der Gräfin ließ ihre Erregung wieder aufkommen. Der Graf, der gefolgt war, hatte einen dreiarmigen Kerzenständer entzündet,

Anna erschrak, als sie ein Holzgestell sah. Sie hatte beim Hineinkommen in das Gemach wohl wahrgenommen, dass dort etwas Neues stand, es aber nicht erkennen können. Es sah aus wie ein hölzerner Bock, hoch, auf vier hölzernen Füßen, die vorne und hinten weit auseinander stehend bis auf den Boden reichten. Oben befand sich eine längliche, dick gepolsterte lederne Fläche.

Immer noch das Kätzchen der Anna streichelnd, sagte die Gräfin: «Hab keine Angst. Mein Mädchen. Ich werde dich zum Orgasmus streicheln. Sei gehorsam.»

Die Gräfin führte Anna vor das Gestell und beugte ihren Oberkörper auf die lederne Polsterung.

«Halte dich vorne an den Holzfüßen fest», bedeutete die Gräfin Anna und streichelte sie feste.

Anna war mehr als verwundert. *Will die Gräfin sie hier zum Orgasmus streicheln?*, fragte sie sich. Anna spürte mehr und mehr ihre Erregung. Ihr Kätzchen sehnte sich schier nach der festen Hand der Gräfin.

Ehe sie sich Anna versah, hatte der Graf ihre Hände mit jeweils einem Ledergurt an die Holzbeine gebunden. *Soll sie so festgebunden zum Orgasmus gestreichelt werden?* Die Gräfin spreizte ihre Beine weit auseinander, sodass sie gerade noch mit ihren Füßen auf dem Boden stand. Dann wurde ihr Kätzchen wieder gestreichelt und Anna spürte, welche Gefühle in ihr hochkamen. Die Gräfin hörte nicht auf und Anna bemerkte, dass der Graf ihre Beine weit gespreizt ebenfalls mit Lederriemen an die hinteren Holzbeine band. Anna fühlte sich unbehaglich. Auf diesen Holzbock festgebunden zu sein, vorn über gebeugt und hinten ihr Kätzchen frei darbieten zu müssen, das machte ihr Angst. Aber sofort darauf spürte sie wieder die ganze Hand der Gräfin und die rieb so kräftig ihr nasses Kätzchen, wie sie es zuvor noch nie getan hatte. Anna war wieder in einem Hochgefühl der Erwartung. *Ist es ein Spiel? Hier festgebunden zu werden und von hinten zum Orgasmus gestreichelt zu werden? Ist es das, was dem Grafen gefällt?* Sie fühlte sogar, wie ein Finger tief in sie hinein stieß. Anna stöhnte auf. Obwohl sie hilflos festgebunden war, wurde sie überwältigt von dem Empfinden in ihrem Kätzchen. Anna bemerkte, dass die Gräfin ihre Schamlippen kräftig mit Salbe einrieb, was ihr wieder ein Hochgefühl der Lust gab - und sie bemerkte, dass die Gräfin auch ihren Po mit Salbe bestrich. Die Gräfin begann dann heftigst Annas Kätzchen zu streicheln. Anna wand sich, aber die Riemen hielten sie gefangen.

Die Gräfin sprach leise zu ihr. «Anna, mein liebes Kind. Jetzt erhältst du eine Erziehungs-Lektion der Hohen Schule. Jetzt wirst du gefickt, wie es zur Erziehung zu einer Luststute Pflicht ist.»

Anna fühlte sich wehrlos, aber zugleich in einem ungewöhnlichen Hochgefühl der Empfindungen. Sie fühlte, wie diese Empfindungen sie überwältigten, sie fühlte das Zittern ihres Körpers, sie hörte die Worte der Gräfin zu ihrem Mann: «Es ist angerichtet. Die Stute ist in Wallung.»

Sie hörte die erregenden Worte der Gräfin zu ihr: «Komm, meine Kleine. Lass dich gehen. Du darfst kommen. Genieße deine Gefühle.»

Ein erstes Beben durchfuhr ihren Körper. Anna stöhnte laut. Ein zweites heftiges Beben durchzuckte jetzt ihre Beine, die Schenkel, den Oberkörper. Sie fühlte die Spitze des Gliedes vom Grafen an ihren Po und im selben Moment spürte sie, wie dieses Glied sich gewaltsam seinen tiefen Weg in ihren Po nahm.

Der Schmerz traf Anna wie ein Blitz. Sie schrie aus Leibeskräften. Sie spürte dieses dicke harte Ding tief in ihren Po. Sie spürte, wie es sich herauszog, um dann umso fester wieder tief in sie hineinzustoßen. Sie hörte in ihren Schreien die Stimme der Gräfin: «So wird ein junges Mädchen zur Luststute gefickt. Las dich gehorsam in den Po ficken. Das ist deine Erziehung.»

Anna spürte, dass die Gräfin weiterhin ihre

Perle rieb. Sie spürte ihre bebende Möse und zugleich den Schmerz in ihrem Po. Sie hörte wieder die Stimme: «So gehört ein junges Mädchen gefickt. So wird sie zur Luststute gefickt.»

Ihre Empfindungen von Schmerz und Lust raubten ihr die Sinne. Nur noch im Unterbewusstsein nahm sie die Stimme der Gräfin wahr: «Mein Gemahl. Fick deine Stute. Fick sie in den Po. Hat sie nicht einen wundervollen kleinen Popo. Hier, hast du deine Reitgerte. Züchtige sie.»

Anna erhielt mehrere Hiebe von oben auf ihren Po. Der Schmerz ihrer engen Öffnung überwog. Bei jedem Eindringen schrie sie laut auf.

«Diese Enge. Dieser kleine Po. Dieser jungfräuliche Po. Ein Genuss», hörte Anna den Grafen. Sie schrie nur noch auf, bei jeden tiefen Stoß. Unermüdlich stieß dieses steife Etwas in ihren Po, unterstützt von harten Peitschenhieben. Ununterbrochen fühlte sie, wie sich dieses viel zu dicke Glied seinen Weg ebnete und sie dem hilflos ausgeliefert war. Die Gräfin hatte sich zu Annas Kopf gebeugt und flüsterte ihr ins Ohr: «Er mag deinen engen Po. Die Peitsche öffnet dich. Lass dich gehorsam ficken, mein kleines Mädchen.»

Festgebunden auf einen Bock und das lange Glied des Grafen spürend, das sich tief in ihrem Po hin und her bewegte, wurde Anna bewusst, warum die Gräfin sie so lange zum Orgasmus gestreichelt hatte. Anna schluchzte laut zwischen ihren Schreien. Sie hatte es gesagt, die Gräfin. *Ich solle unvorbereitet die weiteren Freuden des Liebesspiels erlernen. Das sind die Freuden? Es ist furchtbar.* Für Anna schien es eine Unendlichkeit, bis sie hörte, wie der Graf sich mit jubelnden Geschrei in ihren Po entlud. Sein Glied tief und unglaublich prall in ihren Po steckte und er Schub für Schub seinen Samen in sie hinein spritzte.

Sie hörte die Worte des Grafen, als er sein Glied aus ihren Po zog. «Das war ein Königsritt. Das ist meine kleine Stute.»

Anna spürte die Schmerzen ihres Schließmuskels. Total erschöpft lag sie festgebunden auf dem Bock. Der Graf und die Gräfin hatten sich zu Bett begeben. Sie hörte die Worte der Gräfin: «Maximilian, war das ein Ritt? War es das, was du wolltest?»

Und Anna hörte die Antworten. «Dieser kleine süße Po. Diese enge Öffnung. Es ist ein Genuss, wie du ihn dir nicht vorstellen kannst. Es ist ein unbeschreibliches Gefühl, einen solch engen Po ficken zu können. Sie ist ein Traum, unsere kleine Stute. So schmale Lenden. Sie wird mir noch viel, viel Freude bereiten.»

Lange Zeit unterhielten sich der Graf und Gräfin über die Qualitäten Annas und ihrem engen Po und wie sie die Erziehung ihrer Stute fortsetzen wollen.

Anna, immer noch auf dem Bock festgebunden, weinte bitterlich. Ihr Kätzchen schmerzte und auch ihre Rosette. Das hatte sie nie und nimmer für möglich gehalten. Sie hatte noch erwartet, dass die Gräfin ihr Kätzchen zum Orgasmus rieb. Sie hatte ihren Orgasmus auch gerade erreicht, dieses wunderschöne Gefühl, als der Graf sein Glied so vollkommen unerwartet gewaltsam in ihren Po schob. Dann dieser fürchterliche Schmerz. Anna fühlte sich vollkommen hilflos.

«Soll ich sie losbinden?», hörte sie nach einiger Zeit die Gräfin sagen.

«Aber nur, wenn sie gehorsam ist und kein Geschrei anfängt», antwortete der Graf.

Die Gräfin kam zu Anna. «Wirst du gehorsam sein, dann binde ich dich los. Andernfalls wirst du die Nacht festgebunden bleiben.»

Anna nickte mehrmals und die Gräfin band Anna los; sie richtete sie auf und führte sie zum Bett.

Der Graf war bereits eingeschlafen. Zufrieden schnarchte er leise vor sich hin. Die Gräfin legte sich eng an Anna, küsste sie mehrmals und schaute dann lange in ihr schluchzendes Gesicht.

Ist die Kleine nicht süß? Ist es nicht herrlich, zuzusehen, wie ein so junges Mädchen, das erste Mal in den Po gefickt wird und ist es nicht immer wieder erregend?

Die Gräfin spürte, dass sie hochgradig erregt war. Sie war heiß. Da die Hand der Gräfin Annas

Körper zärtlich streichelte, ihre Schultern, ihre Brüste und ihre Schenkel, hatte Anna Worte des Mitgefühls erwartet. Aber zu ihrem Entsetzen redete die Gräfin äußerst streng mit ihr. Es war der Gräfin jetzt ein besonderes Vergnügen, sehr streng mit ihr zu sein. Es steigerte ihre Erregung.

«Anna. Höre auf zu weinen. Dies ist deine Erziehung. Du wirst lernen zu gehorchen. Ich verlange absoluten Gehorsam von dir, auch wenn es schmerzhaft ist. Bedenke, es ist nicht so schmerzhaft wie die Reitpeitsche, die du bekommen wirst, wenn du nicht gehorchst.»

Anna weinte wieder bitterlich.

«Anna. Ich steh auf und hol die Peitsche. Also hör auf. Ich werde mit dir reden. Was hast du zu tun?»

Anna versuchte das Schluchzen zu unterdrücken.

«Anna. Was hast du zu tun, wenn ich mit dir im Bett reden will. Anna!»

Die Gräfin fasste sie fest an und schüttelte sie.

«Sag, mir, was hast du zu tun. Sag schon!»

Zaghaft antwortete Anna schluchzend: «Ich soll ihr Kätzchen streicheln.»

«Ja. Dann tu es auch. Ja. So ist es gut. Streichle mich kräftig und höre jetzt gut zu. Es ist die Aufgabe einer Stute das Glied des Hohen Herrn in ihrem engen Po zu empfangen, auch wenn es schmerzhaft ist. Aber deswegen macht es dem hohen Herrn umso mehr Freude. Hast du das verstanden?»

«Ja, Madame.»

«Reibe mein Kätzchen. Es war so schön zu sehen, wie das Glied meines Gatten dich in den Po gefickt hat. Es ist ein herrlicher Anblick, wenn eine junge Stute auf den Bock geschnallt ist und gefickt wird. Dieser Holzbock bleib in diesem Zimmer. Es ist ein Zuchtbock, ein Bock auf dem ungehorsame Mädchen festgebunden und gezüchtigt werde. Dieser Holzbock dient aber in erster Linie dazu, eine junge Stute, wie dich zuzureiten. Nur dazu ist er hier. Dass du dazu erzogen wirst, dich gehorsam in den Po ficken zu lassen. Hörst du? Reib mein Kätzchen fester. Du bist ein sehr junges Mädchen mit einem wunderschönen kleinen Popo, der allein eine Freude ist anzusehen und nichts macht meinem Gemahl mehr Freude, als so einen engen zierlichen Po zu ficken. In den Po gefickt zu werden, ist die Hohe Schule der Stutenausbildung. Die Erziehung zur Luststute. Alle jungen Luststuten werden dazu erzogen, mit Freude die steifen Glieder ihrer Hohen Herrn im Po zu empfangen. Das ist das eigentliche Ziel der Erziehung. Die Hohen Herrn erwarten, dass eine Luststute einzig dazu erzogen worden ist, ihre steifen Glieder in ihrem Po mit Freude zu empfangen. Reib mich, meine junge Stute. Reib mich, meine kleine Anna. Dazu werde ich dich erziehen. Morgen früh wirst du wieder auf den Bock gebunden werden und die nächsten Tage öfter. Du wirst gehorsam das Glied meines Gatten empfangen.»

Der Körper der Gräfin erbebte. Sie stieß noch aus: «Ich werd dich dazu erziehen, dass du dich gehorsam in den Po ficken lässt.» Dann stieß sie kleine Schreie aus und bekam ihren Orgasmus.

Erschöpft und befriedigt lag die Gräfin neben Anna. Das war es, was sie immer so sehr erregte und sie so schnell kommen ließ; einer jungen Stute unverblümt klar zu machen, wozu sie erzogen wird und sich dabei von ihr zum Höhepunkt streicheln lassen. Nach einer beschwerlichen Lektion der erschöpften Stute zu zeigen, dass sie jetzt ihrer Lust zu dienen hat.

Die Gräfin ließ Anna sich auf die Seite legen und betrachtete genüsslich ihre Lenden. Sie erinnerte sich, wie sie als junges Mädchen das erste Mal ihrer zweiten Jungfernschaft beraubt wurde. Wie das dicke Glied des Marquis gewaltsam in ihren Po eindrang. Sie war damals nicht so vorbereitet worden, wie Anna. Sie war vollkommen unvorbereitet gewesen und ihr Popo hatte auch vorher keine Salbe bekommen. Geschrien hatte sie genauso und bewegen konnte sie sich auch nicht, weil die Mätresse des Marquis ihre beiden Hände kraftvoll festhielt. *Ja,* sagte die Gräfin zu sich selbst. *So habe ich es dann auch oft genug gemacht, als ich die Mätresse meines Marquis wurde und ihm neue junge*

Stuten zur Ausbildung zuführte. In diesen Jahren hatte sie gelernt Gefallen daran zu finden, wenn Hohe Herrn ein junges Mädchen in den Po fickten. Oft war sie beim Zusehen schon zum Orgasmus gekommen. *Es ist die erotischste aller Stellungen beim Liebesspiel*, sagte sie sich; und sie konnte sich nicht satt genug daran sehen. Sie dachte an den alten Marquis Claude Jean de Jouffroy d›Abbans. Wie sie dem über fünfzig jährigen die zierliche wunderschöne Comtesse Anna Charlotte de Lavaulx zugeführt hatte und er sie in den Po fickte; eine echte junge Comtesse. *Ach, sind das schöne Erinnerungen,* dachte die Gräfin. *Wie die Kleine vor dem Zuchtbock fortlaufen wollte und der Marquis und ich, sie im Zimmer einfangen und wieder zum Zuchtbock schleppen und festbinden mussten. Wie ich diesem zärtlichen weißen Popo dann ein Dutzend äußerst harte Schläge mit der Reitgerte verabreichen musste und die roten Striemen noch drei Tage lang zu sehen waren.*

Die Gräfin schaute auf Annas nackten Rücken und berührte ihn zärtlich mit der Hand. Sie schmunzelte bei dem Gedanken, dass sie Anna erziehen würde. Anna hat die Veranlagung devot zu dienen und das hatte sie sofort erkannt. Sie schmunzelte wieder, als sie daran dachte, dass sie diese Veranlagung mit einer rücksichtsvollen aber strengen Erziehung mit der Reitgerte bei Anna zur Blüte bringen würde; und, dass sie Anna zwingen würde aufzublühen. Auch wenn damals im intimen Kreis der befreundeten hohen Damen, die alle erfahrene Erzieherinnen waren, von der ‹*Dressage*› gesprochen wurde, so wussten doch alle, dass damit einzig und allein das Abrichten der jungen Mädchen mit der Reitgerte zu gehorsamen Fickstuten gemeint war und der Einsatz der Reitgerte immer wieder zum großen Vergnügen breit und ausführlich besprochen wurde. Wenn man mit der Dressur einmal begonnen hatte, dann musste man es auch konsequent zu Ende führen und sie hatte bei allen jungen Mädchen, die von ihr zu Luststuten erzogen wurden, den gewünschten Erfolg erreicht. Die Gräfin dachte an die ersten Jahre ihrer Ehe mit Maximilian, von dem sie oft genug gezüchtigt worden war und dabei dank ihrer früheren Erziehung zum Orgasmus kommen konnte, auch wenn sie in den Po gefickt wurde. Das ist das hohe Ziel der Dressage. Sie strich zärtlich über Annas Haar und murmelte unhörbar: «Auch du wirst die Reitgerte demnächst spüren». *Meine Erziehung, zu dem was ich will, geht nur mit der Reitgerte. Alle meine Stuten habe ich damit zur höchsten Lust geformt.*

Die Gräfin legte ihre Hand auf Annas Po. Wie gerne wäre sie dabei gewesen, als der König Ludwig die Marie-Louise O'Murphy im Hirschenpark in den Po gefickt hat. Und er soll es in der ersten Nacht getan haben, wie ihre Schwester Claire es von hohen Damen des Hofes gehört hatte. Es soll nicht nur die Mätresse des Königs, sondern auch zwei weitere Damen zugegen gewesen sein. Sie soll den schönsten kindlichen Popo aller Luststuten in Frankreich gehabt haben, hätten sie berichtet und der König soll die Reitgerte mit Vorliebe benutzt haben. Das hätte sie gerne gesehen und es hatte sie schon damals erregt, als ihre Schwester ihr dies erzählte.

Anna war mehr als überrascht, als die Gräfin zärtlich über ihre Wangen strich und ihren Mund zu einem Kuss formte. «Ich danke dir. Anna. Du bist lieb. Ich mag dich sehr.»

Es war ein schwacher Trost für Anna, von der Gräfin einen tiefen erregenden Zungenkuss zu bekommen.

«Lass uns die Augen zu machen und schlafen. Hab keine Angst. Ich bin bei dir. Auch morgen früh.»

Grausen durchfuhr Anna, als sie an morgen dachte. «Werde ich wieder auf den Bock gebunden?»

Die Gräfin lächelte freundlich. «Anna. Du wirst erzogen. Vergiss es nicht. Wenn du mir aber deine Gehorsamkeit wirklich zeigen willst, dann beugst du dich über den Bock und du wirst nicht festgebunden. Ich würde mich darüber freuen, meine Kleine. Und jetzt schlafe.»

Anna war verwirrt. Wollte die Gräfin, dass sie sich freiwillig über den Bock beugt, um das Glied des Grafen zu empfangen? *In meinem Po zu empfangen? Ist das die Hohe Schule?* Ihre Gedanken zermürbten sie und es dauerte lange, bis sie einschlief.

Anna wurde von der Gräfin geweckt. Sie rieb ihre Augen und sah mit Schrecken den Grafen bereits vor dem Bett stehen und sein steifes Glied reiben.

Die Gräfin streichelte Annas Kätzchen, aber eine Erregung wollte bei Anna nicht aufkommen.

«Komm Anna. Steh auf. Mein Gemahl wartet. Er will dich ficken.»

Voller Angstgefühle erhob sich Anna und stieg aus dem Bett. Die Gräfin, die ihr folgte, legte ihre Hand um ihre Schulter und führte sie zu dem hinteren Teil des riesigen Gemaches. Die Sonnenstrahlen, die ihr Licht durch das Fenster warfen erhellten auch diesen Teil des Raumes, den Anna gestern Abend nicht richtig wahrnehmen konnte. An der einen Seite hingen an den Wänden viele Reitgerten und richtige Peitschen, unterbrochen von einem großen Ölgemälde. Anna sah mit Schrecken dieses Bild, auf dem ein nacktes Mädchen, mit hoch aufgerichteten Popo festgebunden auf den Zuchtbock zu sehen war, wie sie mit einer Reitgerte von einer Frau einen Schlag auf den Po bekam.

In der Mitte, von den Sonnenstrahlen erhellt, stand dieser furchterregende Bock, zu dem Anna jetzt von der Gräfin hingeführt wurde. Anna zitterte am ganzen Körper.

«Sei gehorsam. Anna.»

Anna sah jetzt, dass die ledernen Riemen an den unteren Teilen der Füße fest angebracht waren. Dass die hinteren hölzernen Füße unten weiter auseinander standen als die vorderen und sie erkannte, dass das dicke längliche Lederpolster leicht schräg und nach vorne hin höher war.

Als sie direkt davor stand, schob die Gräfin Anna näher heran. «Sei eine liebe Stute, Anna. Beuge dich auf das Leder. Sei brav. Halte dich an den vorderen Holzbeinen fest.»

Anna spürte, wie die Gräfin zwar auch ihr Kätzchen immer wieder streichelte, aber sie spürte auch, wie sie viel Salbe in ihre Rosette stopfte.

Mein Gott, dachte Anna. *Was für Schmerzen werde ich jetzt bekommen?*

«Willst du sie nicht festbinden?», hörte Anna die Stimme des Grafen.

«Sie hat sich gehorsam über den Bock gebeugt. Anna ist eine brave Stute.»

«Nein, binde sie fest.»

Anna erschrak und es dauerte nicht lange, bis die Gräfin sie mit den vier Riemen fest auf diesen Bock gebunden hatte. Jetzt war sie wieder hilflos gefangen und der Lust des Grafen ausgeliefert. Anna spürte, wie die Gräfin ihr Kätzchen kräftig rieb. Was Anna nicht mitbekam, war, dass sich die Gräfin zu ihrem Mann herumgedreht hatte und sah, dass er eine schwarze lange Reitpeitsche in der Hand hatte.

«Willst du sie damit züchtigen?», hörte Anna die Gräfin.

«Ja!», antwortete der Graf streng. «Einmal richtig, mein Weib. Damit sie weiß, was es heißt, von mir gezüchtigt zu werden und es ihr eine Lehre ist. Früher oder später hätten wir es machen müssen. Ich will es jetzt vollziehen. Eine junge Stute muss wissen, wie sich die Pferdepeitsche auf ihren Po anfühlt, damit sie sich immer daran erinnert und sich gehorsam ficken lässt.»

Anna begann zu schluchzen. Sie wusste nicht, was kommen würde, aber sie wusste, dass es schlimm werden würde.

Die Gräfin sagte: «Ja, mein Gemahl. Ich weiß. Aber ich dachte, weil sie sich brav über den Zuchtbock gebeugt hat, es sei noch zu früh.»

«Es ist nicht zu früh. Sie wird erzogen und ich dulde keinen Widerspruch. Deshalb bekommt sie auch nur einen Hieb, anstatt drei. Du weißt selbst nur gut genug, dass es die höchste Bedeutsamkeit bei der Dressage ist.»

«Ja, mein Gemahl. Du hast Recht.»

Anna vernahm, wie der Graf herrisch sagt: «Bereite sie vor, mein Weib.

Die wohltuende Hand an ihrem Kätzchen, ließ Anna schnell vergessen, was sich eben noch so schlimm angehört hatte. Im Nu ergriff die Lust die Herrschaft über ihren Körper. Sie wand sich und stöhnte. Mit Verlangen sehnte sie ihren Orgasmus herbei, der sie langsam aber unerbittlich überwältigte.

Anna hörte nicht, wie die Gräfin sagte. «Sie ist soweit, Maximilian.»

Die Gräfin wusste, was ihr Gatte von ihr verlangte. Sie stellte sich links neben ihn, ergriff sein steifes Glied und rieb es kräftig. Der Graf erhob seine rechte Hand und mit Schwung peitschte er Annas Po. Entsetzt schrie Anna auf und wand sich vor Schmerzen. *Was war das gewesen? Hat der Graf mit einer Peitsche zugeschlagen?* Bevor sie vor Schmerzen zu Ende denken konnte, spürte sie erneut die Hand der Gräfin und wieder kamen die Wellen ihrer Erregung. Kaum fühlte Anna, wie die Gräfin das Glied des Grafen an ihrem Schließmuskel schob und wie er es dann sofort kraftvoll in ihren Po stieß. Anna schrie aus Leibeskräften. Dieser Schmerz war schlimmer als vorher von der Peitsche. Sie heulte bitterlich.

Der Graf hielt inne, als er sein Glied bis zum Heft in ihren Po geschoben hatte. «Freut sich meine Stute, mein Glied in ihrem Po zu fühlen?»

Anna konnte nicht antworten und schluchzte laut. Plötzlich spürte sie eine festen schmerzhaften Schlag von der Hand des Grafen auf ihrer Pobacke.

«Antworte!»

Kaum hörbar kam es aus Annas Mund: «Ja. Hoher Herr.»

«Ich will den ganzen Satz hören. Stute, sonst wirst du richtig gezüchtigt.»

Anna nahm alle ihre Kraft zusammen. «Hoher Herr. Ich freue mich euer Glied in meinem Po zu spüren.»

«Sehr gut. Lerne eine gehorsame Stute zu sein. Wir werden dich dazu erziehen. Jetzt wirst du gefickt, wie es die Erziehung zur Hohen Schule der Dressur vorschreibt», sprach der Graf und zog sein Glied zurück, um seine Stöße zu beginnen.

Anna schrie bei jedem Stoß und es wollte nicht enden. Sie wusste nicht mehr, seit wie vielen Minuten der Graf sie jetzt in den Po fickte. Ihre Schreie verstummten nach und nach und wandelten sich in ein lautes Stöhnen.

«Na. Gefällt es meiner Stute in den Po gefickt zu werden? Antworte!»

Anna nahm all ihre Kraft zusammen. «Ja. Hoher Herr. Es gefällt mir von Ihnen in den Po gefickt zu werden.» Anna war verwundert, wie leicht ihr diese schlimmen Worte über die Lippen kamen.

«Ist sie nicht eine brave Luststute, mein Gemahl», hörte Anna die Gräfin keuchend sagen. «Maximilian, darf ich?»

«Mein Weib. Gelüstet es dich. Ja, du darfst. Ich weiß ja, wie sehr du das magst.»

Anna wunderte sich über diese Worte und schon bald konnte sie das laute Stöhnen der Gräfin hören. «Fick ihren Po. Oh, es ist so schön zu sehen, wie du die kleine Anna in den Po fickst. Mein Gemahl fick sie richtig durch. Ohh, ich komme. Ist das herrlich!»

Es dauerte auch nicht mehr lange und der Graf bekam seinen Orgasmus. Anna war mehr als froh, dass es vorüber war.

«So, ich ziehe mich an und werde rüber ins Gestüt gehen. Kümmere dich um ihren Popo, Isabelle.»

«Du hast dich brav ficken lassen, Anna», erklärte die Gräfin, als sie Anna vom Bock losschnallte und sie zum Bett führte. «Leg dich mit dem Bauch auf das Bett. Ich möchte deinen Popo eincremen.»

So sehr sich Anna auch wünschte, die Hand der Gräfin an ihrem Kätzchen zu spüren, wurde sie doch enttäuscht. Die Gräfin cremte ihre Pobacke und ihren Schließmuskel ein, fühlte zwar, dass Anna feucht war, aber sie gab ihr einen kleinen Klaps auf den Po und sagte: «Jetzt ist genug. Du ruhst dich aus. Ob er dich heute Mittag ruft, weiß ich nicht. Ich glaube eher nicht, weil er viel zu tun hat. Du kannst mit mir im Salon zu Mittag essen.»

«Warum hat der hohe Herr das getan?», traute sich Anna zu fragen.

«Ach ja. Fast hätte ich es vergessen. Hier, das ist die Reitpeitsche, mit der er dich gezüchtigt hat. Sie ist vier Ellen lang und sehr geschmeidig. Er benutzt sie nie beim Reiten, sondern ausschließlich um den Po einer Stute zu züchtigen. Du nimmst sie mit in dein Zimmer, damit sie dich stets daran erinnert, was dir blüht, wenn du nicht gehorchst. Wenn mein Gemahl nach der Peitsche fragt, bringst du sie ihm und weißt dann, was du zu erwarten hast. Es war nur ein kleiner kräftiger Hieb eben, damit du behältst, wie es sich anfühlt. Wenn du ungehorsam bist, wirst du richtig gezüchtigt und erhältst viele richtige Schläge. Also, lerne daraus und sei gehorsam.»

Die Gräfin begann Annas Kätzchen zu streicheln. «Dein Kätzchen ist ganz feucht, Anna. Bleib liegen. Du bekommst eine Belohnung.»

Die Gräfin rieb heftig das Kätzchen und steckte ab und zu mit der anderen Hand einen Finger in Anna Po. Da sie sehr viel Salbe in Annas Popo geschoben hatte und der Finger der Gräfin wesentlich dünner als das dicke Glied des Grafen war, empfand Anna es als nicht schlimm. Im Gegenteil, je heftiger ihr Kätzchen gestreichelt wurde und der Finger sich in ihrem Po bewegte, desto angenehmer empfand Anna die Gefühlswellen, die durch ihren Körper liefen. Diese Wellen ließen sie mehr und mehr erzittern und mit einem Aufschrei bekam sie einen Orgasmus.

«Du wirst diese Wonnen kennenlernen, Anna. Du bist jetzt alt genug, aber du kennst sie noch nicht alle. Ich werde dich mannigfaltig davon kosten lassen. Dein Verlangen, das von meinen Zärtlichkeiten in dir erweckt wurde und deine Neugier, machen dich für diese Lockungen bereit. Ich breitete deine Schenkel aus, ich liebkoste die Lippen deines kleinen Kätzchens, die wie frische Rosen vor Lust blühten. Meine Hand erzeugte die großartige Begierde und dein reizender kleiner Kitzler, deine Perle, die ich liebkoste, brachte dich in eine leidenschaftliche Ekstase. Welch wundersame Wonne, wie dein Körper, auf dem Zuchtbock festgeschnallt, zuckte. Dein schneeweißer Popo und dein offenes Kätzchen schrien nach der Reitpeitsche. Der gefühlvolle schmerzhafte Hieb entlockte dir einen Schrei der puren Wollust und steigerte dein Verlangen nach meiner Hand an deinem Kätzchen. Ich wiederholte meine Zärtlichkeiten. Es dauerte nur einen Moment, da warst du wieder in jenem Zustand der unglaublichen Erregung. Welch wunderschönes Bild, als die Wogen der Wonne durch deinen Körper fluteten. Meine strenge Hand ist es, die dich von den Hemmnissen deiner Unwissenheit befreit, um dich Schritt um Schritt auf diesen Weg der Wollust weiterzuführen. Das Vergnügen erschien dir, da es mit dem süßen Schmerz der

Peitsche vermischt war, in einer Lebhaftigkeit, wie du es noch nie zuvor empfunden hast. Anna, du bist noch nicht genügend eingeweiht, um in dem ersten flüchtigen Schmerz eine Ahnung der Lust zu entdecken. Ich werde dir helfen, diese Lust zu entdecken und du wirst diese Art der Erziehung lieben lernen.»

Anna war total erschöpft. Sie keuchte und schluchzte zugleich. Den Schmerz auf ihrem Po fühlte sie nicht mehr, nur noch ein gewisses Spannen ihres Schließmuskels. Die Gefühlswellen ihres Orgasmus hatten alles überdeckt. Sie spürte, wie ihr Nacken von der Gräfin geküsst wurde.

«Anna. Weine nicht. Du warst sehr brav. Es war nur eins mit der Reitpeitsche. Man sieht gar nichts mehr. Dies gehört auch zu deiner Erziehung, dass du die Reitpeitsche zu spüren bekommst. Alle Luststuten bekommen regelmäßig die Peitsche zu spüren, damit sie nie vergessen, dass sie sich gehorsam ficken lassen müssen.»

Als Anna das hörte, musste sie wieder laut schluchzen.

«Anna. Es war wunderschön. Sei ein braves und tapferes Mädchen. Ich weiß, dass du das kannst. Und, Anna, ich bin sicher, dass du noch viel Freude bei der Hohen Schule auch selbst erleben wirst. Jetzt geh hinüber und schlafe noch zwei Stunden.»

Anna nahm die Peitsche, rollte sie zusammen und ging in ihr Zimmer. Nackt wie sie war, warf sie sich aufs Bett und weinte. War das ihr Schicksal, gepeitscht zu werden? *Aber ist es nicht so, dass ich nur dann gepeitscht werde, wenn ich ungehorsam bin?* Sie nahm sich vor, besser aufzupassen und gehorsam zu sein.

Menage á trois

Anna hatte noch am Morgen Unterricht bei der Gräfin. Anstandsregeln. Wie man hohe Herrschaften begrüßt, einen Knicks macht, sich dezent zurückzuhalten hat, wenn die Erwachsenen miteinander reden, wie sie ihre Haare hochstecken und welche Strümpfe und Schuhe sie tragen solle.

Nach dem Mittagessen wurde sie, wie sie es schon fast gewohnt war, vom Grafen in sein Gemach mitgenommen und zugeritten. Danach durfte sie zum Reitstall, durfte eine ganze Stunde auf einem richtigen Sattel reiten, was ihr unheimlich gut gefiel. Dann musste sie sich aber auf den französischen Sattel setzen, um einige Runden zu voltigieren. Es gefiel ihr zunehmend, wie sie ihre Erregung spürte und einen schnellen kurzen Orgasmus bekam.

Freudestrahlend lief sie zurück ins Schloss und berichtete dies gehorsam der Gräfin, die sie ganz besonders lobte, dass sie gekommen war.

Verwundert war Anna, als die Gräfin sie nach dem Abendessen an die Hand nahm und mit ihr in das Gemach des Grafen ging.

«Zieh dich aus, Anna», sagte die Gräfin und öffnete eine große Schachtel. Als Anna vollkommen nackt vor ihr stand, schaute die Gräfin sie lange an und musterte ihren Körper. Dann nahm sie aus der Schachtel ein leichtes weißes Kleid und rcichte es Anna.

«Das müsste dir passen. Das ist das Kleinste.»

Anna konnte kaum glauben, was sie da in der Hand hielt. Es war kein Kleid, es war ein hauchdünnes Etwas aus einem zarten Stoff, wie sie es noch nie zuvor gesehen hatte.

«Dies ist ein Negligée, ein Nachtmantel, aber ein ganz besonderer. Es ist aus Chiffon. Das ist ein hauchzartes, feines, durchsichtiges Gewebe aus Naturseide. Es ist Seide aus Lyon, die berühmteste Seide in Frankreich. Zieh es an.»

Anna zog es an und staunte. Vollkommen durchsichtig sah man ihren ganzen nackten Körper durchscheinen und es war auf der Haut kaum zu spüren. Es war wie ein Mantel geschnitten, hatte aber vorne weder Knöpfe noch Bänder.

«Ist das schön? Anna. Gefällt es dir?»

«Madame. Ich weiß gar nicht, was ich sagen soll. Das habe ich noch nie gesehen. So ein dünner Stoff. Darf ich es tragen?»

Die Gräfin lachte. «Diese Negligée trägt man, wenn man gefickt werden will.»

Anna war schockiert.

«Ach Anna. Das war nur ein Scherz. Aber es stimmt schon, diese hauchdünnen Negligées tragen alle Damen der hohen Gesellschaft, Mätressen und Luststuten, wenn sie ihre Liebhaber erwarten oder bei Soirées vorgeführt werden. Sicherlich wirst du heute Abend von meinem Gemahl gefickt werden, aber es wird nicht schlimm werden. Das verspreche ich dir. Komm mit mir.»

Die Gräfin nahm einen Kerzenständer mit zwei Kerzen in die eine Hand und Anna in die andere. Anna erschrak, als sie erkannte, dass sie von der Gräfin zum Erker mit dem Zuchtgestell geführt wurde.

«Keine Angst Anna. Heute Abend wirst du nicht auf den Bock festgeschnallt, heute Abend werden wir uns der leichten Kost hingeben. Aber ich will dir etwas zeigen.»

Und sie führte Anna vor das Bild an der Wand. «Hast du es heute Morgen gesehen?»

Anna nickte kurz.

«Anna. Ich war nicht sicher, ob du es gesehen und erkannt hast, was es darstellt. Schau es dir nochmal an. Das Mädchen ist auf den Zuchtbock geschnallt und bekommt die Peitsche, bevor sie gefickt wird. Siehst du, wie ihr Kätzchen so schön glänzend gemalt ist. Ihr Kätzchen ist durch die Hiebe nass geworden und sie erwartet sehnsüchtig, dass sie gefickt wird. Bestandteil deiner Erziehung ist es auch, dass du öfters auf den Bock geschnallt wirst und die Reitpeitsche zu spüren bekommst. Das wird regelmäßig alle paar Tage geschehen, damit du dazu erzogen wirst, langsam das schöne Gefühl zu erkennen und reifen zu lassen, wenn du den Schmerz mit deiner Lust teilen kannst. Wenn ich dich also die nächsten Tage auffordere, dich über den Bock zu beugen, dann wirst du gehorsamen den Schlag mit der Reitgerte erwarten. Das ist, wie ich dich erziehen werde. Ich wollte, dass du das weißt und verinnerlichst.»

«Ja, Madame», beeilte sich Anna zu antworten.

Anna war verwirrt, als sie mit der Gräfin zum Bett zurückging. *Was hat das zu bedeuten?* Sie hatte sich gerade so sehr über das weiße hauchdünne Kleid gefreut und dann diese Sätze von der Gräfin? *Ich soll Peitschenhiebe gehorsam erwarten? Was soll ich erlernen?*

Die Gräfin sprach plötzlich wie gewandelt freundlich zu ihr. «Anna. Heute Abend wird es lustig. Leg dich auf das Bett. Leg dich etwas auf die Seite. Ja. So. Winkel die Beine etwas an. Das untere mehr zu mir, das obere etwas nach hinten, damit man dein Kätzchen durch den Stoff erkennen kann. So ist schön. So kannst du meinen Gemahl empfangen.»

Zur noch größeren Verwunderung sah Anna, dass sich die Gräfin ebenfalls nackt auszog, aus einer anderen Schachtel ein ähnliches Nachtkleid nahm und es anzog. Sie hielt es vorne mit den Händen zusammen, aber Anna konnte klar und deutlich sowohl ihre Brustwarzen und

Busen sehen, als auch ihre Spalte. So bekleidet legte sich die Gräfin neben Anna auf das Bett. Sie zog Annas Negligée zurecht, dass es ihre kleinen Brüste bedeckte, schob es aber an den Schenkeln so weit zurück, dass ihr rasiertes Kätzchen frei zu sehen war.

«Deux chatons vous attendent», sagte die Gräfin, als der Graf eintrat. «Zwei Kätzchen erwarten dich. «

«Oh, welch eine Überraschung. Lasst mich euch betrachten. Ihr seid beide wunderschön und mit Freude sehe ich zwei lustvoll rasierte Kätzchen. Welch ein Geschenk.»

Gelassen, immer seinen Blick auf sie gerichtet, zog der Graf sich aus und stellte sich dann vor das Bett.

«Ein Geschenk des Himmels. Ihr seht beide traumhaft aus. Ich müsste euch so malen lassen und an diesem Bild könnte ich mich dann nicht satt genug sehen. Einen Traum von Umhang, den ihr beide anhabt. Der mehr offenbart, als er verbirgt. Der so unglaublich Appetit anregend ist. Isabelle, mein Weib. Ich danke dir. Ich liebe dich.»

Der Graf stieg auf das Bett und legte sich zwischen seine Gattin und Anna. Die Gräfin küsste ihn und ergriff sein Glied. «Heute bekommst du einen Abend des Genusses. Entspann dich und genieße, was deine beiden Kätzchen dir bieten können. Anna höre jetzt immer genau zu, was ich dir sage. Heute Abend lernst du deinen Hohen Herrn zu bedienen.»

«Aha «, brummt der Graf. «Ist das ein Unterricht?»

«Maximilian. Es ist Bestandteil von Annas Erziehung und heute Abend wird sie dazu erzogen, nur dir und deinem starken Gemächt Freude zu bieten. Eine Erziehung nur für dich, damit du dich an der Schönheit ihres Körpers erfreuen kannst. Damit du dich in reiner Lust in sie ergießen kannst. Schau sie an. Genieße den Anblick ihres jungen Leibes, der nur für deine Lust da ist.»

Die Gräfin nahm Annas Hand. «Anna, komm etwas näher und umfasse das Glied deines Hohen Herrn. Wenn es noch nicht steif ist, dann nimmt du es ganz zärtlich zwischen zwei oder drei Fingern, so wie du die Feder hältst, wenn du schreibst. Jetzt ist sein Glied schon erwacht, dann umfasse es mit den Fingern, nicht mit der ganzen Hand. Ja, so ist es richtig. Und jetzt bewege deine Finger auf und ab. Am Anfang langsam und zärtlich. So ist es gut. Jetzt wird es langsam steifer und härter, fühlst du es?»

«Ja, Madame.»

«Jetzt kannst du etwas schneller auf und ab reiben. Ja, kräftig. Ist das nicht ein schönes Glied? Sieh es dir genau an. Sieh, wie es unter deiner zärtlichen Hand richtig steif und hart wird. Reibe nur. Du kannst das. Mein Gemahl, gefällt dir das?»

«Oh ja. Anna mach nur weiter. Du machst es mir gut.»

«Hörst du? Anna! Kräftig reiben. Manchmal kann es auch sein, dass mein Gemahl will, dass du sein Glied sehr lange reiben musst, bis er seinen Samen raus spritzt. Wenn er das verlangt, dann musst du sein Glied ausdauernd reiben, bis er befriedigt ist.»

Anna machte es Spaß, das Glied des Grafen zu reiben, während die Gräfin mit kontrollierendem Blick zusah und ihre Bewegungen kommentierte.

Ab und zu küsste die Gräfin ihren Mann, während Anna kräftig rieb.

«Ist das schön? Du, mein starker Hengst. Reibt sie gut? Strecke ihr dein steifes Glied entgegen. Es ist so groß, so prall, so hart. Genieße diese kleine Hand, die es kaum umfassen kann. Spüre die Hand der kleinen Anna. Ich werde sie für dich erziehen, dass du es genießen kannst. Ich werde sie dazu erziehen, dass sie dich mit ihrer kleinen Hand befriedigen kann.»

Nach einigen Minuten sagte die Gräfin: «Anna, jetzt schau genau zu. Schau auf meinen Mund.»

Sie beugte sich vor und nahm die Eichel des Gliedes in ihren Mund. Ihre Lippen umfassten feste den Schaft und sie begann ihren Kopf auf und ab zu bewegen. Anna schaute gebannt zu, wie tief die Gräfin das große steife Glied des Grafen in den Mund nehmen konnte. Die Gräfin lutschte heftig das Glied und nach einiger Zeit erhob sie ihren Kopf.

«Jetzt du, Anna. Nimm sein Glied tief in den Mund und presse deine Lippen ganz fest. Ganz feste zusammenpressen und jetzt deinen Kopf auf und ab. Ja so ist es gut. Das nennt man die Flöte blasen. Blase sie, Anna. Blase das Glied des Hohen Herrn, und mach es ausdauernd. Er mag es. Nicht wahr, Maximilian?»

Die Gräfin rutschte hoch und küsste ihren Gatten mit einem lang andauernden Zungenkuss, während Anna sich bemühte dieses dicke Glied mit ihren fest zusammen gepressten Lippen zu blasen.

«Anna. Behalte sein Glied im Mund. Mach weiter, aber knie dich, dann kannst du den Kopf besser bewegen. Und rücke mit deinem Popo näher an das Gesicht des Hohen Herrn, damit er dein Kätzchen streicheln kann.»

Die Gräfin beobachtete Anna eine Zeitlang und küsste dann wieder ihren Gatten.

«Hmm, Maximilian. Willst du nicht gerne in ihren Mund spritzen? Du hast deinem jungen Mädchen noch nicht in den Mund gespritzt. Du solltest ihr deinen Samen rein spritzen. Zeig ihr, dass du ihren Mund magst. Entlade dich in ihren

Mund! Zeig dem jungen Mädchen, was es heißt eine Ladung Samen in den Mund gespritzt zu bekommen.»

«Isabelle. Du machst mich ganz verrückt. Ja. Lass sie weiter blasen. Ich will es ihr geben. Ich will ihr alles in den Mund spritzen.»

«Anna. Du musst die Lippen fest um das Glied zusammenpressen. Mach weiter. Blase sein Glied! Hör gut zu. Wenn er seinen Samen spritzt, hältst du deine Lippen fest um sein Glied geschlossen. Du schluckst seinen Samen sofort hinunter. Du schluckst alles nach und nach und nicht aufhören zu blasen. Ich verlange von dir, dass du alles schluckst, ich will keinen Tropfen Samen aus deinem Mund kommen sehen. Du wirst alles schlucken, sonst wirst du gezüchtigt, Blase ihn! Kräftig. Wenn du nicht schluckst, bekommst du die Peitsche. Gehorche, Anna. Blase kräftig. Er will dir gleich seinen Samen in den Mund spritzen und du wirst ihn schlucken. Brav schlucken, wie es sich für eine gehorsame Luststute gehört. Anna. Du wirst alles schlucken, was er dich rein spritzt, sonst wirst du auf den Bock gebunden und bekommst zehn Peitschenhiebe auf den nackten Po. Ich werde dich züchtigen. Du hast zu lernen zu schlucken. Ich werde dich dazu erziehen, all seinen Samen zu schlucken. Maximilian, deine kleine Stute ist bereit. Spritze ihr alles rein!»

Als die Gräfin dies sagte, stöhnte der Graf

laut auf und entlud sich in Annas Mund.

Tapfer presste Anna ihre Lippen zusammen und zuckte nur kurz zusammen, als der erste Samenschub kam und ihren Mund füllte. Sie hatte die ganze Zeit die Stimme der Gräfin gehört. Sie bemühte sich zu schlucken und kaum hatte sie den vollen Mund wieder frei, kam der nächste Schub Samen. Wieder schluckte sie mehrmals und hielt ihre Lippen fest um den Schaft des Gliedes zusammengepresst. Sie wollte, dass kein Tropfen verlorenging. Sie kannte den Geschmack seines Samens bereits, da sie etliche Male sein Glied sauber lecken musste, nachdem er sie zugeritten hatte. Nochmals bäumte sich das Glied in ihrem Mund auf und ein kleiner Schub Samen spritze in ihren Rachen. Gehorsam schluckte sie den Samen schnell hinunter.

Anna spürte zwischen ihren Lippen, wie das Glied des Grafen schlaffer wurde. Der Gräfin kam mit ihrem Kopf zu Anna, hob ihn hoch, sodass sie das jetzt kleiner werdende Glied freigab. Dann ergriff sie Annas Kopf und küsste sie mit einem tiefen Zungenkuss. «Hmm, der Samen schmeckt gut. Nicht wahr, Anna? Komm hoch und küss meinen Gemahl!»

Während Anna auch vom Grafen einen heftigen ausdauernden Zungenkuss bekam, sagte die Gräfin: «Anna, das hast du gut gemacht. Du hast seinen ganzen Samen geschluckt. Sehr

eine ganze Weile mit schlüpfrigen Worten über sein Glied, Annas Mund, seinen Samen und dem befriedigenden Orgasmus der Gräfin unterhielten. Sie hörte, wie die Gräfin ihren Gatten mehrmals aufforderte, in Zukunft Anna seinen Samen öfter in den Mund zu spritzen, dass er sie richtig feste in den Mund ficken solle. Dass Annas süßer kleiner Mund dazu da sei, seinem Glied höchste Freude zu geben und es ein wichtiger Bestandteil ihrer Erziehung sei, seinen Samen gehorsam zu schlucken. Dass er es doch nach dem Mittagessen im Salon tun könnte, wenn sie dabei ist. Dass es sie wahnsinnig errege, zu sehen, wie er mit seinem steifen Glied ein so junges Mädchen in den Mund fickt.

Obwohl die Hand des Grafen immer heftiger ihr Kätzchen streichelte und sie etwas feucht wurde, war Anna doch erschüttert, mit welchen direkten Worten die Gräfin beschrieb, wie sie mit ihrem Mund dem Grafen zu dienen hatte. Dabei sah sie, dass die Gräfin das schlaffe Glied ihres Gatten vorsichtig mit zwei Fingern streichelte und zupfte. Es dauerte auch gar nicht lange, bis das Glied es Grafen zu seiner vollen Größe erstanden war und von seiner Gattin mit der ganz umfassenden Hand kräftig gestreichelt wurde. Anna hörte, wie die Gräfin ihm zuflüsterte, dass er ganz ruhig liegen bleiben solle, dass er nur genießen solle und sie und Anna heute Abend sich nur um seinen harten Zepter, seinem ‹*bâton fleurdelisé*›, seinem Marschallstab, kümmern würden.

Anna wurde von der Gräfin aufgefordert, auch das Glied des Grafen zu ergreifen. «Streichle sein Glied, Anna. Streichle es steif und hart, streichle es feste. Ich werde seine ‹*couilles*›, seine Eier kraulen. Nicht wahr, mein Gemahl, das magst du? Von einem jungen Mädchen dein steifes Glied gerieben zu bekommen und von mir deine Eier gekrault. Genieße es.»

Genussvoll küssten sich die Gräfin und der Graf minutenlang.

Annas Hand drohte zu ermüden, aber plötzlich richtete sich die Gräfin auf. Sie stieg über ihren Gatten und setzte sich in der Hocke über sein Glied.

«Anna. Führe sein Glied an mein Kätzchen. Halte es fest und stecke es dann zwischen meine Schamlippen. Komm etwas näher, dann siehst du besser.»

Anna richtete sich auf, ohne das Glied loszulassen.

«Stecke es jetzt in mein Kätzchen, ja, so ist es gut.»

Langsam ließ die Gräfin sich auf das Glied hinunter, verblieb aber in der Hocke.

«Anna, jetzt sieh genau zu. Jetzt sollst du sehen und lernen, wie man auf einem Glied reitet. Nur in der Hocke, nicht daraufsetzen, immer schön in der Hocke und dann auf und ab. Anna, komm knie dich und rücke her, dann siehst du es. Dann siehst du, wie eine Frau gefickt wird, wenn sie den Schwanz ihres Mannes reitet. Ist es das erste Mal, dass du das siehst?»

Anna nickte mit dem Kopf.

«Schau hinter mir, Kleines. Dann siehst du, wie ich auf seinem Glied reite. Lerne, wie ich immer in der Hocke bin. Das macht ihm besondere Freude. Er spürt nur mein Kätzchen um sein hartes Glied.»

Der frei in der Luft stehende Popo der Gräfin bewegte sich immer hektischer auf und ab. Ihre schweren Brüste wurden vom Grafen kräftig geknetet.

«Ja. Knete meine Titten, Maximilian. Oh, ich bin so erregt. Ich spüre, dass ich komme. Anna, sieh genau hin, wie ich gefickt werde. Maximilian, halte durch, Anna kommt jetzt dran. Sie wird gleich von deinem steifen Glied gefickt. Oh, ich komme!»

Mit Zuckungen und einem lauten Aufschrei bekam die Gräfin einen Orgasmus und sank ganz auf das Glied des Grafen hinab. Sie ließ sich neben den Grafen fallen und sagte zu Anna: «So, Anna, jetzt bist du dran. Sieh, dieses stattlich steife Glied wird dich jetzt ficken. Komm, hocke dich über sein Glied. Ja so, richte die Füße aus. Rücke etwas nach hinten, Ich halte sein Glied, Stütze dich mit den Armen ab. Immer schön in der Hocke bleiben. Jetzt langsam hinunter, Ich werde sein steifes Glied in dein Kätzchen führen. So ist es gut. Weiter runter. Lass dich brav ficken. Sitzt du auf seinem Glied? Ist es ganz in deinem Kätzchen?»

Anna keuchte ein: «Ja, Madame.»

«Gut, Anna. Jetzt kannst du beginnen, ihn zu reiten. Reite auf seinem harten Glied. Lass dich ficken. Immer schön hoch und runter mit dem Popo. Immer schön in der Hocke bleiben. Oh, ist das schön, wenn du gefickt wirst, Anna. Hoch und runter, Anna. Das musst du lernen. Schön ausdauernd hoch und runter. Nicht aufsitzen. Nur sein Glied mit deinem Kätzchen massieren. Versuche, ob du deine Muskeln im Kätzchen zusammen ziehen kannst. Massiere ihn mit deinem Kätzchen. Ich werde dich dazu erziehen, dass du allein mit deinem Kätzchen sein steifes Glied massieren kannst.»

Anna empfand es angenehm auf dem Glied zu reiten. Es war anstrengend in der Hocke zu bleiben, aber sie spürte, wie ihr Kätzchen ganz nass wurde. Sie begann zu stöhnen, jedes Mal, wenn sie sein Glied tief in sich spürte. Die Gräfin bemerkte, dass Anna sich erregte. Sie streckte ihre Hand aus, suchte Annas Perle und streichelte sie. Anna fühlte sich plötzlich im siebten Himmel. Sie spürte, wie das pralle Glied ihr Kätzchen erhitzte und sie fühlte, wie der Finger der Gräfin auf ihrer Perle das schönste aller Gefühle entstehen ließ. Je länger sie auf dem Glied ritt, desto unweigerlich kamen diese Gefühle der Erregung und ließen ihre Beine zittern.

«Nicht aufhören, Anna. Schön in der Hocke bleiben und weiter reiten. Maximilian, ist das schön? Genieße es. Fick dein kleines Mädchen. Fick sie mit deinem langen Glied.»

Anna spürte die rhythmischen Muskelkontraktionen in ihrem Kätzchen, die sich verstärkten, sie schrie und gab sich dem ersehnten Orgasmus hin.

Der Graf, der dies bemerkt hatte, ergriff mit beiden Händen Annas Po und hämmerte sein Glied in Anna. Anna schrie und schrie und wandte sich in den Wellen der Lust, die durch ihren Körper fluteten. Der Graf stieß seinen gewohnten Brunftschrei aus und schoss seinen Samen in Annas Kätzchen.

Ermattet fiel Anna zwischen den Grafen und der Gräfin und wurde sofort von der Gräfin innig und lange geküsst.

«Meine Kleine. Wie schön. Dein erster Orgasmus beim Ficken. Ach, war das schön, zu sehen, wie du von meinem Gemahl zum Orgasmus gefickt worden bist. Mein Gott, wie mag ich das zu sehen, wie du gefickt wirst, du kleines Mädchen. Wie dein schmaler Popo auf seinem steifen Glied auf und ab ging.»

Anna konnte nichts sagen. Zu sehr war sie im Rausch ihrer verwirrenden Gefühle gefangen.

Es war schön gewesen. Nichts hatte ihr wehgetan. Es war anstrengend gewesen, ja, aber dieses Gefühl, dieses unbeschreibliche Gefühl, das in ihr hochkam und ihr die Sinne geraubt hatte, das hatte sie überwältigt.

Der Graf war schon eingeschlafen, als Anna in das lächelnde Gesicht der Gräfin schaute.

«Na, Anna. Du hast wohl schön zugeschaut, als ich gefickt wurde und du hast schnell gelernt. Ach, liebe Anna, lass dich drücken. Du hast dich wundervoll von meinem Gemahl ficken lassen. Es war ein Hochgenuss für mich, dich zu beobachten und deine Perle zu streicheln. Komm näher zu mir, ich ziehe die Decke hoch und dann schlafen wir. Du brauchst den Schlaf.»

Am nächsten Morgen wurde Anna kurz vom Grafen zugeritten und er entlud sich schnell, da er es eilig hatte, zu seinem Gestüt zu kommen. Die Gräfin gab ihr später Französisch-Unterricht, aber verlangte von ihr, dass sie ab jetzt zu jeder Unterrichtsstunde Kniebeugen vor ihr machen musste. Am Schluss des Unterrichts zeigte die Gräfin Anna eine kostbar verzierte Ledermappe in der Blätter mit Zeichnungen lagen. Sie erklärte Anna, dass es sich um teilweise 50 und 100 Jahre alte französische Kupferstiche oder Federzeichnungen handelte. Anna verschlug es fast die Sprache, als die Gräfin ihr die Zeichnungen Blatt für Blatt zum

Betrachten in die Hand gab. Es seien sehr galante Bilder, meinte die Gräfin und schmunzelte. Anna sah auf den Bildern adlige Männer, die sich mit jungen Mädchen und schönen Frauen in allen möglichen Stellungen vergnügten. Teils bekleidet in kostbaren Roben, halbnackt oder nackt, teils zu dritt im Bett oder gar mit mehreren Frauen. Die Gräfin besprach dabei jedes Blatt mit Anna, was sie mehr noch als die Bilder erregte und sie musste noch lange an die Szenen denken, die sie dort gesehen hatte.

Nach dem Mittagsessen musste sich Anna zwischen die Beine des Grafen auf den Boden knien und sein Glied blasen. So lange, bis Anna eine geballte Ladung Samen in den Mund geschossen bekam und sie es brav hinunterschluckte. Dies sei ihr Nachtisch gewesen, hatte die Gräfin belustigt zu ihr gesagt und sie gelobt. Am Abend war die Gräfin wieder mit in das Gemach des Grafen gefolgt und verlangte, als Anna sich nackt ausgezogen hatte, dass sie in der Mitte des Gemachs auf dem großen roten Teppich still stehen und die Hände hinter dem Kopf halten sollte. Der Graf hatte sich an den Tisch gesetzt, trank seinen Wein und betrachtete Anna. Anna wurde nach einer ganzen Weile so stehen zu müssen unruhig. Sie sah die Gräfin, die sich neben ihren Mann gestellt hatte und sich für Anna kaum hörbar mit ihrem Gemahl unterhielt.

Anna schnappte nur einige Wortfetzen auf, die ihren Körper, ihr Kätzchen und ihren Gehorsam beschrieben und sie meinte zu hören, dass die Gräfin sie fortwährend lobte.

Als die Gräfin laut zu ihrem Gemahl sagte: «Du wirst es sehen, Maximilian, ihre Erziehung ist schon weit fortgeschritten.» Sie kam zu Anna und stellte sich hinter sie. Anna spürte, wie die Hand der Gräfin über ihren Rücken hinunter zu ihren Po, sich dann zwischen ihre Schenkel zwängte und von hinten begann ihr Kätzchen zu streicheln. Anna empfand es als angenehm, obwohl sie erkennen konnte, dass der Graf fasziniert auf ihr Kätzchen starrte und die Finger der Gräfin sehen musste. Anna wurde feucht.

Plötzlich und unerwartet fühlte sie, wie sich ein Finger der Gräfin in ihren Po zwängte. Anna stieß einen kurzen Schrei der Überraschung aus.

«Halt still, Anna», herrschte die Gräfin sie an, «Zeig ihm deinen Gehorsam.»

Anna spürte, wie sich der Finger unentwegt tief in ihrem Po hin und her bewegte.

«Heute Abend wirst du in den Po gefickt. Empfang gehorsam das Glied des Hohen Herrn, wie es sich für eine erzogene Stute gehört.»

Anna war bestürzt. Wird sie wieder auf den Bock gebunden? Wird es wieder so schmerzhaft sein? Während die Gräfin weiter ihren Finger bewegte, sah Anna, wie der Graf aufstand, seine

Hose öffnete und sie fallen ließ. Sein Glied stand steil empor und genüsslich begann er es zu reiben.

«Bereitest du sie vor, Isabelle?»

«Ja, mein Gemahl. Sieh, wie brav deine Stute ist.»

Der Graf trat vor Anna und ergriff ihre Brüste. Seine Finger packten Annas Brustwarzen und zogen kräftig. Anna stieß einen schrillen Schrei aus und wich zurück. Sofort erhielt sie eine schallende Ohrfeige von der Hand des Grafen.

«Wirst du wohl gehorchen! Was hast du zu tun? Ergreife mein Glied und reibe es kräftig.»

Da Anna durch das Ziehen an ihren Brustwarzen nicht direkt antwortete und auch zögerlich das Glied ergriff, schlug der Graf wieder zu, sodass Anna Hören und Sehen verging. Schnell bemühte sie sich, das steife Glied zu reiben.

«Anna! Sei gehorsam!», sagte die Gräfin, zog ihren Finger aus Annas Po und schlug hart zu. Anna bewegte sich etwas vor, aber die Hand der Gräfin schlug nochmals auf ihren Po. Der Graf packte wieder mit seinen Fingern ihre Brustwarzen und zog sie lang. Anna spürte, wie die Hand der Gräfin jetzt feste ihr Kätzchen streichelte, das sehr feucht wurde. Sie wand sich unter den ziehenden Fingern des Grafen, erhielt nacheinander zwei schmerzhafte Schläge von der Gräfin auf ihren Po und spürte sofort danach wieder die heftig massierende Hand an ihrem Kätzchen.

«Mein Gemahl. Zieh kräftig an ihren Brüsten. Deine Stute ist ganz nass. Sie freut sich. Nicht wahr, Anna?»

Da Anna nur ein fast unhörbares: «Ja, Madame», herausbrachte, schlug die Gräfin mehrmals auf ihren Po, dass es furchtbar brannte und sie zu schluchzen begann.

«Hör auf zu schluchzen, Anna. Ich werde dich dazu erziehen, dass du mit Freude deine Brustwarzen ziehen lässt. Der hohe Herr mag das und du wirst ihm gerne deine niedlichen Brüste anbieten», sagte die Gräfin, schlug nochmal sehr fest zu und steckte wieder einen nassen Finger tief in ihren Po.

«Mein Gemahl. Ich denke, der Popo deiner Stute ist bereit den Hengst zu empfangen.»

Der Graf ließ Annas Brüste los und Anna wurde von der Gräfin gedreht und musste sich auf den Teppich knien. Als Anna auf allen Vieren kniete und ihre Arme von der hockenden Gräfin festgehalten wurden, sagte diese leise: «Anna. Zeig, dass du Gehorsam gelernt hast. Lass dich jetzt brav in deinen Popo ficken. Er will es und du musst gehorchen. Sonst hole ich die Reitgerte.»

Der Graf kniete sich hinter Anna und hob ihren Popo etwas in die Höhe. «Welch wunderschöner Anblick, ein schlanker geröteter Popo. Das mag ich sehen. Welche Freude. Isabelle, das hast du gut gemacht. Das will ich öfter sehen. Nichts ist schöner, als den roten Popo einer jungen Stute zu ficken.»

«Anna, du bleibst, wie du bist», sprach die Gräfin, ließ ihre Arme los und kniete sich neben Annas Popo. Mit beiden Händen zog sie Annas Pobacken auseinander. «Fick sie. Mein Gemahl. Fick sie kräftig!»

Der Graf zögerte nicht lange und drückte sein Glied mit Gewalt in Annas enge Öffnung. Anna stieß einen lauten Schrei aus, als der Graf tief in sie eindrang, sich wieder etwas zurückzog, um dann umso fester zuzustoßen.

«Welch ein Genuss, einen solchen roten Popo zu ficken. Freut sich meine Stute gefickt zu werden? Antworte!»

Zwischen lauten Schluchzen antwortete Anna kläglich: «Ich freue mich gefickt zu werden. Hoher Herr. «

«Na, das höre ich gerne. Wenn sich meine Stute so freut, dann werde ich sie auch kräftig ficken.»

Anna spürte, wie sich das Glied des Grafen unentwegt in ihrem Po hin und her schob und plötzlich nahm sie gewahr, dass die Gräfin kräftig ihr Kätzchen streichelte. Ihre Empfindungen vermischten sich. Die immer noch schmerzenden Brustwarzen, die brennenden Pobacken, und das pralle Glied des Grafen wurden von den Gefühlen der Finger an ihrem Kätzchen überlagert. Sie gab sich auf und all ihren Empfindungen hin. Sie hatte zu gehorchen, das wurde ihr bewusst.

Obwohl Anna dabei Gefühle der Erregung hochkommen spürte, wurde doch der Galopp des Grafen zu heftig und sie konnte diese Gefühle nicht auskosten. Die Gräfin war mehr als zufrieden mit dem, was sie sah und geriet in höchste Entzückung.

Es dauerte nicht lange, bis sich der Graf entlud. Ermattet ließ sich Anna flach auf den Teppich fallen, als der Graf sie verlassen hatte und spürte, wie die neben ihr kniende Gräfin ihren Rücken und ihren Popo streichelte.

«Anna. Ich bin sehr stolz auf dich. Du warst brav, auch wenn wir dich am Anfang etwas züchtigen mussten. Dein Popo ist noch ganz rot. Er ist wunderschön anzusehen. Ich werde dich in Zukunft strenger erziehen und öfter züchtigen. Du musst lernen, von selbst deine Lust und deinen Körper anzubieten und deinen unbedingten Gehorsam zu zeigen. Komm, erhebe dich und komme mit ins Bett. Wir wollen schlafen.»

Anna dachte noch lange an die Worte der Gräfin, dass sie öfter gezüchtigt werden würde. Sie spürte immer noch das Brennen auf ihren Pobacken und fragte sich, bevor sie erschöpft einschlief, was damit gemeint war, dass sie von selbst ihren Körper anbieten solle.

Züchtigung

Am nächsten Mittag hatte Anna bemerkt, dass das gemeinsame Mittagessen im Salon von einer sonderbaren Stimmung überschattet wurde. Der Graf, in voller Reitermontur, war laut fluchend über das unfähige Gesinde eingetreten, hatte die Reitgerte auf den Tisch geworfen und sich selbst Wein eingeschenkt und das Glas heruntergestürzt. Anna und die Gräfin sahen schweigend einen mürrisch im Essen herumstochernden Grafen, dem man ansah, dass er innerlich wütend war. Die Gräfin hatte ein paar Mal versucht ihren Gatten aufzuheitern, was dieser aber barsch abwürgte. Als die Mamsell mit Gretel zum Abräumen eintrat, stand der Graf auf, ging auf die Magd zu, ergriff ihre Hand und zerrte sie zum Tisch.

Zur Gräfin gewandt sprach er ungehalten: «Dein Stubenmädchen ist unfähig zu dienen. Wo bleibt deine Erziehung?»

«Was ist denn geschehen, mein Gemahl?»

«Kein frisches Wasser, kein Wein im Gemach. Ich war gerade oben.»

«Gretel», fragte die Gräfin, «Was hast du getan?»

«Verzeihung, Madame», antwortete die Magd, «Ich habe es vergessen.»

«Vergessen? Vergessen!», polterte der Graf, schob einen Stuhl neben Anna zur Seite und ergriff die Reitgerte, «Ich werde dir das Vergessen austreiben. Du wirst gezüchtigt, damit du nicht mehr vergisst, was du zu tun hast. Beuge dich über den Tisch und hebe deinen Rock!»

«Nein, bitte nicht!», schrie das Mädchen entsetzt und begann zu weinen.

«Was höre ich da? Nein? Ein Nein! Ein Nein, hier in meinem Haus!? Du hast wohl alles vergessen. Zieh dich aus. Ganz nackt. Martha, helfen Sie ihr!»

Der Graf packte das nackte Mädchen, schob sie vor den Tisch und beugte sie brutal auf die Tischplatte.

Anna, die erschrocken über den Wutausbruch des Grafen zur Seite gerückt war, sah, wie der Graf die Reitgerte erhob und mehrmals kräftig auf den Po schlug. Anna traute sich gar nicht richtig hinzuschauen, als sich die Pobacken der Gretel leicht rot färbten.

«Schau her, Anna!», herrschte der Graf sie an, «Sieh, wie ein ungehorsames Mädchen gezüchtigt wird.»

Der Graf schlug nochmal mit der Gerte zu, öffnete seine Hose und zog sein steifes Glied hervor. Mit beiden Händen spreizte er die Schenkel des Stubenmädchens und drang gewaltsam in sie ein.

Anna war erschüttert. So hatte sie den Grafen noch nie erlebt. Innerlich war sie bei jedem Schlag der Gerte zusammengezuckt, aber das jetzt erstaunte sie viel mehr. Direkt neben ihr wurde die Gretel vom Grafen gefickt und die Gräfin und die Mamsell schauten belustigt von den anderen Seite des Tisches zu. Anna konnte sich denken, dass dies wohl öfter vorkam und für die Gräfin und die Mamsell etwas ganz normales darstellte. Die Gräfin und der Graf mochten es wohl, wenn andere beim Ficken zuschauten. Da der Graf ihr befohlen hatte genau zuzuschauen, sah sie, wie das lange Glied des Grafen immer wieder kräftig zustieß. *So sieht es also aus, wenn ich vom Grafen gefickt werde,* dachte Anna. *Mir geht es nicht anders.* Sie dachte an heute Morgen. Als sie auf dem Grafen saß und für einen kurzen Moment ein wunderbares Gefühl in ihrem Kätzchen spürte. Dieses Gefühl bei dem Auf und Ab war wunderschön gewesen. Ob die Gretel jetzt auch diese Gefühle spürt? Anna vernahm, dass die Gretel zunehmend bei jedem Stoß lustvoll stöhnte. Es irritierte sie etwas, da sie kein Weinen und Schluchzen mehr hörte. Im Gegenteil, die Gretel stieß schrille Schrei der Lust aus und zitterte an ganzen Körper. Anna hörte den Grafen: «Aha. Die Stute kommt. Das ist Gehorsam, wie ich es verlange. Was eine Züchtigung alles bewirkt. Sie hat es nicht vergessen. Wir werden sie öfters züchtigen müssen.»

Mit diesen Worten entlud sich der Graf wild in das Mädchen.

Die Magd erhob sich vom Tisch und kniete sich vor dem Grafen nieder. Sie ergriff sein Glied und umschloss es mit ihrem Mund. Anna schaute gebannt zu und spürte eine gewisse Erregung bei dem Anblick. Der Graf zog sich zurück, knöpfte seine Hose zu und sagte: «So sei es. Ich gehe zum Gestüt, da muss ich für Ordnung sorgen.»

«Gretel», sagte die Gräfin, «nimm deine Kleidung und geh hoch in mein Gemach. Ich will mit dir reden. Bleib so, wie du bist.»

Der Graf kam zu Anna, hob mit der Hand ihr Kinn hoch, damit sie ihn ansah. «Du warst gestern Abend auch nicht gehorsam und heute Morgen hatte sich meine Stute geziert.»

Anna, noch eben ganz ergriffen von dem Geschehen neben ihr und gedanklich beschäftigt mit ihrer Erregung, erschrak.

«Isabelle, ich wünsche, dass Anna auch gezüchtigt wird. Du musst sie strenger erziehen. Ich habe jetzt keine Zeit. Ich erwarte es von dir, Isabelle, und möchte es heute Abend berichtet haben.»

«Jawohl, mein Gemahl», antwortete die Gräfin, «Wie du es wünschst.»

Die Gräfin stand auf, nahm die verwunderte Anna an der Hand und führte sie die steinerne Treppe hinauf in ihr Gemach. Als sie eintraten, sah Anna die nackte Gretel mit gesenktem Kopf in der Mitte des Zimmers stehen. *Sie ist wohl zwanzig Jahre alt,* dachte Anna, als sie deren große Brüste und schwungvollen Hüften sah.

Die Gräfin befahl Anna sich auszuziehen, ging zu ihrem Stubenmädchen und ergriff deren Brustwarzen, an denen sie so kräftig zog, dass das Mädchen aufschrie. «Was hast du dir dabei gedacht, Gretel?»

«Verzeihung, Madame», stammelte diese, «Es kommt nicht mehr vor.»

«Das will ich hoffen. Ich denke, die Peitsche war lehrreich. Immerhin hast du meinen Gatten gut zufrieden stellen können. Lass deinen Po sehen!»

Gretel drehte sich herum und Anna sah die geröteten Pobacken.

«Das ist nicht schlimm!», bemerkte die Gräfin und fuhr mit ihrer Hand zwischen die Schenkel des Stubenmädchens und streichelte energisch ihr Kätzchen.

Die Gräfin wandte sich ab und kam zu Anna. Sie ergriff kurz Annas Brustwarzen und zog daran. «Du hast gehört, was mein Gemahl gesagt hat?»

«Ja, Madame.»

«Was hat er gesagt?»

«Ich soll gezüchtigt werden, Madame.»

«Ja, und das wirst du», erklärte die Gräfin

und ihre Hand wanderte hinunter zu Annas Kätzchen.

«Oh! Unsere kleine Stute ist ja ganz nass. Hat dich das erregt, zuzusehen wie Gretel gefickt wurde oder war es die Peitsche?»

«Ja, Madame.»

«Was heißt, Ja Madame?»

«Madame. Verzeihung. Es hat mich erregt zu sehen, wie Gretel zugeritten wurde.»

«Wenn ich die Hand an deinem Kätzchen habe, dann reden wir vom Ficken. Schau mich an, Anna! Du hast ein solch liebliches Gesicht und einen so süßen kleinen Mund. Aus diesem Mund will ich das Wort Ficken hören. Also. Ist mein Mädchen feucht geworden, als Gretel gefickt wurde?»

«Ja. Madame. Ich bin feucht geworden, als Gretel gefickt wurde.»

«So, so. Unsere junge Stute erregt sich, wenn sie sieht, wie ein anderes Mädchen gefickt wird. Na, das lässt ja Hoffnung aufkommen, dass unsere Erziehung Früchte trägt. Dann werde ich dafür sorgen, dass du demnächst öfter zusehen kannst. Ich will dich dazu erziehen, dass es dich erregt. Hol die Reitgerte aus deinem Zimmer, aber schnell.»

Voller Angst ging Anna schnellen Schrittes in ihr Zimmer, nahm die Reitgerte und kam zurück in das Gemach der Gräfin. Mit Erstaunen sah sie die Gräfin nackt und die vor ihr kniende Gretel, die das Kätzchen der Gräfin küsste.

«Anna», wurde sie von der Gräfin angefahren, «Eine Reitgerte übergibt man, indem man sie auf beiden Händen gelegt darbietet.»

Anna beeilte sich dies zu tun und überreichte der Gräfin die Gerte, wobei ihr ein paar Tränen über die Wangen liefen. «Du brauchst nicht zu weinen. Du warst gestern Abend ungehorsam. Deshalb bist du gestern auch schon gezüchtigt worden. Zwar nur mit der flachen Hand, aber mein Gemahl hat vollkommen Recht, wenn er meint, dass du öfter die Reitgerte spüren musst. Bück dich und streck die Arme vor! Gretel, steh auf und halte Annas Hände.»

Ehe sich Anna versah, hörte sie das Pfeifen in der Luft und spürte den Hieb auf ihren Po. Sie schrie laut, bekam einen zweiten Hieb und anschließend den Dritten und fiel nach vorne auf die Knie.

Anna fühlte, wie es brannte und spürte dann plötzlich die Hand der Gräfin an ihrem Kätzchen. Die Gräfin, die sich hinter Anna ebenfalls auf den Teppich gekniet hatte, streichelte ihr Kätzchen mit äußerster Heftigkeit. Anna vergaß den Schmerz etwas und weil die Hand der Gräfin unermüdlich rieb, spürte sie stoßartig die aufkommenden Wellen der Erregung.

«Die Reitgerte war die Bestrafung für gestern Abend. Dein Kätzchen streichele ich dir jetzt als Belohnung dafür, das es dich erregt hat, wie Gretel gefickt wurde. Heute Abend werden wir Gretel mit in das Gemach meines Gemahls nehmen. Du wirst zusehen wie der hohe Herr sie fickt, bevor du von ihm gefickt wirst. Na, meine kleine Anna. Erregt dich das? Ich fühle, du bist ganz nass. Ich werde dich streicheln, bist du kommst. Ich mag es, junge Mädchen zum Orgasmus zu streicheln. Heute Abend darfst du zusehen, wie ein anderes Mädchen gefickt wird. Freut dich das?»

Anna stammelte ein kaum hörbares: «Ja, Madame.»

Sie fühlte die Unerbittlichkeit der Hand und gleichzeitig diese Lust, die in ihr aufstieg. Dieses gewaltige Empfinden durchflutete ihren ganzen Körper. Anna spürte, dass die Gräfin nicht aufhören wollte und gab sich ganz der Lust hin, die ihr Kätzchen in Feuer versetzte. Reine Schreie der Lust stieß sie aus, als der Orgasmus von ihr Besitz ergriff und ihren Körper durchschüttelte.

Auf dem Weg zu ihrem Bett legte die Gräfin ihre Arme um beide Mädchen, küsste erst die Gretel mit einem nicht enden wollenden Zungenkuss und anschließend Anna. Sie hieß Anna, sich auf das Bett zu legen und legte sich neben sie.

Die Gräfin spreizte weit ihre Beine auseinander. «Gretel, du weißt, was du zu tun hast!»

Das Mädchen legte sich zwischen die

Beine der Gräfin, rutschte mit ihrem Kopf hoch und begann das Kätzchen der Gräfin zu lecken. Anna sah verwundert hinunter zum Kopf der Gretel und wie deren Zunge geübt und pausenlos zwischen den Schamlippen tanzte. «Anna, schau mich an!», befahl die Gräfin, «Gretel ist dazu mit der Reitgerte erzogen worden und sie kann dies hervorragend und ausdauernd. Du wirst die nächsten Tage die Reitgerte öfter zu spüren bekommen. Du bist jetzt erwachsen genug, um von mir dazu erzogen zu werden, die Gerte zu lieben. Das wird ein langer Weg der Erziehung. Du bist jetzt unsere junge Stute und du wirst zu dem erzogen, was wir von dir erwarten. Da gibt es ab jetzt kein zurück. Wenn du zurückzuckst oder dich zierst, wirst du gezüchtigt. Wenn du dich allem verweigerst, wirst du ausgepeitscht, solange bist du gehorchst. Hast du verstanden?»

Anna schluchzte: «Ja. Madame.»

«Dies ist deine Bestimmung und da gibt es kein Wenn und Aber mehr. Du bist eine Schönheit und hast die Veranlagung. Mit der Reitgerte wirst du lernen, diese Veranlagung zu vertiefen und zu verstärken. Ich werde dich zu einer Luststute erziehen - mit aller Strenge und Konsequenz. Du darfst ruhig weinen, aber du wirst mir gehorsam deinen Po anbieten, wenn ich dich strickt mit der Gerte erziehe. Diese Erziehung ist der tatsächliche und grundlegende Teil der *Dressage de haute ècole* und sie wird dir ungeahnte lustvolle Stunden bereiten. Du wirst lernen, allein durch Hiebe zum Orgasmus zu kommen - heute Abend, wenn du zusehen darfst, wie Gretel gefickt wird.»

Anna spürte, wie die Gräfin bei diesem letzten Satz in Wallung geriet, ein Zittern durch ihren Körper lief und sie laute schrille Schreie ausstieß, als sie von ihrem Orgasmus erfasst wurde.

Ermattet, aber sichtlich befriedigt lag die Gräfin zwischen den beiden Mädchen. Sie war wie ausgewechselt und küsste abwechselnd Gretel und Anna. Fast zuvorkommend freundschaftlich sagte sie zu Anna: «Mein süßes kleine Mädchen. Heute Abend darfst du dich erregen, wenn Gretel gefickt wird. Du darfst zusehen und ich werde dabei deinen Po mit der Hand schlagen und dein Kätzchen streicheln. Gretel lässt sich gerne ficken. Nicht wahr, Gretel?»

«Ja, Madame. Es ist schön vom Hohen Herrn gefickt zu werden.»

«Hörst du, Anna? Es wird schön werden. Gretel wird sich freuen, dass du zusiehst und du darfst meine Hand genießen - so lange bist du kommst.»

Die Gräfin küsste Anna: «Jetzt wollen wir uns etwas ausruhen.»

Die Gräfin spürte, dass sie sich schon wieder erregte. Da nahm ein Gedanke in ihr Platz, der sie faszinierte und ihre Phantasien beflügelte. Aber dieses Vergnügen wollte sie sich für den

Abend aufheben und jetzt auf keinen Fall sagen. Ihre Gedanken formten sich. Sie wird Gretel auf den Zuchtbock binden und mit der Reitgerte züchtigen, bevor sie von ihrem Mann in den Po gefickt wird. Anna wird direkt daneben stehen und zusehen müssen, während sie Annas Kätzchen bis zum Orgasmus streicheln wird. Wenn Anna ihren Orgasmus bekommt, wird sie ihr kurz hintereinander mit der Gerte zwei oder drei richtig schmerzhafte Hiebe geben. Das wird ein Genuss werden. Anna muss lernen, wie schön es ist, einen Orgasmus zu haben und gleichzeitig die Reitgerte zu spüren. Das ist Erziehung pur. Danach will sie sich von der Gretel lecken lassen, wenn sie genussvoll zusehen kann, wie Anna auf dem Bock gebunden, gezüchtigt und gefickt wird. Es ist so köstlich, zuzusehen, wie die zierliche scheue Anna gefickt wird.

Ein Schauer der Erregung durchfuhr die Gräfin, als sie zu sich selbst sagte: ‹*Eines meiner größten Vergnügen bei der Dressur einer jungen Stute ist das leidenschaftliche Auskosten und Ergötzen an der wunderbaren Sinnlichkeit ihrer Lust - und ihrer Hilflosigkeit, wenn sie festgebunden auf dem Zuchtbock bei einem Orgasmus scharf gezüchtigt werden. Gibt es etwas Herrlicheres, was so anregend und wunderschön anzusehen ist, wie ein hilfloses, orgastisch kommendes junges Mädchen, das ihre Unterwerfung und Wollust beim Peitschenhieb herausschreit?*›

Die Baronin

Am Sonntag war der Pfarrer aus einer entfernten Gemeinde im Osten gekommen, die aber auch zum Refugium des Grafen gehörte. Er konnte nur alle zwei Wochen kommen, da der Weg sehr weit war. Den Gottesdienst hielt er in der winzig kleinen Schlosskapelle, deren Reihen voll besetzt waren. Anna, der Graf und die Gräfin saßen neben der Mamsell und dem Rittmeister in der ersten Reihe. Es waren auch einige adlige Gäste anwesend, die der Graf eingeladen hatte.

Anna wäre viel lieber im Bett geblieben, da sie noch so sehr erschöpft war. Die Gräfin hatte früh das Gemach verlassen, um alles für die Gäste vorzubereiten. Der Graf hatte sie dann sehr ausdauernd, aber nicht zu heftig zugeritten und hatte seinen Samen just in dem Moment in sie gespritzt, als Anna einen großartigen Orgasmus bekam. Sie war innerlich glücklich und stolz, dem Grafen mit ihrem Orgasmus eine große Freude bereitet zu haben. Sie war auch anschließend über alles gelobt worden. Der Graf hatte ihr aufgetragen, dass sie das seiner Gemahlin erzählen sollte. Anna erinnerte sich, dass sie die letzten Minuten, als der Graf sie zuritt und sie das Kommen ihres Orgasmus spürte, die Stöße des Gliedes als angenehm empfunden hatte. Sie hatte sich danach richtig wohlgefühlt und durfte bis zum Beginn des Gottesdienstes noch einmal schlafen.

Die Gräfin war später in das Gemach ihres Gatten gekommen, um nach Anna zu sehen und sie zu wecken.

«Anna. Du musst aufstehen. Die ersten Gäste sind schon da und in einer Stunde beginnt der Gottesdienst.» Die Gräfin küsste Anna zärtlich auf den Mund.

Anna wachte auf und fühlte noch ihre Erregung durch die Erinnerung an ihren Orgasmus. Stürmisch erwiderte sie den Kuss der Gräfin. «Anna. Welch eine Freude mich so zu küssen.»

«Madame, Madame», stieß Anna hektisch aus, «Ich bin gekommen. Ich bin gekommen, als ihr Gemahl mich zuritten hat! Heute Morgen!»

«Anna. Ich weiß. Mein Gemahl hat es mir heute früh sofort erzählt. Ich bin ganz stolz auf dich. Du hast ihm ein wunderbares Geschenk für diesen Tag gemacht. War es schön gewesen?»

«Madame. Ja, es war schön. Er war heute Morgen so zärtlich.»

«Zärtlich? Mein Gemahl?»

«Ja, Madame. Er hatte mich sehr lange geküsst und geleckt und als er mich zuritt, tat gar nichts mehr weh.»

«Ach, wie schön sich das in deiner kindlichen Sprache anhört. Ich freue mich für dich. Es ist das erhabenste Gefühl, das eine Frau empfinden kann, wenn sie beim Ficken zum Orgasmus kommt. Hat er dich diesmal zärtlich gefickt?»

«Ja. Madame. Es war schön, wie er mich diesmal ...»

Die Gräfin küsste Anna zärtlich auf den Mund und flüsterte. «Sag es ruhig. Anna! Ich möchte es aus deinem Mund hören!»

«Es war schön, wie er mich diesmal gefickt hat.»

Die Gräfin drückte ihren Mund auf Annas Lippen. Anna war erstaunt, wie zärtlich sie von der Gräfin geküsst wurde und wie zärtlich und vorsichtig deren Zungenspitze immer wieder die Spitze ihrer Zunge suchte. Je länger die Zunge in Annas Mund spielte, desto mehr gab sich Anna diesem süßen Gefühl hin und erwiderte das Zungenspiel.

«Danke schön, Anna. Ein süßer Kuss. Ein süßer Mund. Schau mich an, Anna! Ich weiß, dass du hier gefickt wirst! Du weißt, dass du hier gefickt wirst! Ich liebe es zu sehen, wenn du gefickt wirst, du hast mich gesehen, wie ich gefickt wurde und gestern durftest du zusehen, wie Gretel gefickt wurde. Dieses aufregend geheimnisvolle Band vereint uns. Ficken ist unsere große Wollust. Du wirst es noch erlernen, wie stark die Empfindungen beim Ficken werden können. Ich werde dich lehren das Ficken zu lieben und du wirst noch sehr oft zum Orgasmus kommen. Gestern Abend hat es dich dermaßen erregt, als du das steife Glied meines Gemahls anfassen und in Gretels Kätzchen stecken durftest, dass du beim Zusehen, wie sie dann gefickt wurde, ganz schnell zum Orgasmus gekommen bist. Einen so schönen lang anhaltenden Orgasmus, der durch die kleinen Schläge mit meiner Hand bei dir das Schönste aller Gefühle ausgelöst hat. Nicht wahr, Anna?»

«Ja, Madame. Es war ein schönes Gefühl.»

Anna erinnerte sich an diesen Orgasmus. Die unbändige Hand der Gräfin an ihren Kätzchen, die erste große Welle der Entzückung, die brennenden Hiebe auf ihren Po und das erneute heftige Streicheln der Gräfin mit der schier nicht enden wollenden gewaltigen Empfindung in ihrem ganzen Körper.

«Und du hast gerne zugesehen, wie Gretel gefickt wurde. Nicht wahr?», flüsterte die Gräfin.

«Ja, Madame», antwortete Anna ebenso leise, «es war schön zu sehen, wie sie gefickt wurde.»

Wieder bekam Anna einen zärtlichen langen Kuss der Gräfin. «Wir werden noch öfter unsere kleine Soirée genießen. Ich liebe es, mit dir gemeinsam zuzusehen, wenn Gretel gefickt wird und ich liebe es, mit Gretel zuzusehen, wenn du gefickt wirst.»

Noch leiser flüsterte die Gräfin in Annas Ohr: «Und beide werdet ihr die Reitgerte spüren und ich werde eure Wollust steigern. Ich werde dich lehren zu erkennen, Anna, dass sich die wollüstigen Empfindungen beim Ficken noch vervielfältigen lassen. Anna, ich bin wirklich voll von Freude. Du wirst bei mir alle Variation der Begierde kennenlernen und ich werde dich dazu erziehen, sie mit Freude und Wollust zu genießen. Du wirst dazu erzogen werden, dass Ficken im Mittelpunkt deines Verlangens stehen wird, diese Leidenschaft der Sinne. Dass es für dich nichts Schöneres gibt, als gefickt zu werden. Schau mich an. Jetzt möchte ich noch etwas Süßes aus deinem Mund hören.»

«Madame, es ist schön gefickt zu werden.»

«Du bist ein Engel, mein Kind. Was heißt: *Le fouet?*»

«Die Peitsche, Madame.»

«Sehr gut. Und: *à désobéissant, je suis fouetté?*»

«Bei Ungehorsam werde ich gepeitscht.»

«Was heißt das? *Une jeune jument est baisée avant fouettée?*»

«Eine junge Stute wird vor dem Ficken gepeitscht.»

«Richtig! Anna. *La jument reçoit un orgasme*?»

«Die Stute bekommt einen Orgasmus.»

«Wunderbar, Anna. Du hast ganz toll gelernt. Steh auf. Du darfst das rote Kleid anziehen. Lass dich küssen.»

Nachdem sie von der Gräfin so sehr gelobt worden war, saß Anna jetzt stolz in ihrem roten Kleid in der ersten Reihe. Besonders ergriffen war sie, als der Graf vor der Kapelle nicht nur seine Frau, sondern auch sie vor allen Gästen auf den Mund küsste. Während der Pfarrer über die gottgegebene Stellung der Hohen Herrschaft und deren Weisheit und Tugend predigte und die adligen Zuhörer insbesondere daran erinnerte, den sittlichen Verfall der Mägde notfalls mit der Rute zu verhindern, dachte Anna an die ihr offen gezeigte Freude der Gräfin über ihren Orgasmus und deren heftige Worte über die Genüsse der Leidenschaft und exquisiter Lüste. Sie hat sich richtig gefreut, dass ich beim Ficken gekommen bin. Anna dachte an die vielen plötzlichen und überraschend schwierigen und auch schmerzhaften Momente ihrer Erziehung. Selbst im Französisch Unterricht lehrt sie mich, dass ich gepeitscht werde, um mich gehorsam ficken zu lassen. Sie dachte aber auch an die zärtliche und bestimmende Hand der Gräfin, die sie in den letzten Tagen so oft zum Orgasmus gebracht hatte und sie dachte an das steife harte Glied des Grafen, das sie heute Morgen so fordernd und doch so wundervoll gefickt hatte. Nie hätte sie es sich träumen lassen, bevor sie hierherkam, dass es eine solche Erziehung gab. Dass es erfahrene Frauen gibt, die junge Mädchen dazu erziehen. Dass es in Frankreich wohl viele hochgestellte Frauen gibt, die junge Mädchen in aller Strenge zu Luststuten erziehen.

Anna war froh, als der Gottesdienst vorüber war und freute sich auf das Mittagsmahl. Der Pfarrer saß zwischen dem Grafen und der Gräfin am Kopfende des Tisches und Anna durfte seitlich bei der Gräfin sitzen. Die Mamsell und die Mägde servierten einen Rehrücken, der Anna vorzüglich schmeckte, auch wenn die Portionen klein waren, da es für alle Gäste reichen musste. Die Damen und Herren unterhielten sich intensiv über Pferdezucht, die Jagd und über Politik. Anna hielt sich sehr zurück und lauschte interessiert, was die hohe Gesellschaft alles erzählte.

Am Schluss standen alle auf und verabschiedeten sich, bedankten sich bei der Gräfin für das tolle Mittagessen und gingen zu ihren Kutschen.

Als Anna den Salon verlassen wollte, kam sie an der Gräfin vorbei, die sich mit einer sehr eleganten Dame unterhielt.

«Anna», unterbracht die Gräfin ihr Gespräch. «Komm einmal her.»

Zu der Dame, die bei ihr stand und Anna von oben bis unten musterte, sagte die Gräfin: «Elisabeth. Darf ich dir Anna vorstellen. Sie ist die neue Gesellschafterin meines Gatten. Anna, das ist Baronin Elisabeth von Weisenau. Begrüße sie!»

Anna war mehr als verwundert, dass die Gräfin sie als neue Gesellschafterin des Grafen vorstellte. Sie nahm brav die ihr entgegen gestreckte Hand der Baronin und machte artig einen Knicks.

«Lass dich ansehen, Anna», forderte die Baronin und Anna stand vor ihr und blickte sie an.

Zur Gräfin gewandt, sagte die Baronin: «Ein wirklich hübsches Gesicht und eine liebreizende Figur. Ich habe sie eben schon in der Kapelle bewundert.»

Die Gräfin antwortete: «Mein Gatte und ich sind sehr zufrieden mit ihren Diensten.»

Zu Anna gewandt sagte die Baronin: «Gefällt es dir hier, mein Kind?»

«Ja. Madame. Es gefällt mir sehr gut.»

«Sie erhält von mir Französisch-Unterricht und spricht auch schon einige Sätze. Außerdem habe ich sie schon reiten lehren lassen, auf unserem Wallach. Sie kann jetzt schon gemeinsam mit meinem Gatten ausreiten.»

Süffisant bemerkte die Baronin: «Es ist sehr gut, wenn eine so junge Gesellschafterin schon gemeinsam mit dem Hohen Herrn reiten kann.»

Der Gräfin, der dieses ‹*bon mot*› nicht entgangen war und es sehr belustigend fand, antwortete: «*Nous avons commencer à enseigner le dressage.*»

Die Baronin stutzte. «*Le dressage?*»

«*Oui, Elisabeth. Le dressage de haute école.*»

«Ihr habt die Hohe Schule der Dressur begonnen? Wirklich? Das ist ja interessant, Isabelle! Unglaublich! So früh? Wirklich, hoch interessant. Das ist ja wundervoll von dir zu hören, Isabelle. Ich bin zutiefst beeindruckt. Das habe ich ja schon so lange nicht mehr gehört.»

Die Baronin betrachtete wieder eingehend Anna. Die Gräfin, der dies gefiel, sagte: «Es freut mich von dir zu hören, dass es dich interessiert, Elisabeth. Ach, wie bin ich froh, dass ich das gesagt habe und von dir zu hören, dass du um die Bedeutung der Dressage Bescheid weißt.»

«Ja, Isabelle. Ich habe einiges in der französischen Literatur darüber gelesen.»

«Ach, was bin ich glücklich, Elisabeth. Anna ist ein wunderschönes Mädchen, mit einer perfekten Figur für die Dressage und sie ist hochbegabt. Seit zwei Wochen ist sie zur vollsten Zufriedenheit meines Gatten in der Ausbildung.»

«Zur vollsten Zufriedenheit. Hast du das gehört, Anna? Wenn die Gräfin dies sagt, dann muss das ein großes Lob sein. Gratuliere. Ich weiß, dass der Graf ein großartiger Pferdezüchter und exzellenter Reiter ist und wenn du, Anna, nach so kurzer Zeit des Unterrichts, ihn schon mit dem Stand deiner Ausbildung zufrieden stellen kannst, dann musst du ja hochbegabt sein.»

«Ja. Elisabeth. Das ist sie. Anna folgt sehr gehorsam den Anweisungen in der Schulung.»

«Ach, Isabelle. Nein, wie schade, dass wir nicht genügend Zeit haben. Ein so interessantes Thema, die Dressage! Darüber hätte ich mich gerne mit dir ausführlicher unterhalten. Wirklich schade, dass ich gehen muss. Wir verstehen uns ja so gut. Wir sollten uns öfters mal treffen. Du weißt, das interessiert mich sehr.»

«Das ist eine gute Idee. Wenn dich das interessiert, dann komm mich mal besuchen. Dann kannst du auch den Stand der Ausbildung sehen, wie Anna die Dressur der Hohen Schule beherrscht.»

Anna wurde mit einem Schlag bewusst, über was die beiden sich in ihrer sehr würdevollen Sprache unterhielten. Sie sprachen mit ihren Worten darüber, dass sie zur Stute erzogen wurde. Denn das war mit Dressur gemeint und Anna begriff, dass die Baronin und die Gräfin genau das meinten.

«Oh, Isabelle wirklich? Das würdest du mir anbieten? Eine Vorführung? Zu sehen wie eure junge Gesellschaftsdame die Dressur beherrscht? Allein der Gedanke versetzt mich in pure Aufregung und Freude.»

«Es wäre mir ein Vergnügen, Elisabeth. Eine Vorführung oder besser gesagt, eine Dressurprüfung, unter kritischen Augen kann erfahrenen Liebhabern die Schönheit und Anmut der Dressur immer wieder nahezubringen. Leider, und das weißt du, Elisabeth, mangelt es uns hier in Ostpreußen an erfahrenen Liebhabern im Freundeskreis, die wir zu einer niveauvollen Vorführung einer Stute einladen könnten.»

«Isabelle. Ich weiß nicht, was ich sagen soll. Eine Einladung zu einer Dressurprüfung. Welch eine Ehre. Eure junge Stute ist von solcher Schönheit, dass ich niemals müde würde, sie anzuschauen, wenn sie sich in der Herrlichkeit ihres Könnens zeigt.»

«Ja, Elisabeth. Die zielgerichtete Dressur, Dressur in Perfektion - das ruft im Betrachter immer ein Bild von müheloser Eleganz, Schönheit und Harmonie hervor. Jeder, der zuschaut sollte die Vision einer schönen, sich schwungvoll bewegenden Stute in seinem Herzen tragen. Für die Ästheten ist die Dressur einer jungen Stute die einzig wahre Philosophie. Sie ist Ausdruck von Kraft, Schönheit und Vitalität.»

«Isabelle! Deine Worte versetzen mich in helle Aufregung.»

Die Baronin wandte sich an Anna. «Ich höre mit Freude, dass ein Mädchen, wie du es bist, die Hohe Schule der Dressur erlernt. Macht dir die Dressur Freude?»

Anna wusste, dass die Baronin nicht anderes wissen wollte, ob es ihr Freude macht, zugeritten zu werden. Ihr Gesicht lief tief rot an. Zögernd antwortete sie: «Ja. Madame. Die Dressur macht mir große Freude.»

«Wie süß und wie rot ihre Wangen werden», meinte die Baronin zur Gräfin. Der Gräfin machte es offenkundig Spaß, diese feinfühlige Art der Konversation fortzusetzen. «Anna weiß nicht nur die Bedeutung des Inhalts der Dressur zu schätzen, sondern sie weiß auch wie anstrengend die Dressur zur Hohen Schule sein kann. Sie beherrscht schon den Trab und auch den klassischen Galopp.»

«Du weißt die Bedeutung, Anna?», wurde sie von der Baronin gefragt, die genau das von ihr wissen wollte.

«Ja. Madame. Ich weiß um die Bedeutung der Dressur.»

«Ach Isabelle. Sie ist ja wirklich herzlich süß. Eure kleine Anna. Sieh nur, wie sich ihre Wangen immer wieder röten. Ich kann es mir lebhaft vorstellen, dass dein Gatte sie mit Freude ausbildet. Und dein Gatte ist zufrieden mit ihrer Ausbildung, Isabelle?»

«Und wie, Elisabeth. Sie befriedigt meinen Gatten mit ihrem Können wunderbar. Natürlich wird Anna von ihm unterrichtet, aber ich führe sie mit rücksichtsvoller Hand, damit ihr das Einleben bei uns und bei der Hohen Schule erleichtert wird.»

«Ach, muss das schön, dabei zu sein und zuzusehen, wie Anna mit ihrem Können deinen Gatten befriedigt. Ich beneide dich Isabelle. Hat sie auch schon das Rückwärtsrichten gelehrt bekommen?»

«Ja. Elisabeth und mit Erfolg. Es ist sicher für ein unerfahrenes Mädchen die schwierigste Figur der Dressur. »

«Nein, bin ich entzückt. Das rückwärtige Richten. Anna, macht dir das Rückwärtsrichten Spaß?»

Anna schaute verständnislos die Baronin und dann die Gräfin an. Dieses Wort kannte sie nicht.

Die Gräfin kam ihr zu Hilfe. «Ich denke, Anna kann noch nicht alle speziellen Termini der Dressur behalten. Das Rückwärtrichten ist bei uns einfach Bestandteil der Hohen Schule. Sicher war es bei Beginn schwierig für Anna. Aber wir haben da eine hölzerne Hilfe, du kennst das doch.»

«Das ist ja richtig aufregend zu hören. Anna!» Die Baronin fand sichtbar Gefallen an dem Gespräch. «Die hölzerne Hilfe. Ja, die erleichtert das Lernen. Wie heißt es im Handbuch zur Dressur, ‹Eine Stute, die richtig an der Hilfe rückwärtsgerichtet wird, widersetzt sich dem Reiter weder durch Kopfschlagen, noch durch Seitwärtsausweichen mit der Hinterhand, nicht wahr›?»

Jetzt wurde Anna klar, worüber die Baronin und die Gräfin redeten. Sie reden ganz offen, nur mit ihren hochgestellten Worten darüber, dass sie auf den Bock gebunden und von hinten zugeritten wurde. Als ihr das bewusst wurde, schoss ihr wieder das Blut ins Gesicht. «Nein. Schau, Isabelle, wie süß. Wie ihr Gesicht sich rötet. Ich denke, jetzt hat sie unserer Konversation folgen können. Nein, ist das ein liebliches Mädchen, Isabelle. Ich weiß, es ist vermessen, aber würde dein Gatte bereit sein, den Ausbildungsstand der Dressur vorzuführen?»

«Ich denke schon, Elisabeth. Ein kritischer Blick einer erfahrenen Dame bei der Ausbildung wäre ihm sicher recht. Er mag ja besonders Vorführungen der Dressur. Eine Vorführung ist auch ein stilvolles gesellschaftliches Ereignis.»

«Ja, eine Vorführung ist immer ein beeindruckendes Erlebnis.»

«Liebste Elisabeth. Wir beide sind schon so lange Freundinnen. Du bist herzlich eingeladen, den Dressurbemühungen Annas beizuwohnen. Es wäre mir eine Freude, mit dir dabei zu sein und gemeinsam zuzusehen. Wir könnten uns sicher angeregt unterhalten.»

«Ach, Isabelle. Ich weiß gar nicht wie ich dir danken soll. Ein solches Angebot ist wirklich erregend. Natürlich nehme ich das gerne an. Ach, welch ein Gedanke. Wir beide, als alte Freundinnen Arm in Arm der lustvollen Dressur zu folgen. Anna, dich wird es sicher auch erfreuen, wenn ich mit der Gräfin zusammen deine Dressurprüfung begutachten kann. Nicht wahr?»

Anna, die erkannte, was die Baronin meinte, antwortete resignierend: «Ja. Madame. Es wird mir eine Freude sein.»

«Süß, Isabelle. Eine so schöne und liebreizende Gesellschafterin. Du kannst glücklich sein. Ach, wie beneide ich dich. Ich bin dir so dankbar. Auch für diese sehr galante Konversation, die ich so selten führen kann. Es ist wirklich jammerschade, aber ich glaube, mein Gatte wartet schon mit der Kutsche. Er hat es furchtbar eilig, er will noch heute auf eine mehrtägige Jagd. Isabelle, lass dich küssen. Nochmals, vielen Dank.»

Noch beim Hinausgehen, warf sie Anna zu: «Meine süße Kleine. Genieße die Zeit der Dressur in so jungen Jahren. Du wirst es nie bereuen.»

Die Gräfin sagte zu Anna: «Anna, ich denke es ist Zeit. Gehe in das Gemach meines Gemahls und erwarte ihn. Über dieses Gespräch mit der Baronin werden wir uns später unterhalten. Aber ich möchte dich loben, da hast sehr gut pariert.»

Erotische Gespräche

Der Graf erschien am nächsten Tag zum Mittagessen im Salon, wo die Gräfin und Anna schon warteten.

«Waren gestern alle Gäste zufrieden?»

«Ja. Maximilian. Es war ein wunderbarer Tag. Baronin Elisabeth war ganz begeistert, als ich ihr Anna vorstellte und ihr erklärte, wie zufrieden du mit ihr bist.»

«Schade, ich hätte mich gerne noch mit Elisabeth unterhalten und sie verabschiedet. Aber gut. Lasst uns essen.»

Während sie aßen, meinte der Graf. «Was hat Elisabeth denn gesagt?»

«Ich habe sie eingeladen uns zu besuchen und dass sie einer Vorführung unserer Stute beiwohnen könnte. Es würde ihr sehr gefallen und ich soll dir ausrichten, dass eine Vorführung für sie immer ein einmaliges Erlebnis ist und sie dir sehr dankbar wäre. Sie hat mir wiederholt gesagt, ich solle dir ausrichten, dass sie vollstes Verständnis für deine praktische Ausbildung und unserer strengen Erziehung hat. Sie selbst hat selbst Erfahrung in der Erziehung, daher ist sie überzeugt, dass Mädchen zur Hohen Schule besonders konsequent ausgebildet werden müssen. Ich soll dich wissen lassen, dass sie eine regelmäßige

Anwendung der Reitgerte bei einer jungen Stute sehr förderlich findet.»

«Das hat sie gesagt?»

«Ja, Maximilian. Ich hatte ihr erzählt, dass Anna regelmäßig gezüchtigt wird. Ich denke, wir sollten ihr schreiben und sie einladen, einer Züchtigung beizuwohnen.»

«Gut. Wenn sie das möchte, dann lade sie ein. Sie scheint wirklich sehr viel Verständnis dafür zu haben. Es ist eine Freude, auf welch hohen Niveau wir uns mit ihr unterhalten können. Isabelle, du hast da eine sehr wertvolle Freundin. Schreibe ihr, ich wäre begeistert, wenn wir sie hier bei uns wieder als hochwillkommenen Gast begrüßen dürften. Lass sie wissen, dass ich ihre Gesellschaft sehr schätze und mich freuen würde, wenn wir in einer gepflegten Atmosphäre vor dem Kamin bei einem Glas Wein stilvoll unsere Gedanken über die Züchtigung austauschen können. Hat sie sonst noch was zu unserer Kleinen gesagt?»

«Ja. Maximilian. Wir sollten Anna mehr in unsere Mitte nehmen.»

«Wie meinst sie das?

«Sie meinte, wir sollten uns mit Anna oft unterhalten, sehr galant unterhalten, vor dem Zureiten. Das hätte sie auch immer gemacht. Wir sollten uns alle drei nackt ins Bett legen, uns vielleicht eine Stunde erotische Episoden erzählen oder Passagen aus einem frivolen Buch vorlesen, uns dabei jeweils streicheln lassen und dann erst sollte Anna von dir zugeritten werden. Das hätte sie mit ihrem Johannes auch immer gemacht und es hat nicht nur ihnen gefallen, sondern auch dem Mädchen.»

«Soso. Das hat sie gesagt?»

«Ja. Sie meinte, dass es gut für Anna wäre, über diese Gespräche einen besseren Zugang zur Erotik des Liebesspiels zu bekommen und zu lernen, dass die Erregung auch durch ein Gespräch leichter entstehen kann und sie sich damit dir gelockert hingeben kann.»

«Ja ja. Wenn es sein muss.»

«Erzähle Anna doch das nächste Mal, wenn wir gemeinsam im Bett liegen, ein paar deiner frivolen Erlebnisse im Krieg gegen Österreich. Schließlich hast du mich ja dadurch kennengelernt.»

«Hoho! Österreich! Mit deinem Marquis! Das waren Zeiten! Da ging es zur Sache! Da war kein Rock sicher. Ja, gut. Das kann ich Anna liebend gerne erzählen.»

«Ich denke, ich habe Anna schon soweit erzogen, dass sie voller Verlangen darauf wartet, erotische und galante Geschichten aus der Vergangenheit und von Frankreich von uns zu hören. Weil sie langsam spürt, dass es sie erregt. Nicht wahr? Anna. Du hast es doch gerne gehört, wenn ich von Frankreich erzählt habe.»

«Ja. Madame. Das finde ich alles sehr interessant.»

Der Graf war mit dem Essen fertig, stand auf, ging um den Tisch herum und zog Anna an der Hand hoch.

«Nicht wahr Anna? Wir beide haben die Dressur von gestern Abend heute Morgen frisch fortgesetzt und du bist gekommen.»

Anna nickte brav als sie neben dem Grafen stand und ihr Kopf nur bis zu seinen Schultern reichte.

Die Gräfin lächelte. «Das freut mich zu hören, Anna.»

«Anna, sag meiner Gemahlin, was ich jetzt mit meiner kleinen Stute machen werde!»

«Ich werde von Ihnen zugeritten werden. Hoher Herr.»

«Ja, das wirst du.»

Claire

Anna trat in die Bibliothek und ging zur Gräfin, die am Schreibtisch saß. Als sie Anna sah, stand sie auf. «Anna, war das eine schöne Nacht für dich? Hast du gut geschlafen?»

«Ja. Madame. Ich habe gut geschlafen.»

«Komm mit mir. Wir setzen uns auf das Sofa am großen Fenster. Ich möchte mit dir reden.»

Aus dem großen Fenster schaute man direkt in den Schlosspark mit seinen Blumenbeeten, den Brunnen und kleinen Bäumen. Seitlich stand ein dick gepolstertes langes Sofa. Die Gräfin ließ Anna Platz nehmen und setzte sich zu ihr. Sie nahm Annas Hand und streichelte sie.

«Anna. Heute kommt meine Schwester Claire. Ich möchte, dass du einiges weißt, was ich von dir während ihres Besuches verlangen werde. Die Anstandsregeln hast du gelernt. Halte dich immer brav zurück und sei nie, aber auch nie vorlaut und falle ihr nicht ins Wort. Claire erzählt manchmal viel und sehr lange. Dann hörst du aufmerksam zu, denn du kannst nur daraus lernen. Hast du verstanden?»

«Ja. Madame. Ich werde sehr brav sein.»

«Danke, Anna.»

Anna war überrascht vom einfühlsamen Ton in der Stimme der Gräfin.

«Ich möchte, dass du einen guten Eindruck hinterlässt, weil es auch auf mich zurückfallen würde, wenn du unartig wärst. Du bist ein intelligentes Mädchen, daher dürfte es dir nicht schwer fallen, meiner Schwester zu zeigen, wie gut du bisher erzogen worden bist.»

«Ja, Madame.»

«Bist du gestern Abend und heute morgen zugeritten worden?»

«Gestern Abend, Ja. Madame! Heute Morgen musste ihr Gemahl früh weg.»

«War es schön gewesen?»

«Ja, Madame. Es war sehr schön.»

«Anna, jetzt hör gut zu. Meine Schwester wird dir sicher von Anfang an, wenn du mit ihr zusammentriffst, viele Fragen stellen. Beantworte sie freimütig, offen und gehorsam. Ich habe auch vor, dich als gehorsame Stute heute Abend meiner Schwester vorzuführen. Eine Vorführung einer Stute heißt, dass sie zeigen soll, wie weit ihre Erziehung gediehen ist. Dazu wird auch gehören, dass meine Schwester sich einen Überblick über den Stand deiner Erziehung machen will, wenn du von meinem Gemahl zugeritten wirst. Ich möchte, dass du dich dabei höchst gehorsam verhältst und alle Befehle meines Gemahls ohne Andeutung eines Widerspruchs sofort und zu seiner Zufriedenheit ausführst. Verspricht du mir das?»

«Ja. Madame. Das verspreche ich Ihnen.»

«Anna, du hast bisher prima gehorcht und ich denke, dass du es auch weiter so schaffst. Ich werde dir verständnisvoll beistehen und dir jederzeit helfen, deinen Gehorsam zu zeigen. Meine Schwester ist eine sehr erfahrene Erzieherin und bildet jedes Jahr mit ihrem Marquis zwei bis drei Mädchen zu Luststuten für sehr hohe Herrschaften aus. Das heißt, diese Mädchen erhalten die *Dressage de haute école.* Du weißt jetzt, was das bedeutet. So, wie ich meine Schwester kenne, benutzt sie konsequent täglich die Reitgerte und will es bei einer Vorführung auch gezeigt bekommen. Ich will nämlich von dir verlangen, dass du dich meinem Gemahl hingibst, ohne, dass ich dich dazu auf den Bock binde. Ich erwarte von dir, dass du seinem Befehl gehorchst, widerspruchslos die Position einnimmst, die er wünscht und du demütig und ohne Laute des Klagens die Reitgerte und sein Glied empfängst und dich züchtigen und ficken lässt. Du darfst leise Schreie ausstoßen und auch laut stöhnen, wenn es dir weh tun sollte. Hast du das verstanden? Antworte mir.»

«Ja. Madame. Ich verspreche es Ihnen. Ich werde mich gehorsam ficken lassen.»

«Du bist ein liebes Mädchen.»

Am Nachmittag kam die Mamsell aufgeregt und rief: «Sie kommen, Madame. Ihre Schwester kommt!»

Die Gräfin und Anna eilten zum Eingangsportal und traten auf die steinerne Außentreppe. Die Kutsche war vorgefahren und die Schwester der Gräfin stieg gerade aus. Freudig fielen sich die beiden Schwestern in die Arme. Anna half mit den herbeieilenden Dienern das Gepäck auszuladen.

Die Gräfin führte ihre Schwester in den Salon und stellte ihr Anna vor. Die Mamsell reichte Gebäck und Früchte und schenkte den selbst gepressten Apfelsaft in Gläser. Anna musterte die Schwester der Gräfin. Sie war etwas kleiner und hatte auch, wie die Gräfin, ihre blonden Haare hochgesteckt. Sie war schlanker und sehr elegant mit einer grauen taillierten Kostümjacke und einem langen dunkelblauen Faltenrock gekleidet. Was Anna sofort auffiel, war das weiße Oberteil unter der Jacke, das so tief ausgeschnitten war, dass man an den kaum bedeckten sehr üppigen Brüsten fast die Spitzen sehen konnte.

Der Gräfin, der dieser Anblick auch nicht verborgen geblieben war, sagte: «Claire, du siehst unglaublich gut aus. Schickes Kostüm, was du da anhast.»

«Ja, es ist sehr praktisch. Ist das Neueste aus Paris. Extra für lange Kutschfahrten entworfen. Es ist angenehmer so zu reisen, als in diesen Roben. Aber du siehst auch gut aus. Wie geht es dir?»

Die Gräfin bat ihre Schwester im hinteren Teil Platz zu nehmen, wo drei breite Polstersessel und ein Tisch standen. Die Schwester berichtete, dass es heute nur eine Tagesreise gewesen wäre, da sie schon bei Sonnenaufgang losgefahren seien und im August die Sonne ja früh aufgehe. Die Gräfin und ihre Schwester unterhielten sich dann über eine halbe Stunde in Französisch, was Anna nicht verstand.

Irgendwann erklärte die Gräfin ihrer Schwester: «Ich habe dein Gepäck in das große Gästezimmer bringen lassen. Wenn du möchtest, kannst du dich etwas hinlegen. Wir haben, wie ich sehe, noch etwa zwei Stunden Zeit bis mein Gatte kommt. Kann allerdings auch sein, dass er etwas später kommt, da er erst heute Mittag nach den Waldarbeitern sehen musste.»

«Nein, Isabelle. Die Reise in dieser Kutsche ist angenehm. Ich bin überhaupt nicht müde. Stell mir doch mal deine Anna vor. Ich nehme an, sie ist eure neue Stute. Ich bin schon ganz gespannt. Sie sitzt die ganze Zeit so brav in ihrem Sessel.»

Die Gräfin lachte: «Konnte ich mir eigentlich denken! Anna! Steh mal auf und zeige dich meiner Schwester.»

Anna stand brav auf und ging um den Tisch herum zur Schwester der Gräfin.

«Anna ist sehr gehorsam und schon gut in Sitte und Anstand erzogen. Du kannst dir denken, sie wird von mir zu einer liebevollen Stute erzogen. Die wenigen Tage, die du bei uns als höchst willkommener Gast verweilen wirst, meine geliebte Schwester, wird Anna selbstverständlich auch deine Wünsche erfüllen und dir brav dienen. Nicht wahr, Anna. Du wirst meiner Schwester gehorsam dienen!»

«Ja. Madame.»

Claire betrachtete Anna und musterte sie von oben bis unten.

«Ich beglückwünsche dich, Isabelle. Ein sehr schönes Mädchen. Du hast nichts verlernt. Immer noch die erfahrene Erzieherin.»

«Du wirst selten so etwas Wunderbares gesehen haben, meine liebe Schwester. Ihr rabenschwarzes Haar; dagegen ihr Teint ist von blendender Weiße. Ihre Nase ist leicht gebogen, ihre Augen sind dunkelbraun und es ist unmöglich, diesen Augen zu widerstehen. Ich unterhalte mich sehr gerne mit ihr und schaue dabei tief in diese Augen. Du kannst dir nicht vorstellen, zu wie vielen Wonnen der Lust sie mich gebracht haben. Ihr Mund ist sehr klein, ihre Zähne sind prachtvoll. Ein Zug ihrer Schönheit ist die elegante Art, wie ihr schöner Kopf auf diesen schlanken Hals sitzt, der Anflug von Adel. Ihre Taille ist ein Muster an Eleganz und Feinheit, ihre Brüste sind entzückend, ganz sicher die hübschesten kleinen Titten! Kaum genug, um eine Hand zu füllen, aber so weich und so frisch! Wie viel Male habe ich den Kopf verloren, als ich sie küsste und ihre klitzekleinen Brustwarzen steif wurden und sie sich unter meinen Liebesbezeigungen erregte. Ihr Kätzchen ist voll jugendlicher Frische, mit einer bezaubernden Perle in einem schmalen Spalt. Ihre Lenden sind wie die eines jungen Rehs und ihr weißer Popo ist allein ein Genuss ihn zu betrachten.»

«Anna», sagte die Schwester der Gräfin unerwartet, «Heb deinen Rock und zeig mir dein Kätzchen. Ja. So ist es brav. Oh, wie schön. *Le chat est rasée!* Und jetzt dreh dich herum und zeig mir deinen nackten Popo. Und komm näher zu mir!»

Anna, vornübergebeugt, ihren Rock weit hochgeschlagen auf ihrem Rücken, rückte näher zur Schwester der Gräfin heran. In ihrem Sessel sitzend beugte sich Claire vor, streckte ihre Hand aus und steckte ihren Zeigefinger in Annas Po. Ein kurzer Laut der Überraschung entflog aus Annas Mund, aber sie hielt still, als sich der Finger in ihrem Po hin und herbewegte.

Anna durfte sich wieder aufrichten, den Rock fallen lassen und sich herumdrehen. So stand sie eine ganze Weile vor den in ihren Sesseln sitzenden Damen. Schweigend wurde sie von der Schwester der Gräfin lange gemustert. Dann sagte sie zur Gräfin: «Ihr Po ist sehr eng. Erstaunlich. Und wirklich eine harmonische schlanke Form ihrer Lenden.»

Die Gräfin ließ sich auch erstaunlich viel Zeit zu antworten, als sie sah, dass ihre Schwester Anna wieder betrachtete.

«Hat sie deine erste Prüfung bestanden?»

Die Schwester war wortlos aufgestanden, ergriff Anna unter dem Kinn, bog ihren Kopf kurz nach links und rechts, strich mit der Hand über ihre Wange und legte die Hand anschließend auf Annas Brust. Durch das Kleid hindurch spürte Anna, wie sie fest zupackte und ihre Brust massierte.

«Du darfst dich wieder da drüben hinsetzen», ließ sie Anna kurz angebunden wissen.

Wieder in ihrem Sessel sitzend, wandte sich die Schwester an die Gräfin: «Alle Achtung, Isabelle. Die Kleine ist ein Traum. Und in der Tat, sie ist gut erzogen. Ja. Die erste Prüfung hat sie bestanden. Du hast exzellente Arbeit geleistet.»

Der Gräfin fiel ein Stein vom Herzen: «Ach, meine liebe Claire, da bin ich aber wirklich froh. Ich danke dir. Aber bedenke immer, Anna kam als einfaches Bauernmädchen erst vor knapp drei Wochen zu uns, ohne den Bruchteil einer sinnlichen Erfahrung oder Ahnung über das ‹*faire d›amour*› zu haben. Aber ich bin froh, dass du Anna nicht als abstoßend empfindest.»

«Isabelle! Erlaube. Sie sieht süß aus. Eine gute Wahl.»

«Claire ich bin ja so gespannt. Was gibt es Neues aus Frankreich. Hat der König jetzt wieder eine erste Mätresse?»

«Ja. Nein. Da sind ein paar Frauen, die sich Hoffnung machen, wie die Marie Thérèse Françoise Boisselet, oder die Catherine Éléonore Bénard, aber die sind beide Bürgerliche und schon länger Nebenmätressen. Das neueste Gerücht aber ist skandalträchtig und ein großes Geheimnis.»

«Claire. Erzähle! Mach es nicht so spannend! Du weißt, wir bekommen hier nicht viel mit, was am französischen Hof passiert.»

«In den hohen Kreisen der Gesellschaft erzählt man sich, dass der König im Hirschenpark eine neue Favoritin hat, eine Comtesse Madame du Barry. Dabei ist sie gar keine geborene Comtesse. Sie soll Marie-Jeanne Bécu heißen und kommt aus ganz ärmlichen Verhältnissen. Sie soll die uneheliche Tochter einer Näherin und eines Mönchs sein. Man erzählt sich, dass das Mädchen von Madame Gourdan wegen ihrer außergewöhnlichen Schönheit in ihren Stadtpalast nach Paris geholt wurde. Die Gourdan betreibt seit Jahren das renommierteste Haus zur Erziehung und Ausbildung junger Luststuten. Ihr Etablissement heißt *‹Chateau de Madame Gourdan›* und befindet sich in der Rue des Deux Portes. Ich habe sie kennengelernt, als ich vor zwei Monaten in Paris war.»

«Oh. Claire. Wie aufregend! Das musst du mir erzählen.»

«Also, die Gourdan ist bekannt und in der hohen Gesellschaft hoch angesehen, da sie mit ihrer strengen Erziehung erfolgreich Luststuten der Hohen Schule erzieht. Die Gourdan ist die berühmteste und einflussreichste Stutenerzieherin in Paris. Fast alle einflussreichen Politiker, Adelige und sogar Kardinäle und Bischöfe in Paris haben ihre Luststuten oder Mätressen von ihr. Sie muss jetzt schon sehr reich geworden sein. Aber ich wollte von der Du Barry erzählen.»

«Ach, ist das alles spannend, Claire. Aber du musst mir auch von deinem Besuch bei dieser Madame Gourdan berichten. Du weißt, wie sehr ich mich für Erziehung interessiere.»

«Ja, Isabelle, das verspreche ich dir, denn das ist wirklich interessant für dich. Aber zurück zu dieser Du-Barry. Also, vor zwei Jahren, so wird erzählt - da hieß die Du Barry noch Marie-Jeanne - ist sie zur Gourdan gekommen und wurde von ihr zur Luststute erzogen. Ihr müsst wissen, dass die Gourdan Luststuten aus ihrem Etablissment auch auf Zeit an hohe Herren vermietet. Einer der hohen Herrn letztes Jahr war ein Jean-Baptiste du Barry. Der hat die junge Marie-Jeanne Ende letzten Jahres der Gourdan abgekauft und sie mit seinem Bruder verheiratet. Eine Scheinehe, nur damit sie den Namen bekam. Deshalb heißt sie jetzt Marie Jeanne Comtesse du Barry. Der Graf soll sie im letzten Winter dann dem König in Versailles als Comtesse du Barry vorgestellt und sie ihm als Mätresse angeboten haben. Sie soll jetzt zwanzig Jahre alt sein und der König sei so beeindruckt von ihr gewesen, dass er sie am selben Tag behalten hat. Sie lebt jetzt im Hirschenpark und wird vom König regelmäßig besucht.»

«Oh, wie interessant. Nicht wahr, Anna? Das sind ja Neuigkeiten. Wie alt ist der König jetzt?»

«58 ist er. Aber er scheint immer noch sehr vital und voller Verlangen zu sein. Die Hofdamen tuscheln: ‹*Il baise tous les jours*›, er fickt den ganzen Tag....- Oh ...!», Claire hielt sich die Hand vor dem Mund. «Habe ich was Falsches gesagt?»

«Nein, Nein. Liebste Claire. Unsere kleine Stute weiß, was Ficken bedeutet. Nicht wahr, meine kleine Anna. Du wirst auch täglich gefickt.»

Anna lief im Gesicht rot an und schaute verschämt auf ihren Teller.

«Ist sie nicht süß? Unsere kleine Stute. Sie ist ein Glücksfall. Sie lässt sich sehr gehorsam ficken. Schau mich an, wenn ich mit dir rede.»

Der Gräfin und ihrer Schwester machte es offenkundig großen Spaß und sie lachten.

«Ach, das ist ja wirklich süß, Isabelle», sagte Claire, als Anna zu den beiden Damen herblickte. «So süße rote Wangen. Anna, stimmt das, was meine Schwester sagt, dass du dich immer sehr gehorsam ficken lässt?»

Wieder schoss Anna das Blut in die Wangen,

als die, für sie fremde Frau, diese Frage an sie stellte. Sie wusste nicht, was sie antworten solle. Die Frau ließ aber nicht locker: «Na, sag schon. Lässt du dich gerne ficken?»

Zögerlich antwortete Anna leise: «Ja, Madame. Ich lasse mich gerne ficken.»

«Ach, wie süß!», freute sich Claire. «Ist es schön, gefickt zu werden?»

Anna schaute unsicher abwechselnd zu Gräfin und zu deren Schwester und nickte verschämt mit dem Kopf.

«Claire», warf die Gräfin ein. «Ich habe Anna verboten, dieses Wort außerhalb der Gemächer in den Mund zu nehmen. Wenn, dann reden wir von Zureiten, wie es sich gehört und wenn gar Besuch da ist, darf sie noch sagen, dass sie die Dressur gelehrt bekommt.»

«Isabelle», antwortete die Schwester, «Ja, das ist sehr konsequent und das erhöht die Sinnlichkeit der Worte und fördert die Schamhaftigkeit. Ich sehe, sie ist bereits zu einer schamhaften Stute erzogen worden. Eine junge Stute soll ja auch mit ihrer Schamhaftigkeit die hohen Herren reizen.»

«Ja. Claire. Anna ist sehr schamhaft. Sie ist jung und wie du weißt, sie erhält die Erziehung erst seit drei Wochen. Später wirst du dir ja mit eigenen Augen ein Bild machen, wie weit ihre Erziehung fortgeschritten ist. Deswegen freue ich mich so sehr, dass du hier, just in diesen Tagen die Möglichkeit hast, eine Prüfung zu machen und mir deine Ratschläge zur weiteren Erziehung geben kannst.»

Claire stand auf, trat vor die sitzende Anna, reichte ihr beide Hände entgegen und zog sie hoch.

«Schau mich an, Anna!»

Anna blickte in ein freundlich lächelndes Gesicht.

«Anna, sag mir, weshalb ich hier bin!»

«Madame. Sie wollen ihre Schwester besuchen.

«Ja, das stimmt. Hat dir meine Schwester gesagt, wer ich bin?»

«Sie sind die Comtesse de Vermandois.»

«Hmm, ja. Weißt du, was ich Hause bei mir mache?»

«Madame, Sie bilden Luststuten aus.»

«Ja. Sehr gut, dass du das weißt. Aber, kannst du dir auch denken, weshalb ich dich hier sehen möchte?»

«Sie möchten meine Erziehung prüfen.»

«Oh. Anna. Ich staune. Du bist ja ein sehr intelligentes Mädchen. Das habe ich gar nicht erwartet. Das hast du wunderbar erkannt und es auch schön gesagt. Alle Achtung. Anna, dafür darfst du mir einem Kuss geben. Komm, küsse mich.»

Anna näherte sich ihrem Gesicht und küsste sie auf den Mund. Wie ein Blitz schoss die Zunge der Schwester zwischen Annas Lippen und Anna gab sich bereitwillig der lebhaften Zunge hin.

«Du küsst gut, Anna. Zieh deinen Rock hoch!»

Anna spürte sofort, wie die Marquise ihr Kätzchen umfasste, zärtlich über ihre Schamlippen strich und die Finger sich in ihre Öffnung bohrten. Als ihre Spalte und ihre Perle lange fest gestreichelt wurde, fühlte Anna, wie ihre Erregung aufkam.

«Schau mir in die Augen!», hörte sie den strengen Ton und bemerkte, dass ihr Kätzchen feucht wurde.

«Gefällt dir das? Anna.»

«Ja. Madame. Das gefällt mir.»

«Sehr schön. Du bist sehr sinnlich. Und dein Kätzchen ist schon feucht.»

Als Anna ihren Rock wieder fallen lassen durfte, fragte Claire ihre Schwester: «Wann habt ihr mit der Dressage begonnen?»

«Konsequent erst seit einer Woche. Seitdem erhält sie die Dressur zur Hohen Schule.»

Claire wandte sich wieder an Anna: «Anna, was werde ich noch prüfen?»

«Ob, ich gehorsam bin, Madame.»

«Ja. Ob du gehorsam bist. Und wie, denkst du, will ich das sehen und kannst du mir das zeigen?»

«Ich denke, Madame, dass Sie sehen wollen, wie ich mich gehorsam dem Hohen Herrn hingebe.»

«Sehr schön gesagt. Phantastisch. Du bist ein sehr liebes Mädchen. Und was bedeutet das, wenn du dich ihm hingibst? Sag es mir!»

Anna schaute zur Gräfin, aber die sagte nur: «Anna, antworte offen!»

Mit hochrotem Kopf antwortete Anna tapfer: «Das bedeutet, dass ich vom hohen Herrn gezüchtigt und zugeritten werde.»

Claire drehte sich zu ihrer Schwester um. «Isabelle. Du hast da einen wahren Schatz. Ich glaube, dir ist gar nicht bewusst, was für ein süßes, braves Mädchen du da hast.»

«Doch, doch. Claire. Das ist mir schon bewusst und darauf bin ich auch stolz.»

Claire küsste Anna auf den Mund, stellte sich vor sie und ergriff ihre beiden Hände.

«Mon Dieu, Isabelle. Chapeau! In drei Wochen eine solche Erziehung. Das ist dir gelungen. Und es gab keine Probleme?»

«Nein, Claire. Anna ist gehorsam und gelehrig. Wenn diese zwei Faktoren so vereint sind wie bei Anna, dann macht die Erziehung eine Freude.»

«Anna, sage mir offen, ob du manchmal Schwierigkeiten hattest den Lektionen gehorsam Folge zu leisten.»

«Ja. Madame. Manchmal.»

«Das möchte ich von dir gerne genauer wissen. Was waren das für Lektionen?»

Anna antwortete zögernd: «Am Anfang, Madame, als ich vom Hohen Herrn im Galopp zugeritten worden bin.»

«So. Im Galopp. Ja. ich weiß, das ist für junge unerfahrene Stuten immer sehr anstrengend. Und welche Lektion noch?»

Wieder zögerte Anna. «Bei der Hohen Schule, Madame.»

«Bei der Hohen Schule. Ja. Was passiert denn bei der Hohen Schule?»

Anna schaute Hilfe suchend zur Gräfin. Die nickte ihr freundlich zu: «Sag es offen, Anna!»

«Madame. Da werde ich von dem Hohen Herrn in den Po zugeritten.»

«Ja. Genau. Da wirst du in den Po gefickt. Und das hat dir Schwierigkeiten gemacht?»

Bevor Anna antworten konnte, warf die Gräfin ein: «Claire, wir haben erst vor fünf Tagen mit der Hohen Schule begonnen. Natürlich macht es ihr Schwierigkeiten, das Glied meines Gatten aufzunehmen. Es ist in der Tat sehr schmerzhaft für sie, auch jetzt noch.»

«Das kann ich mir gut vorstellen, Isabelle. Ihr Löchlein ist auch extrem eng. Ich habe es ja eben selbst fühlen können. Erstaunlich, dass es dieses immense Prachtstück deines Gatten, ich hatte ja mal die Ehre, überhaupt aufnehmen konnte!»

«Ich glaube, Anna wird die Schwierigkeiten

durch die Erziehung überwinden. Aber wie dem auch sei. Ich denke, im Grunde genommen dürfte es Anna hier gefallen. Sie ist meiner Meinung nach hier richtig aufgelebt.»

«Anna, was gefällt dir hier besonders?»

«Madame. Was mir besonders gefällt? Ich darf schöne Kleider tragen und Bücher der Gräfin lesen - und das Essen ist gut und ich bekomme Reitunterricht.»

«Reitunterricht. Das ist sehr gut, Anna. Daraus lernt du hoffentlich, dass gehorsames Dienen viele schöne Vorteile bringt. Was gefällt dir noch hier?»

«Madame. Ich bekomme von der Gräfin Französischunterricht.»

«Oh. Isabelle. Was höre ich? Du bringst Anna französisch bei?»

«Ja. Schon seit letzter Woche und Anna ist begeistert dabei. Sie kann auch schon eine ganze Menge Worte und ein paar einfache Sätze. Ich habe sie auch schon ein paar obszöne Worte lernen lassen.»

«Das ist ja sehr erfreulich zu hören. Ich bin begeistert! Anna! *Comment est le mot en allemand: le vit*?»

Anna sah zur Gräfin, die ihr freundlich auffordernd zunickte.

«Madame, *le vit,* das ist der Schwanz.»

«Sehr gut. *Et ma con?*»

«*Ma con,* meine Möse.»

«Sagt man hier nicht Fotze? ‹*La belle petite con*›, das hübsche kleine Fötzchen?»

Die Gräfin mischte sich ein: «Claire, wir benutzen immer im intimen Gespräch den Begriff ‹*Chatte*›, Kätzchen.»

«Ja. Das ist auch schön. ‹*La con*› benutzen die hohen Herrn bei uns immer beim Ficken einer Luststute. ‹*La chatte*›, wenn sie mit Damen der Gesellschaft parlieren.»

Claire drehte sich wieder zu Anna und schaute ihr in die Augen. «Anna! *Montre-moi ta chatte, Anna. Maintenant!*»

Etwas irritiert hob Anna ihren Rock und zeigte der Schwester ihr Kätzchen.

Immer noch Anna in die Augen schauend, schob Claire einen Finger zwischen Annas Schamlippen und rieb ihre Perle. «*Ta belle con est mouillée.* Dein hübsches Fötzchen ist feucht. Sag mir, was heißt das: ‹*La jument se fait baiser par le maitre*›?»

«Die Stute wird vom Hohen Herrn gefickt, Madame.»

«Sehr gut Anna. Und womit wirst du gefickt?»

«*Avec son vit,* Madame.»

«Ja. *Avec le vit longue.* Von einem langen Schwanz. Sag mir, Anna, was heißt: ‹*Le maitre baise mon cul*›?»

«Der Hohe Herr fickt meinen Po, Madame.»

«Ja, der Hohe Herr fickt dich in den Arsch.

Wunderbar, Anna, du kennst ja schon viele erregende Worte. Das ist sehr gut. Dein Fötzchen ist ganz nass. Ist das schön, Französischunterricht zu bekommen, wenn dein Fötzchen gestreichelt wird?»

Anna wurde zunehmend erregter, sie stöhnte: «Ja, Madame. Das ist sehr schön.»

«Anna! *Les jeunes filles doivent être baisée par jour»*, flüsterte die Schwester der Gräfin, «Sags mir. Ich will es hören!»

«Junge Mädchen müssen täglich gefickt werden, Madame.»

«Ja, Anna. Sie müssen täglich gefickt werden. Und was heißt das: ‹*Une jeune jument de plasir se fait baiser dans le cul*?»

«Eine junge Lust, stute wird in den Po gefickt, Madame.»

«Ja. Luststuten werden von dicken Schwänzen in den Arsch gefickt. Sag mir, möchtest du gerne zu einer Luststute ausgebildet werden?»

«Ja. Madame. Ich möchte gerne zu einer Luststute ausgebildet werden.»

Claire küsste Anna lange auf den Mund und zog dann ihre Hand von Annas Kätzchen zurück. «Du bist ein sehr liebes Mädchen Anna. Hast ganz rote Wangen. Du darfst dich wieder setzen.»

«Claire. Das war aber ein sehr erregender Unterricht!»

«Ich will ihr demonstrieren, was ihre Bestimmung ist und um diesem schönen Kind die ersten Lektionen in Libertinage zu erteilen, ist es notwendig, offen und unmissverständlich auch darüber zu sprechen, dass sie in den Po gefickt wird. Sie wird doch von dir streng erzogen? Oder? Als Luststute muss sie bereit sein, wann immer ein hoher Herr es wünscht, sich gehorsam ficken zu lassen. Einzig zu diesem Zweck hat die Natur den begehrenswerten Körper geschaffen. Wir alle, die wir das ‹*esprit libre*›, das Freigeistige lieben, ficken in jedem Fall, meine liebe Schwester. Weil wir zum Ficken geboren sind und wir die Gesetze der Natur erfüllen, indem wir uns ficken lassen. Wie oft wird Anna denn gefickt?»

«Du meinst in den Po?»

«Ja, und auch ins Kätzchen.»

«Anna wird von meinem Gemahl seit fünf Tagen täglich mindestens einmal in den Po gefickt. Seit sie hier ist, wurde sie vom ersten Tag an täglich zweimal zugeritten, was auch weiterhin fester Bestandteil ihrer Erziehung ist. Manchmal auch dreimal. Nur durch die Regelmäßigkeit kann die Erziehung Erfolg haben und ihre sinnlichen Empfindungen dabei fördern.»

«Ja. Isabelle. Da hast du vollkommen Recht. So halte ich es auch mit meinen Stuten.»

«Wie viele hast du zurzeit in Ausbildung?»

«Zwei. Das heißt, wenn ich zurückkomme nur noch eine. Ich habe die Antoinette ja vor ein zwei Tagen an den Herzog übergeben.»

«Und die andere. Zu Hause bei euch?»

«Isabelle, ein ganz süßes Kind. Ich habe sie erst einige Tage vor meiner Abreise in Paris bekommen und sie ist gerade, bevor ich hierher reisen musste, entjungfert worden. Die Erziehung beginnt also erst und dazu wollen wir, Charles und ich, uns Zeit lassen.»

«Anna», befahl die Gräfin, «Geh bitte zur Mamsell, sage ihr, dass wir in einer Stunde zu Abend essen wollen und bringe eine neue Karaffe Wein und eine Karaffe frisches Wasser mit. Nicht wahr, Claire? Du möchtest doch auch noch etwas?»

Nachdem Anna den Salon verlassen und die beiden Schwestern sich entspannt in ihre Sessel zurückgelehnt hatten, meinte Claire: «Isabelle. Weißt du, dass du da ein Kleinod hast, ein Goldkind. Ich kann dir jetzt schon sagen, dass sie die Prüfung erfolgreich bestanden hat. Allein aus den Fragen, die ihr gestellt habe - und darin habe ich sehr große Erfahrung - und aus ihren Antworten, kann ich schließen, dass sie die Praxis auch gehorsam absolvieren wird. Ich stelle fest, meine große Schwester hat es nicht verlernt. Erziehung scheint dir zu liegen.»

Die Gräfin lachte. «Ja. Claire. Du weißt, wie sehr ich mich immer gerne der Erziehung junger Mädchen hingegeben habe. Es ist eine große Freude, die ich dabei empfinde, ihren Werdegang zu verfolgen. Und, natürlich, es erregt mich immer wieder und ich genieße förmlich die Stunden, wenn ich mit einer jungen Stute im Bett bin.»

«Mir geht es da ganz genauso. Mit dieser Antoinette, die ich vor zwei Tagen abgeliefert habe, habe ich ein Jahr voller Entzücken und Lust erlebt. Sie ist sicherlich mit Anna zu vergleichen. Genauso schlank, zierlich, mädchenhaft, scheu wie ein junges Rehkitz. Aber die Anna. Alle Achtung. Das habe ich nicht erwartet. Aus ihr kannst du etwas machen.»

«Ja, das denke ich auch. Wir werden sehen.»

«Wie oft erhält Anna die Peitsche? Ich meine, wie oft wird sie gezüchtigt?»

«Bis jetzt ist das erst ein paar Mal geschehen.»

«Isabelle. Du solltest sie regelmäßig züchtigen. Junge Luststuten müssen alle zwei Tage gepeitscht werden, damit sie wissen, wie sie zu dienen haben. Antoinette habe ich die Wochen vor der Übergabe täglich die Reitgerte spüren lassen, um sie vorzubereiten. Ihr neuer Herr will sie nicht nur zum Ficken, sondern er ist jemand, der sich besonders daran erfreut, seine Luststute täglich peitschen zu können, bevor er sie besteigt.»

«Oh. So einer ist das?»

«Er war von Anfang an, wie er bei uns war, ausschließlich daran interessiert, eine schöne, aber belastbare Luststute zu bekommen. Eine Vorführung Antoinettes mit der langen Reitpeitsche hatte ihn überzeugt. Daher hatte er mir auch soviel für Antoinette geboten. Aber, du wolltest, dass ich dir von meinem Besuch in Paris erzähle.»

«Ja, Claire. Aber bitte warte, bis Anna wieder bei uns sitzt. Ich möchte, dass sie das mithören kann. Du wirst sehen, sie wird interessiert zuhören. Ich denke, es ist gut, wenn sie mehr von der Welt weiß, insbesondere von der Welt einer Luststute. Das zeigt ihr ganz deutlich ihre Aufgabe und dass es, bei allen Schwierigkeiten, die sie hat, wenn sie zugeritten wird, für sie ein Leben voller Vorteile ist.»

«Ja. Gut. Isabelle. Meine Erfahrung sagt mir das auch. Haben die jungen Stuten dies einmal verinnerlicht, dann bleiben sie ihr ganzes Leben mit Freude Luststuten und geben sich gerne den Vergnügungen der Männer hin.»

Anna erschien mit den Karaffen in der Hand wieder im Salon und füllte die Gläser der beiden Schwestern.

«Anna. Setze dich brav und aufrecht in deinen Sessel und hör zu, was Claire zu erzählen hat. Sie war nämlich in einem der berühmtesten Etablissements, die ausschließlich junge Luststuten ausbilden.»

«Ja, ich war wirklich in diesem ‹*Chateau de Madame Gourdan*›, so nennt sich dieses Etablissement. Ich will aber auch erzählen, wie es dazu kam. Vor etwas mehr als einem Monat erhielt ich einen Brief von einem hohen Beamten in Paris, einem Notar und er bat mich, ihn zu besuchen. Zu dieser Zeit hatten mein Charles und ich beschlossen, dem Drängen des polnischen Grafen nachzugeben und ihm unsere Antoinette zu überlassen. Er hatte sie bei einer Soirée bei uns kennen und schätzen gelernt. Na ja, Charles und ich waren uns einig und ich bot Charles an, bei meiner Reise nach Paris dort nach einem neuen Mädchen zu suchen. Anna! Charles ist mein Maitre, mein hoher Herr, der Marquis d›Aurilac, und ich bin seine Mätresse. In unserer Gegend ist es schwer geworden unter den Bauernmädchen wirklich schöne Jungfrauen zu finden. Daher dachte ich, Paris sei die beste Möglichkeit, zumal Charles mir da einen Hinweis gab. Es hat sich in den letzten Jahren immer mehr dazu entwickelt, dass die hohen Herrn junge Mädchen wünschen. Der Hauptgrund ist in der zunehmenden Verbreitung der sogenannten *‹Spanischen Krankheit›*, der Syphilis in Frankreich zu sehen. Aus Angst vor dieser Krankheit wollen die Herrschaften auch öfter Jungfrauen, auch wenn sie unausgebildet sind. Ein jungfräuliches Mädchen zu ficken und dafür habe ich vollstes Verständnis, bietet naturgemäß den besten Schutz. Selbst wenn die Herrn eine ausgebildete Luststute im Alter, die also nicht mehr jungfräulich ist, übernehmen wollen, dann erkundigen sie sich genau, von wem sie entjungfert und wie sie zugeritten worden ist. Sie lassen auch das Kätzchen von einem

Docteur untersuchen. Du kannst dir vorstellen, Isabelle, das macht mir die Ausbildung nicht einfacher.»

«Claire, du weißt, dass ich dazu auch vollstes Verständnis aufbringe. Ich schaue auch nur nach jungfräulichen Mädchen, weil ich meinem Gemahl einfach nicht ein Risiko zumuten will. Abgesehen davon, sind die Mädchen leichter zu formen.»

«Ja. Isabelle. Das stimmt auch und kommt dazu. Aber lass mich weiter erzählen von dem Besuch bei der Madame Gourdan. Ihr Etablissement befindet sich in einem hochherrschaftlichen Stadtpalast. Allein daran erkennt man, wie gut es ihr geht. Über einen gemeinsamen Freud von mir und Charles in Paris, einem Bischof, der öfter als Gast ihr Etablissement aufsucht, habe ich mich bei der Madame Gourdan anmelden lassen. Ich ließ sie wissen, ich sei die Mätresse des Marquis d›Aurilac und sei auf der Suche nach einer Jungfrau für ihn. Einen Tag später schickte sie mir einen Boten, der mich zu ihrem Haus führte. Ich sage dir, Isabelle. Wirklich ein hochherrschaftliches Haus. Ich wurde von einer jungen Magd eingelassen und durch eine weite Einganghalle zu einem Empfangszimmer geführt.

Die Innendekoration im Empfangsraum ist unglaublich. Edles Mobiliar, schwere rote Vorhänge an den Fenstern und viele galante Ölgemälde an den Wänden, die junge nackte Stuten in allen erdenklichen Posen zeigten. Dann erschien die Gourdan. Eine hoch elegante Frau. Ich schätze, sie ist um die vierzig Jahre alt. Hochgesteckte schwarze Haare, die von einem weißen Band gehalten wurden und sie trug ein schickes Kleid, eine Robe Francaise in dunkelblau, mit vielen aufgenähten Verzierungen und einem atemraubenden Dekolleté. Sie war sehr freundlich und bot mir in einer Sitzecke mit zwei Sesseln und einem kleinen Tisch an, Platz zu nehmen. Sie fragte mich, ob ich mit ihr ein Glas Champagner trinken würde und wenig später brachte ein nacktes Mädchen, das nur mit einem kurzen Gaze Hemdchen bekleidet war, zwei Gläser und eine Flasche Champagner. Die Gourdan öffnete die Flasche mit festem Griff, schenkte ein und begann mich auszufragen. Wo ich herkomme, wer ich bin, und so weiter. Dann sagte sie mir, dass sie sich erkundigt hätte und dass das, was ich ihr gerade gesagt hätte, stimmen würde. Ich hatte das erwartet, da ich mich ja auch vorher über sie erkundigt hatte. Dann erst fragte sie mich, wie sie mir denn helfen könne. Ich sagte ihr, dass ich über ihr Etablissement nur Gutes gehört hätte und ich für meinen Marquis ein neues Mädchen suche. Sie ließ mich umgehend wissen, dass sie mir dabei sicher helfen kann. Ich insistierte aber nochmals, dass ich keine ausgebildete Luststute suche. Nein, sagte sie, sie hätte mich schon verstanden. Ich hatte darauf Wert gelegt, weil man mich gewarnt hatte, dass die Gourdan auch gerne mal die gleiche Jungfrau mehrmals verkaufe. Zuerst, bevor sie mir ihre Schätze zeigen wolle, würde sie mir gerne ihr Etablissement vorstellen, damit ich es weiterempfehlen könne. Sie hätte bei ihren Erkundigungen über mich erfahren, das ich sehr oft als Mätresse des Marquis an Soirées teilgenommen hätte. Zwar meistens in der Provinz, was aber auch seinen Reiz hätte, meinte sie belustigt. Ich musste darüber so lachen, Isabelle. Aber sie war sehr freundlich und bat mich, sie und ihr Etablissement bei diesen Soirées zu empfehlen. Als Erstes führte sie mich durch das Chambre de la Presentation, der Raum des Präsentierens, der dazu gedacht war, dass hier die hohen Herrschaften sich eine der Luststuten für ein paar Stunden der Lust aussuchen konnten. Es war überwältigend. Auf unzähligen Chaiselongues saßen und lagen etwa zwölf bis fünfzehn ganz spärlich bekleidete Mädchen. In den Wänden waren vereinzelt halbrunde Nischen, in denen splitternackte Mädchen auf Sockeln standen und sich zeigten. Die Gourdan sagte mir, dass sie zur Zeit 60 Mädchen habe, die sich aber hauptsächlich Abends in diesen Raum aufhalten müssen. Dann zeigte sie mir einige Séparées, die alle in entsprechenden Themen dekoriert waren. Eine Flusslandschaft oder eine römische antike Einrichtung, ein orientalisches Zimmer und an den Wänden hingen passende Gemälde von nackten

Paaren in eindeutigen Umarmungen. Danach sagte sie mir, dass sie mir jetzt ihr berühmtestes Zimmer zeige, den ‹*Salon de Vulcan*›. Ich war wirklich erstaunt. Es war ein Raum mit nacktem Mauerwerk, in der Mitte stand ein Zuchtgestell, ein Zuchtbock, auf dem ein Mädchen festgebunden wird und sie dann gezüchtigt werden kann, wie sie freimütig erklärte. An den Wänden hingen jede Menge Peitschen und Reitgerten. Sie sagte mir, dass sich dieser Raum zunehmender Nachfrage erfreue und ich fragte sie daraufhin, ob denn ein Gast auch hierzu ein Mädchen von ihr erhalten kann. Sie sagte mir offen, dass entsprechend der Zahlung des Gastes, er jedes ausgesuchte Mädchen nach seiner Façon hier züchtigen kann. Sie auch darauf bedacht ist, dass jedes Mädchen mindestens einmal die Woche einem Gast zugeführt wird, der sie peitscht.»

«Oh. Claire. So einen Raum hat sie wirklich? Das ist ja interessant.»

«Ja. Ich war auch überrascht, hatte ich diese Zuchtböcke doch bisher nur bei uns und bei einigen Soirées zu Gesicht bekommen. Dann führte sie mich weiter und bevor sie eine Türe öffnete, sagte sie mir, ich solle mich ganz leise verhalten, da der Raum gerade genutzt würde. Es sei der ‹*Raum der Frage*›, so nannte sie ihn. ‹*Le chambre de la question*›. Es war ein Raum, der in der Mitte durch einem riesigen durchsichtigen Gaze-Vorhang auf der ganzen Länge geteilt war. Die

Hälfte, wo wir eintraten, war dunkel. Nur mit Mühe konnte ich erkennen, dass dort zwei lange Chaiselongues standen und auf einem ein nacktes Mädchen auf dem Glied eines ebenso nackten Herrn saß und ihn sehr langsam ritt. Beide schauten gebannt zu dem Gazevorhang, hinter dem, im hellen Teil des Raumes, ein älterer Herr gut zu erkennen war, der ein vor ihm auf allen Vieren kniendes Mädchen von hinten fickte und dabei die Reitgerte schwang.»

«Och, wie erregend, Claire. Nicht wahr Anna?»

Anna, die vom Zuhören rote Wangen bekommen hatte, antwortete: «Ja Madame.»

«Ich kann dir sagen, Isabelle, das hatte mich sehr erregt. Die Gourdan wollte aber, dass wir diesen Raum schnell wieder verlassen. Vor der Türe erzählte sie mir, dass es auch einige Hohe Herrn gäbe, die nach entsprechender Bezahlung natürlich, befreundete Paare mitbringen können. Die sich dann im dunklen Teil hinsetzen und zusehen können, wenn er ihnen im von unzähligen Kerzen hell erstrahlten Teil zeigt, wie er ein junges Mädchen peitscht und fickt.»

«Och. Das gibt es?»

«Ja, Isabelle und so wie es scheint auch öfter. Sie sagte auch, dass öfter Ehemänner mit ihren jungen Frauen kommen, um ihnen zu zeigen, wie ein Mädchen gezüchtigt wird. Dann ging die Gourdan mit mir in einen hinteren Trakt des

Palastes. Dort führte sie mich in einen Raum, der ‹*Jardin de fleurs*›, wie sie ihn nannte, in dem drei große Chaiselongues in einem Halbkreis zusammengestellt waren. Sie forderte mich auf, Platz zu nehmen und ließ nochmals von einem nackten Mädchen zwei Gläser Champagner bringen. Sie sagte mir, dass sie diesen Raum ‹*Le jardin de fleurs*›, den ‹*Garten der Blumen*› nennt, weil die Mädchen, die sie hier vorführt alle zur Defloration, zum Pflücken ihrer Blume bestimmt sind.

Sie läutete eine Klingel und nacheinander traten sechs Mädchen ein und stellten sich vor uns. Ich muss sagen, ich war von der Schönheit dieser Mädchen überrascht. Alle waren splitternackt, hatten eine sehr gute Figur, waren sehr schlank, hatten kleine Brüste und sehr süße, leicht behaarte Kätzchen. Sie waren blond oder schwarzhaarig und hatten ganz liebliche Gesichter.

Isabelle, du kannst es vielleicht nicht glauben, aber selbst ich hatte eine solche Anzahl wirklich schönster Mädchen noch nie zuvor auf einmal gesehen. Du weißt ja, wie schwer es ist, ein wirklich außergewöhnlich schönes jungfräuliches Mädchen zu finden und du braucht ja auch immer lange bei deiner Suche.»

«Das kann ich dir bestätigen, Claire, und ich habe mir viele Mädchen in meinem Leben sehr genau angesehen.»

«Ja, das glaube ich. Die Gourdan ließ die

Mädchen sich herum drehen und sie zeigten mir ihre wundervollen Popos. Ach, war das ein schöner Anblick. Ich hätte sie in diesem Moment alle mitnehmen können. Dann erzählte sie mir, dass erst letzten Monat wieder zwei jungfräuliche Mädchen von ihr durch Mätressen des Königs für den Hirschenpark in Versailles ausgesucht worden seien. Anna, der Hirschenpark, das ist ...»

«Claire. Entschuldige. Anna weiß was der Hirschenpark ist. Ich habe es ihr schon ausführlich beschrieben.»

«Das ist gut, Anna. Na. Einzeln ließ die Gourdan dann die Mädchen zu mir vortreten. Die Mädchen mussten jeweils ein Bein auf die Lehne bei mir stellen, sodass ich uneingeschränkten Blick auf ihr jeweiliges Kätzchen erhielt. Ich sage dir, Isabelle, die Kätzchen, die ich da sah und auch befühlen durfte, waren wirklich ausgesuchte Schätze. Aber mir hatte vom ersten Moment das zweite Mädchen gefallen, weil sie die Zierlichste, aber dennoch nicht die Kleinste war. Außerdem besaß sie nicht nur das süßeste Gesicht, sondern auch den süßesten Popo. Ich sagte der Gourdan, dass ich mich entschieden hätte und sie bedeutete den anderen Mädchen, dass sie gehen können.»

«Da hast du dich aber schnell entschieden, Claire.»

«Ja, Isabelle. Weißt du, manchmal hat man so eine innere Stimme, die einem zuflüstert. Das hatte ich dort auch. Es ist ein ganz liebes Mädchen. Die Gourdan hieß sie, sich auf meinen Schoß zu setzen und ich konnte nicht anders, als sofort meine Hand zwischen ihre zarten Schenkel zu schieben und ihr Kätzchen zärtlich zu befühlen. Die Gourdan sah mir amüsiert zu, sagte mir, dass das Mädchen Louise heißt, sie aus Épinay-sur-Seine nahe bei Paris stamme und von einer ihrer Damen, die für sie arbeiten, entdeckt worden sei.

Dann kam der schwierige Teil. Ich musste mit der Gourdan handelseinig werden. Sie verlangte 80 Louisdor für das Mädchen. Worauf ich ihr antwortete, das sei sehr viel und dass ein kleiner Beamter dafür fünf Jahre arbeiten müsse. Die Gourdan lachte über meine Bemerkung. Sie fand den Satz lustig. Das hätte noch niemand zu ihr gesagt. Na ja. Ich wollte auch nicht lange handeln, sagte ihr aber, dass ich natürlich diese Summe nicht bei mir hätte; dass ich bei Bischof Legrand residiere und eine vertrauenswürdige Person mich begleiten könne, die das Geld beim Bischof in Empfang nehmen könne. Als sie den Namen Legrand hörte, sagte sie sofort zu. Sie hätte volles Vertrauen zu mir. Bischof Legrand sei ein gern gesehener Gast in ihrem Etablissement und sie kenne ihn persönlich.

Das erste Wort, das ich an die Kleine richtete, sagte ich in einem äußerst strengen Ton. Um ihr von Anfang an zu zeigen, wie sie sich zu verhalten hat. Ich sagte zu ihr, dass ich ab jetzt absoluten Gehorsam verlange und sie brav gehorchen müssen. Ich fragte sie auch nochmal, ob sie dies verstanden habe, worauf sie brav mit ihrem Kopf nickte und ein leises ‹Oui› sprach. Es war ganz süß. Ich ließ sie sich dann wieder auf das Sofa gegenüber setzen.

Die Gourdan war von meinem Satz beeindruckt und meinte, ich hätte wohl Erfahrung in der Erziehung junger Mädchen. Ich erzählte ihr, dass ich, seit ich die Mätresse des Marquis bin, schon etliche Mädchen für ihn zu Luststuten ausgebildet hätte, die wir dann an Freunde abgegeben hätten und dass ich auch über die entsprechende Literatur verfüge, dass ich eine Anhängerin der ‹*Dressage conséquente*› bin, die für diese spezielle Erziehung notwendig ist. Sie war begeistert, als sie das hörte und lud mich spontan auf ein gemeinsames Essen in ihrem hauseigenen Restaurant ein.»

«Sie hat ein Restaurant im Haus?»

«Ja, Isabelle. Ich war erstaunt, zum einen hatte ich auch nicht erwartet, dass ein solches Etablissement ein Restaurant beherbergt, zum anderen, dass die Gourdan so überaus freundlich wurde und mich einlud. Mein Hinweis, dass ich Gast des Bischofs bin, hatte wahrscheinlich auch seine Wirkung nicht verfehlt.

Die Gourdan ließ darauf hin für meine Louise einen knappen und durchsichtigen Umhang kommen und bat mich ihr zu folgen. Sie sagte mir auf dem Weg in den zweiten Stock, wer vom Liebesspiel hungrig geworden sei, könne sich im Restaurant sogleich stärken.

Es war mehr als beeindruckend, als wir eintraten. Ein Spiegelsaal mit mannshohen Spiegeln an den Wänden, nur unterbrochen von Ölgemälden, die edel gekleidete Männer mit nackten jungen Mädchen in verführerischen Posen zeigten. An einigen Tischen saßen ein paar Herren mit ihrem Mädchen und schauten natürlich auf, als wir uns setzten. Die Gourdan beruhigte mich sofort und erklärte mir, dass nicht nur Herren ihr Etablissement aufsuchten, sondern auch viele edle Damen herkommen und speisen würden, und sich hier ein Mädchen für gewisse Dienste aussuchten. Serviert wurden Austern als Vorspeise, *«Boeuf à la ficelle»*, in Gemüsebrühe gegartes Rindfleisch als Hauptspeise, sowie Käse und Dessert. Die Kellnerinnen wirkten auf die hohen Herrn allein durch ihre Aufmachung appetitanregend. Sie waren alle nackt - von ihren Schuhen und einer Kamelie im Haar abgesehen und einer winzig kleinen weißen Schürze vor ihrem Kätzchen, die hinten über ihrem nackten Popo mit einer großen Schleife zusammengebunden waren. Die Gourdan sagte mir auch, sie sei Mitglied in einer der exklusivsten Damenvereinigungen, der Tribadinnen von Clichy, zu deren Abende nur Frauen zugelassen würden und sie mich, wenn ich Interesse hätte, gerne einladen würde. Das hätte mich schon interessiert, zumal sie mir erzählte, dass sich ihre Freundinnen in Clichy der strengen Erziehung junger Stuten widmen und sich gegenseitig in der Handhabung verschiedener Peitschen schulen. Ich bedankte mich bei ihr, aber ließ sie zugleich wissen, dass ich schnell nach Besancon mit dem Mädchen zurückkehren müsse.»

«Das wäre sicherlich interessant gewesen.»

«Ja, Isabelle. Beim nächsten Besuch in Paris werde ich eine Einladung der Goudan zu diesen Freundeskreis sehr gerne annehmen.

Wir unterhielten uns noch eine ganze Stunde, insbesondere über die Erziehung jungfräulicher Mädchen in der Anfangsphase. Sie sagte mir dabei, dass sie nur die Hälfte der jungfräulichen Mädchen an Mätressen hoher Herren wie mich abgebe, die die Erziehung zur Luststute selbst leiten und sie denen gerne mit Rat und Tat zur Seite stehe. Nur an eine ausgewählte Klientel hoher Herrn gebe sie Jungfrauen ab, die diese entweder nach der Entjungferung zurückbringen, oder aber einige Zeit später. Sie diese Mädchen dann gerne wieder aufnehme und dann mit der eigentlichen Ausbildung zur Luststute beginne, damit sie in ihrem Etablissement arbeiten können. Fast alle Luststuten, die ich im ‹*Salon de disposition*› gesehen hätte, seien ehemalige Jungfrauen gewesen, die sie vermittelt habe und die danach die besondere Erziehung bei ihr genossen hätten, um in diesem Haus dienen zu können. Auf meine Frage nach der Art der Erziehung, sagte sie mir freimütig, dass sie auch die konsequente Erziehung bevorzuge, bei der ab und zu auch die Reitgerte zum Einsatz komme. Dies sei auch zur Vorbereitung notwendig, da fast alle hohen Herrn eine regelmäßige Züchtigung für notwendig erachten. Wir verstanden uns dann ausgezeichnet, als ich ihr sagte, dass ich es natürlich einfacher habe, da ich täglich die Erziehung bei meinem hohen Herrn leiten kann.»

«Das ist interessant Claire. Was sagte sie darauf. Du weißt, dass ich gerne Erfahrungen älterer Erzieherinnen höre.»

«Ja. Sie sagte mir, dass dies genau ihr Problem sei. Bei der konsequenten Erziehung muss eine Jungfrau nach der Entjungferung über mehrere Wochen täglich und am besten mehrmals täglich zugeritten werden. Nur dadurch kann man sie für eine weitere Ausbildung zur einer willigen Luststute konditionieren.»

«Ja, das sage ich auch.»

«Ja. Isabelle. Die Gourdan sagte mir, dies könne sie natürlich nicht gut kontrollieren, wenn sie die Mädchen an Herrn abgebe, die keine in der Erziehung bewanderte Frau an ihrer Seite haben. Zurzeit beherberge sie drei Mädchen in separaten Zimmern, die als Jungfrauen von hohen Geistlichen erworben wurden und von diesen eben leider nicht täglich zugeritten werden. Aber sie habe die Comtesse de Grignan, die für sie als Erzieherin dieser Mädchen arbeite und auch Hausbesuche bei anderen hohen Herrn mache, um ihnen bei der Erziehung, letztendlich auch mit der Reitgerte, zu unterstützen. Die Comtesse sei auch eine ihrer Freundinnen aus Clichy und die Erfahrenste in der Handhabung der Peitsche, bei der Erziehung junger Stuten. Ich sollte sie kennenlernen. Isabelle, ich sage dir, das war alles berauschend, was die Gourdan mir erzählte. Und dann machte sie mir ein sensationelles Angebot. Du wirst es nicht glauben, Isabelle.»

«Na. Spanne mich nicht so auf die Folter. Erzähl schon.»

«Sie rief eine der Kellnerinnen und sagte einen Mädchennamen, dass sie mit der hölzernen Schatulle kommen soll. Dann erklärte sie mir, dass sie seit ein paar Jahren sogenannte *‹odemiché›*, *‹Plaisier des dames›*, herstellen lässt und sie in großer Stückzahl verkaufe. Sogar an einem englischen Adligen und einem arabischen Herrscher für seinen Harem. Ich war natürlich gespannt. Nach einiger Zeit erschien ein bildhübsches, etwa zwanzigjähriges splitternacktes Mädchen. Sie sah wirklich gut aus, hochgesteckte blonde Haare, schlank, üppige Brüste und sie hatte einen länglichen Holzkasten in der Hand. Die Gourdan sagte ihr, dass sie den Kasten öffnen und mir zeigen sollte. Weißt du, was da drin war?»

«Nein. Sag schon!»

«Eingebettet in einer gepolsterten Halterung lag darin ein aus feinstem Edelholz glatt poliertes steifes Glied eines Mannes. Du glaubst es nicht. Es war so lang wie mein Unterarm und genauso dick. Auch die Spitze des Gliedes war exakt nachempfunden und dicker als der Schaft. Die Gourdan nahm diesen ‹*Godemiché*› heraus, befahl dem Mädchen vor ihr ein Bein auf ihren Stuhl zu setzen und führte dies Ding in das Kätzchen des Mädchens tief ein.»

«Unglaublich. Und sie verkauft diese Dinge?»

«Ja. Sie sagte mir, dass sie zwar zurzeit keine mehr habe, da alle verkauft seien, aber sie würde mir gern einen reservieren, da sie in den nächsten Tagen wieder 20 bekommen würde.»

Die Gräfin lachte und auch Anna musste schmunzeln.

«Und, hast du dir einen reservieren lassen?»

«Nein, Isabelle. Ich bin mit meiner Louise schnell in mein Quartier und habe der Dame der Madame Gourdan ihre 80 Louidor gegeben.»

«Und dann? Na sag schon Claire. Gestehe!»

Claire zierte sich etwas. «Hmm, du kannst es dir ja denken. Ich konnte nicht widerstehen, mir die Kleine genau anzusehen. Ich zog sie nackt aus und habe mir lange und intensiv ihr Kätzchen und ihren Po angesehen. Traumhaft. Aber nicht, dass du denkst, ich hätte mehr mit ihr gemacht.

Ich bin zwei Tage später, nachdem ich bei diesem Notar gewesen bin, abgereist und war nach drei Tagen wieder in Besancon. Dort haben Charles und ich uns an der Kleinen erfreut und am nächsten Tag hat er sie entjungfert. Es war ein ganz stilvoller Abend, mit Kerzen und Champagner. Am Tag darauf erhielt sie auch ihre erste Züchtigung. Es war so herrlich und so erfrischend zuzuschauen, Isabelle.»

«Das glaube ich dir gerne, Claire. Ich beneide dich.»

«Seitdem wird sie von Charles täglich zugeritten und ich hoffe, er tut es auch genauso konsequent, während ich jetzt hier unterwegs bin. Tja, Isabelle. Jetzt habe ich auch so eine niedliche Louise, wie auf dem Kupferstich zu sehen ist, den ich dir mal geschenkt habe. Sie hat ganz genau so einen süßen Popo, wie die Louise-Marie vom König.»

Vorführung

Maximilian. Welch Freude dich zu sehen!»

«Liebste Claire. Lass dich umarmen. Entschuldige, dass ich erst jetzt komme, aber wir haben ein neues Fohlen bekommen und da musste ich natürlich dabei sein.»

«Oh. Maximilian. Wie schön. Ein Fohlen. Anna, hast du das gehört. Das werden wir uns alle morgen gemeinsam ansehen. Nicht wahr, Claire? Das willst du auch sehen.»

Die Mamsell und eine Magd traten ein und servierten das Essen.

«Claire. Erzähle. Wie war die Reise? Was führt dich hierher, soweit in den Osten?»

«Die Reise war gut, Maximilian. Ich bin mit unserem geschlossenen Zweispänner und zwei Reitern unterwegs. Wir sind über Straßburg, Würzburg, Dresden und Krakau nach Drohiczyn. Dort war ich nur einen Tag und eine Nacht Gast des Grafen Karol Hauke-Bosak und habe ihm meine Luststute Antoinette übergeben.»

«So so. Übergeben.»

«Ja. Maximilian. Er hatte sie bei uns bei einer Soirée kennengelernt und wollte sie unbedingt haben, um sie zu seiner Mätresse zu machen. Er hat fürstlich gezahlt. Na ja, ich freue mich jedenfalls, dass ich dies nutzen konnte, euch zu besuchen. Ich muss spätestens übermorgen zurück. Die Rückreise wird auch etwa zehn bis zwölf Tage dauern, dann war ich nur knapp drei Wochen weg von meinem Charles.»

«Wie geht es ihm?»

«Oh ja. Maximilian. Ich denke, ihm geht es ganz gut. Ich habe ihm just vor meiner Abreise eine neue junge Stute besorgt, die er sicherlich heftig zureitet.»

«Ha. Claire. Das freut mich zu hören. Dann scheint es ihm ja sehr gut zu gehen.»

«Ja, Maximilian. Er ist so vital wie nie zuvor. Aber du hast ja auch eine wunderbare junge Stute. Und ich habe aus ihrem Mund gehört, dass sie sich sehr gerne zureiten lässt.»

«Ja ja. Anna lässt sich sehr gerne von mir zureiten.»

«Nicht wahr, Maximilian», sprach die Gräfin, «Du wirst meiner Schwester gerne zeigen, wie brav sich deine Stute zureiten lässt. Ich denke da an eine ‹*épreuve de dressage*›, eine richtige Dressurprüfung. Das würde dir doch sicher gefallen, oder?»

Anna riss entsetzt ihre Augen weit auf. Sie hatte es sich fast schon gedacht. Die Schwester wird zusehen, wenn sie zugeritten wird. Der Graf rief aus: «Wenn ihr zwei so weiter redet, dann werde ich sie noch hier am Tisch zureiten.»

«Ja, mein Gemahl. Du hast recht. Wir wollen uns gleich einen schönen Abend machen und dann meiner Schwester zeigen, wie weit die Erziehung unserer Stute fortgeschritten ist.»

Sie musste zwischendurch lachen. «Wir sollten wirklich das Thema ändern und in Ruhe dieses herrliche Mahl genießen, sonst werde auch ich ganz aufgeregt. Sag, Claire. Was gibt es sonst Neues zu berichten?»

Die Schwester der Gräfin berichtete über neue Prachtbauten, die der König in Paris erstellt hatte, über die Theater in Paris, die neue Mode und über Tratsch und Gerüchte in Adelskreisen. Dann aber setzte sie etwas hinzu: «Ich hatte einen Termin bei einem Notar in Paris. Er eröffnete mir, dass er nach mir schon lange gesucht habe und das dies durch meinen neuen Namen schwierig gewesen war, mich zu finden. Er informierte mich darüber, dass ein Onkel unseres Vaters, gestorben sei, der keine Erben habe. Da wir die einzigen der Linie sind, steht uns beiden als Erbe ein Haus in Melk, im Königreich Österreich zu. Da er deinen Wohnort nicht herausfinden konnte, hat er nur mich benachrichtigt. Es ist kein Schloss, aber ein gutes Stadthaus. Er gab mir die Unterlagen und Papiere.»

«Huch, Claire. Maximilian. Hast du das gehört? Wir haben geerbt!»

«Das Haus ließe sich leicht verkaufen, da es in der Stadt stehe. Ich denke, da ihr gute Beziehungen nach Österreich habt, beauftragt ihr jemanden, der es verkauft und wir teilen uns den Ertrag.»

«Das ist doch toll Maximilian.»

«Melk kenne ich», erwiderte der Graf, «Schönes altes Städtchen, an der Donau. Ja, meine Damen, wenn es euch recht ist, werde ich mich darum kümmern. Und du, Claire, bekommst natürlich deinen Anteil. Darauf müssen wir noch einen trinken.»

Sie gingen alle in die Bibliothek, setzen sich in die Sitzecke und der Graf ließ noch eine Flasche Rotwein öffnen. Anna servierte und hörte aufmerksam zu, was die Schwester der Gräfin alles über Frankreich zu berichten wusste. Die erzählte von der Opéra Garnier, dem schönsten und größten Opernhaus in Paris und dass sie dort eine Oper besucht hätte, dass die Oper bis auf den letzten Platz ausverkauft gewesen sei und die Damen alle die eleganteste Pariser Mode getragen hätten. Anna hätte gerne mehr erfahren, aber irgendwann änderte Claire das Thema.

«Maximilian, ich habe von deiner Isabelle erfahren, dass du sehr glücklich mit deiner neuen jungen Stute Anna bist.»

«Ohja. Claire. Ich bin sehr zufrieden mit ihr. Sie ist sehr gehorsam.»

«Isabelle sagte mir, dass sie sich sehr gehorsam ficken lässt.»

Anna schreckte auf. Dieses Wort hatte sie jetzt nicht erwartet. Nicht hier und nicht vor dem Grafen.

«Claire», antwortete die Gräfin, «Anna lässt sich sehr gerne zureiten.»

«Jaja. Ich verstehe. Aber ich sage euch, in den Konversationen insbesondere bei den Soirées wird zunehmend nicht mehr von der ‹*dressage*›, dem Zureiten, sondern offen von ‹*La baise*›, vom Ficken geredet. Das Wort Dressur wird nur noch als Andeutung bei normalen gesellschaftlichen Veranstaltungen für die Züchtigung verwendet. Man sagt heute einer Dame von hohem gesellschaftlichen Rang nach der Oper oder dem Diner, ‹*Je veux te baiser*›, Ich möchte dich ficken. Das kling sehr intim. Oder, wenn ein Paar zu Besuch kommt, dann stellt man die Stute vor, indem man offen sagt, ‹*Notre fille est baisée*›, unser Mädchen wird gefickt.»

Anna hatte wieder schamhaft rote Wangen bekommen.

«Tja, Anna», sagte die Gräfin, «In Frankreich wird halt gerne gefickt. Deswegen versuche ich auch etwas von dieser hohen Kultur hier bei uns zu erhalten. Das macht rote Wangen, nicht wahr?»

«Ihr zwei macht mich wild», sprach der Graf, «wie ein Hengst vor der rossigen Stute. Anna komm her zu mir. Wir gehen in mein Gemach und da werde ich dich ficken. Es ist schon viel zu spät, durch das viele Erzählen. Ihr zwei, meine Damen, seid herzlich eingeladen, uns zu folgen. Na, das wird ein Abend.»

«Maximilian», rief Claire. «Ich habe für euch eine Kiste mit zehn Flaschen Champagner mitgebracht. Hättest du Lust mit uns bei der Vorbereitung deiner Stute anzustoßen?»

«Champagner ist mir immer willkommen. Unsere Vorräte sind schon lange alle.»

«Ich habe der Mamsell bereits gesagt, dass sie zwei Flaschen in dein Gemach stellen soll. Gehen wir und genießen ein Glas Champagner.»

Im Gemach des Grafen nahmen die Herrschaften auf dem großen Sofa Platz und Anna begann die Champagnergläser zu verteilen. Ein scharfer Blick des Grafen ließ sie schnell an ihre Aufgabe erinnern und sie zog sich nackt aus. So splitterfasernackt öffnete sie eine Flache, schenkte ein und reichte dem Grafen und den Damen jeweils ein Glas

.«Schenk dir auch ein Glas ein, Anna. Du darfst mit uns anstoßen. Nicht wahr, mein Gemahl?»

«Ja. Sie soll den Champagner probieren, er lockert die Sinne. Komm her zu mir und setzte dich neben mich.»

Sie stießen alle miteinander an und der Graf bestand darauf, dass auch Anne ihr volles Glas austrinken musste, um danach alle Gläser wieder zu füllen.

«Maximilian, du hast eine wunderschöne junge Stute an deiner Seite. Ich habe mich heute Nachmittag schon eingehend mit ihr unterhalten können und sie hat auf mich einen sehr guten Eindruck gemacht. Sie ist bezaubernd und wie deine Isabelle mir sagte, lässt sie sich äußerst gehorsam ficken.»

«Ho ho!», rief der Graf, sicherlich vom Rotwein zuvor und dem Champagner jetzt, sehr aufgeregt, «Ja, meine Stute lässt sich gerne ficken. Nicht wahr, meine Kleine. Du bist meine kleine Fickstute. Hast du der Claire denn schon dein Kätzchen gezeigt.? Na. Öffne deine Beine! Wir sehen alle gerne dein Kätzchen, denn dein Kätzchen ist zum Ficken da.»

«Maximilian. Ich hatte schon die Ehre, Annas Kätzchen zu begutachten. Sie hat auch einen höchst anmutigen Po!»

«Ja. Claire. Sie hat einen süßen engen Po und es ist eine Freude ihn zu ficken. Ach, das erregt mich wahnsinnig. Anna öffne meine Hose und blase die Flöte.»

Anna kniete sich zwischen die Beine des Grafen, aber der Graf zog seine Hose ganz aus und hielt dann sein steifes Glied zu Annas Mund hin. Während Anna das Glied des Grafen blies, standen die Gräfin und ihre Schwester auf und gingen nach nebenan in das kleine Ankleidezimmer. Die beiden Frauen entledigten sich schnell ihrer Kleidung.

«Claire! Was hast du denn an?»

«Habe ich mir aus Paris mitgebracht. Drei Stück. Es ist eines von den neuen Schnürmiedern. Madame Gourdan hatte mir die Adresse der Schneiderin in der Rue du Temple gegeben. Es ist ursprünglich ein weißes mit Fischbein verstärktes steifes Mieder. Ich habe es mit schwarzer Seide aus Lyon beziehen lassen. Gefällt es dir?»

«Das ist phantastisch, Claire. Ich habe darüber gelesen, dass es jetzt steife Mieder gibt. Aber in unserer Gegend ist so etwas nicht zu bekommen. Ich ziehe mein Chiffon Kleid an.»

«Oh. Isabelle. Das ist auch schön.»

Die beiden Frauen kamen wieder zurück zum Grafen und setzten sich auf das Sofa.

«Claire!», rief der Graf aus, «Du siehst gut aus. Das ist ja ein interessantes Kleidungsstück.»

«Danke für das Kompliment, Maximilian.»

Die Gräfin und ihre Schwester lehnten sich zurück, tranken Champagner und sahen, wie sich der kleine Kopf von Anna auf und ab bewegte.

«Sehr brav», flüsterte Claire. «Sieht ganz gut aus. Sie bewegt den Kopf sehr gleichmäßig.»

«Das hat sie auch die letzten Tage oft und ausdauernd üben müssen.»

«Schluckt sie?»

«Ja. Sogar ausgezeichnet, denn Maximilian entlädt immer heftig. Das hat sie von Anfang an gehorsam getan. Ich brauchte ihr nicht die Peitsche zu geben.»

«Erstaunlich. Ist sonst bei den Mädchen immer eine schwierige Erziehung. Ist sie auch schon richtig in den Mund gefickt worden?»

«Da bin ich sehr konsequent. Ich habe ihr von Anbeginn klar gemacht, dass sie auch in ihren süßen kleinen Mund gefickt wird und zu schlucken hat. Erst gestern habe ich ihren Kopf mit beiden Händen fest gehalten, damit Maximilian sie richtig in den Mund ficken konnte und sie hat brav geschluckt. Ich hab es ihr immer wieder gesagt, dass, wenn ich es von meinem Gemahl hören würde oder wenn ich selbst sehe, dass auch nur ein einziger Tropfen aus ihrem Mund kommt, dass sie dann gezüchtigt wird.»

«Sie kann es wirklich ausdauernd. Alle Achtung.»

«Das ist ja das Erstaunliche an Anna. Sie bemüht sich immer. Es gibt andere, die sind einfach lustlos bei der Sache oder einfach faul.»

«So, wie ich das sehe, ist dein Mann immer noch gut bestückt.»

«Das kann man wohl sagen. Claire. Ein Hengst, was sonst?»

«Wann war der Hengst das letzte Mal bei dir? Isabelle?»

«Oh. Claire. Du wirst es nicht glauben. Die letzten Tage zweimal und beide Male war Anna dabei.»

«Das ist sehr gut, wenn ein junges Mädchen früh zusehen kann, wie eine Frau gefickt wird. Das ist ein ganz anderer Eindruck, als wenn sie immer nur selbst gefickt wird. Es zu sehen, bleibt dann ein einprägsames Bild vor ihren Augen.»

«Claire. Ich denke, das ist für die Erziehung überhaupt wichtig, dass sie sieht, wie gefickt wird. Sie durfte auch zusehen, wie Maximilian mein Stubenmädchen gefickt hat. Da lernt sie, es als natürlichste Sache der Welt zu sehen. Denn es soll ja in Zukunft der Mittelpunkt ihrer Welt sein.»

«Das ist ein guter Satz. Den muss ich mir merken. Er klingt sogar romantisch.»

«Ja? Findest du? Na ja, romantisches Ficken wird sie noch gelehrt bekommen. Später. Vielleicht mal auf dem Bärenfell vor dem großen offenen Kamin im Salon.»

«Da wäre ich gerne dabei. Sag mal, Isabelle. Ich habe eben den Bock hinten in der Ecke stehen sehen. Wenn er sie gleich da hinführt um sie zu ficken, darf ich sie festbinden?»

«Ach, Claire. Warte es ab.»

Der Graf hob Annas Kopf an und bedeutete ihr, aufzustehen. Er erhob sich, zeigte auf den Teppich, der vor dem Sofa lag, auf dem die beiden Damen saßen.

Mit energischer Stimme sagte er: «*En levrette!*»

Anna kniet sich gehorsam auf allen Vieren hin, beugte ihren Oberkörper soweit hinunter, wie es ging und bot ihm ihren Po an.

Staunend flüsterte die Schwester zur Gräfin aufgeregt: «Sie kennt den Befehl! Sie kennt ihn, nicht wahr? Und sie gehorcht. Erstaunlich!»

Die Gräfin sagte nichts, sondern blickte gespannt zu Anna. Der Graf stellte sich hinter Anna. In der rechten Hand hielt er sein steifes Glied und mit der Linken Hand benetzte er seine Finger mit Spuke und schmierte dies um Annas Poloch. Dann stieg er breitbeinig über Annas Po, setzte sein Glied an Annas Schließmuskel und mit den Worten: «Jetzt wirst du gefickt!», schob er sein Glied druckvoll in Annas Po.

Anna stieß einen Schrei aus, aber sie hielt still. Bei jedem Stoß entfuhr aus ihrem Mund ein lautes Aufstöhnen.

Claire ergriff aufgeregt Isabelle›s Arm: «Er fickt sie in den Po!»

«Ja», flüsterte Isabelle.

«Und sie ist nicht festgebunden!»

«Nein, Claire. Anna ist gehorsam.»

«Mein Gott. Ist das schön zu sehen, wie brav sie sich ficken lässt. Das hab ich nicht erwartet. Sie wird erst drei Wochen erzogen und lässt sich brav in den Po ficken. Erstaunlich.»

Der Graf war sehr erregt und nach wenigen Minuten entlud er sich in Anna.

«Brave Stute», lobte er und tätschelte Annas Po. Er ging um Anna herum, hob ihren Kopf an und steckte ihr sein Glied in den Mund. Artig lutschte Anna das Glied sauber.

Als der Graf zurück zum Bett ging und Anna Anstalten machte, aufzustehen, sagte die Schwester der Gräfin plötzlich: «Anna. Bleib da stehen. Ich wünsche es!», und zur Gräfin und dem Grafen gewandt: «Isabelle, Maximilian. Erlaubt ihr mir, etwas vorzuführen?»

«Wenn es dein Wunsch ist, Claire. Dann bitte!», erwiderte der Graf.

Anna sah, wie Claire aufstand und war erstaunt, sie in diesem ihr unbekannten schwarzen Mieder zu sehen, das ihre nackten schweren Brüste hochhob und unten ihr rasiertes Kätzchen frei ließ. Sie kam auf Anna zu und zeigte ihr eine Reitgerte, die sie in der Hand hatte.

«Strecke deine Hände vor!», verlangte sie und legte die Reitgerte auf Annas Hände. Mit der freien Hand strich sie über ihre Brust zu ihrem Kätzchen und begann es zu streicheln.

«Anna, weißt du, was das ist?»

«Madame. Das ist eine Peitsche.»

«Ja. Eine besondere. Weißt du, wofür man sie benutzt?»

«Zum Züchtigen, Madame.»

«Ja. Zum Züchtigen.»

«Warum wird ein junges Mädchen damit gezüchtigt?»

Anna wand sich unter der fordernden Hand der Schwester an ihrem feuchten Kätzchen. Leise antwortete sie: «Damit sie gehorsam ist. Madame.»

«Damit sie stets gehorsam ist! Anna! Diese, meine Reitgerte ist aus Rindsleder, Hand geflochten. Sie wird extra für zarte Popos junger Mädchen hergestellt. Das letzte Mal, wo sie den Popo einer Luststute zieren konnte, das war vor drei Tagen, als meine Antoinette von mir gezüchtigt wurde, damit sie stets ihrem neuen Herrn gehorsam dient. Anna, weißt du, was ich mit meiner Reitgerte machen werde?»

Anna schluchzte: «Sie werden mich züchtigen.»

«Nein, Anna. Ich werde dich nicht züchtigen. Aber ich möchte dir einen einmaligen Eindruck geben, der dir zeigen soll, was es bedeutet, wenn du ungehorsam bist. Bist du bereit dazu? Antworte mir!»

Wimmernd sagte Anna: «Ja. Madame. Ich bin bereit.»

«Oh, Anna. Wie mutig. Du bist ja ein liebes Mädchen!», und ergriff mit beiden Händen ihre Brustwarzen und zog sie lang.

Anna biss die Zähne zusammen und blieb still stehen.

«Ist das schön, Anna?»

«Ja, Madame. Es ist schön», antwortete Anna aufstöhnend, als Claire mit aller Kraft an den Warzen zog.

«Das freut mich zu hören, Anna. Auch wenn es noch nicht so ist, aber es wird dir noch einmal sehr gefallen, wenn deine kleinen steifen Brustwärzchen gezupft werden. Dreh dich herum, beuge dich ganz nach vorne und strecke mir deinen Po entgegen!»

Mit diesen Worten strich die Schwester mit ihrer rechten Hand zärtlich über Annas Wangen und ergriff die Gerte.

Anna beugte sich vor und hielt sich schützend die Hände vor ihren Po.

«Anna. Nimm deine Hände nach vorne und stütze dich auf den Boden ab. Gehorche!»

Anna tat, wie geheißen.

«Spreize deine Beine auseinander! Weiter auseinander! Der Graf und die Gräfin wollen dein Kätzchen sehen!»

Sie spürte, wie die Hand der Schwester ihr Kätzchen zärtlich streichelte. Sie empfand es als äußerst wohltuend, nach dem ungestümen Zureiten durch den Grafen, obwohl ihr diese Stellung nicht behaglich war. *‹So im Stehen, von hinten gestreichelt zu werden, ist schon außergewöhnlich›*, dachte Anna und fühlte, wie das schönste Gefühl in ihr hochstieg und ihr Kätzchen nass wurde. Die Lust genießend drückte Anna sogar ihr Kätzchen der streichelnden Hand entgegen. Sie konnte und wollte es nicht verhindern, sich ganz dieser sinnlichen Lust hinzugeben und spürte, wie langsam aber sicher ihr ganzer Körper von den Wallungen erfasst wurden. Sie freute sich darauf, von der Schwester zum Orgasmus gestreichelt zu werden. *‹Ist das eine Vorführung?›*, fragte sie sich. *‹Soll der Gräfin und dem Grafen, die sicherlich aus nächster Nähe zuschauen, vorgeführt werden, wie sie kommt? Gehört das zur Erziehung, dass man vor Anderen zeigen soll, wie man kommt?›* Es erregte Anna, dass die Gräfin und der Graf zuschauten.

Die erste Welle des Orgasmus überrollte sie, eine Welle reiner Lust. Und während ihr gesamter Körper in der Verzückung erbebte, stöhnte sie laut auf. Ihre Beine verkrampften sich, während sie im Orgasmus zitterte und bebte.

Doch plötzlich hörte die Hand auf. Anna fühlte, wie die Gerte ihren Po berührte und streichelte und anschließend von unten seitwärts ihre Schenkel hoch strich und ihre Schamlippen berührte. Die Gerte teilte ihre Lippen und strich kraftvoll auf ihrer Perle hin und her. Ein neues, ungeahntes Gefühl durchfuhr Anna und sofort erlebte sie wieder dieses orgiastische Gefühl und stöhnte laut auf.

Anna versuchte in den Momenten des Orgasmus, der sie wieder überflutete, das Gleichgewicht zu halten. Sie bemerkte kaum, dass die Reitgerte jetzt lange auf ihrem Po liegen blieb. Zu sehr sehnte sie sich, weiter gestreichelt zu werden. Sie wusste nicht, dass die Schwester Maß nahm.

Die Gräfin und der Graf schauten gebannt zu. Die Gräfin wusste, was passieren würde. Sie kannte ihre Schwester und hatte oft genug bei ihr in Frankreich zugesehen. Sie wusste, was ihrer Schwester gefiel. Sie wusste, das Claire wartete und es genoss, wie sich Annas Atem von Sekunde zu Sekunde intensivierte. Claire erregte ihre Stuten ungeheuer gern auf diese Art. Spannung durch Nichtstun erzeugen war ein Spiel, dass sie beherrschte. Claire blickte zur Gräfin und die nickte kurz.

Blitzschnell kam der Hieb. Der Schmerz brannte auf beiden Pobacken fürchterlich. Anna stieß einen Schrei des Entsetzens aus. Ihr ganzer Körper zuckte zusammen. Das Brennen zog sich von links nach rechts in der Mitte ihrer beiden Pobacken. Sie begann laut zu weinen. Im selben Moment spürte sie, wie sich eine Hand an ihr Kätzchen legte, sie erst leicht, dann immer kräftiger streichelte. Die Hand ihre Schamlippen teilte und mit der ganzen Fläche das Innere ihres Kätzchens streichelte. Immer fester und immer druckvoller wurde sie von der Hand gerieben und Anna erlebte, dass das neue Gefühl, das an ihrem Kätzchen entstand, immer mehr die Oberhand übernahm. Ihr Weinen ebbte ab und verwandelte sich in ein Schluchzen. Anna spürte, dass ihr Kätzchen immer fordernder von einer

Hand gestreichelt wurde, eine Hand, die wohl sehr erfahren und ausdauernd war. Diese Hand wurde immer heftiger und erzeugte in ihr wieder dieses Gefühl der Erregung, das den Schmerz auf den Pobacken verschwinden ließ. Diese Hand steigerte ihre Erregung und Anna fühlte, wie nass ihr Kätzchen wurde. Sie spürte, welch herrliches Gefühl von ihrem Kätzchen ausging. Dieses Gefühl, das langsam ihren ganzen Körper durchströmte, das sie immer heftiger atmen ließ, das sie zittern ließ, das ihren Körper in Wallungen versetzte, ihre Beine zittern ließ - und sie spürte plötzlich dieses erlösende Gefühl eines zweiten Orgasmus, der sie durchschüttelte, der ihren Körper in ein Beben versetzte, sie laut und unüberhörbar aufschreien ließ vor Glücksgefühl.

In diesem Moment schlug die Schwester der Gräfin ein zweites Mal zu. Härter als zuvor. Der Aufschrei von Anna übertönte ihre letzten Lustschreie und sofort spürte sie wieder die Hand an ihrem Kätzchen. Anna zuckte zusammen. Die heftige Bewegung der Hand ließ sofort das wundersame Gefühl entstehen und wieder wurde ihr Körper von wilden Zuckungen erfasst. Ein Gefühl, das nicht enden wollte.

«Anna. Streck mir deinen Po entgegen!», rief Claire.

Sofort erhielt sie drei äußerst schnell aufeinanderfolgende Peitschenhiebe.

Außer Atem, schreiend und schluchzend

ließ sich Anna flach auf den Teppich fallen. Was war das gewesen? Was war mit ihr geschehen? Den ersten Hiebe der Peitsche hatte sie gespürt, sie hatten weh getan, aber dieses Beben in ihrem Körper, dass nicht aufhören wollte, hatte sie gefangen genommen. Aber jetzt, diese drei Peitschenhiebe ließen sie am ganzen Körper erzittern und heftig weinen.

Claire half Anna sich aufzurichten, nahm sie in die Arme, drückte sie ganz feste und küsste sie. Sie drückte den Kopf der schluchzenden Anna in ihren nackten Busen, drehte sie etwas, sodass der Graf und die Gräfin, die auf dem Bettrand saßen, Annas Po und den sich abzeichnenden hellroten Striemen über beide Pobacken sehen konnten.

«Maximilian. Isabelle. Ich habe sie für euch gezeichnet!»

«War das notwendig, Claire?», fragte Isabelle.

«Ja. Isabelle. Anna hat gerade an ihrem eigenen Körper erlebt, wie nah ein kurzer Schmerz und ein ungeahntes Glücksgefühl der Lust beieinander liegen und sich vereinen können. Irgendwann. Irgendwann wird sie mir dafür dankbar sein. Glaubt es mir. Die Zeichnung wird nicht bleiben. Sie wird nach einem Tag verschwunden sein. Aber morgen früh, Maximilian, da hast du das Vergnügung den gezeichneten Popo eines jungen Mädchens ficken zu können und Anna werden wir mit dem Spiegel ihre Zeichnung zeigen und sie wird Stolz empfinden. Sie hat sich sehr tapfer verhalten.»

Claire führte Anna zur anderen Seite des Bettes, ließ sie sich auf den Bauch hinlegen und legte sich neben sie. Isabelle rutschte daneben, mit einem Glas Salbe in der Hand. Als sie die roten Striemen auf Annas Pobacken einrieb, sagte sie zu ihrer Schwester: «Man sieht, du hast sehr viel Erfahrung. Du machst das wohl öfter?»

«Nein, Isabelle. Aber ab und zu muss ein junges Mädchen während der Erziehung gezeichnet werden. Eine schöne perfekte Zeichnung von vier oder fünf Striemen erfreuen immer die hohen Herrn und bieten ihnen einen extraordinären Genuss, wenn sie den ästhetisch gezeichneten Po eines jungen Mädchens ficken können. Eine solche Zeichnung wie bei Anna, ziert ihre schlanken Lenden und macht ihren Po zu einem Juwel.»

Die Schwester rückte eng an Anna, drückte sie an sich, bettete ihren Kopf an ihrer Schulter und zog die Decke hoch. Sie küsste die erschöpfte Anna mit einem lang anhaltenden Zungenkuss.

«Anna», flüsterte sie leise, «du bist ein sehr braves Mädchen. Du darfst sehr stolz sein. Du bist gepeitscht worden, weil es dich schöner macht. Eine Luststute mit Peitschenhieben auf den Po wird deinen Herrn sehr reizen. Morgen darfst du deinem Herrn einen wunderschönen Popo mit rosa Striemen anbieten und er wird dich freudig ficken. Schlaf jetzt und erhole dich.»

Annas Gedanken waren in einer anderen Welt. Noch immer spürte sie den Schmerz auf ihrem Po, erinnerte sich aber gleichzeitig an diese ungeheure Empfindung, die sie heute in ihrem Körper erlebt hatte. Ein Orgasmus, der sie so gewaltig hat erbeben lassen, dass sie schreien musste. Und sie erinnerte sich, dass sie da nicht mehr vor Schmerz, sondern vor reiner Lust geschrien hatte. ‹*Kann ich stolz sein*›, fragte sie sich? ‹*Hat die Schwester nicht gesagt, dass ich morgen dem Grafen stolz meinen wunderschönen Popo anbieten soll? Mein Popo ist ein Juwel? Müssen Luststuten ihrem Herrn immer so einen Popo anbieten? Schauen bei einer Soirée all die eleganten Damen und hohen Herren zu, wenn eine Luststute gepeitscht wird?*› Über all diese Fragen, die sich Anna stellte, schlief sie ein.

Anna wurde von der Gräfin und ihrer Schwester geweckt. Sie rieb sich die Augen und ihr fielen die Szenen der Nacht ein. Sie befühlte mit der Hand ihren Po und zu ihrem Erstaunen empfand sie dort keinen Schmerz mehr. Ernüchterung überkam sie, als die Gräfin sie aufforderte, sich vor dem Bett auf den Boden zu knien und sie an ihren Händen ergriff und ihr Oberkörper flach auf das Bett gezogen wurde. Sie sah gegen das Licht, das durch das Fenster drang, in Umrissen den Grafen stehen, der schon in Erwartung sein steifes Glied rieb. Er kniete sich hinter Anna und betrachte und befühlte lange Minuten die rote Zeichnung auf Annas Po, der hell weiß im Sonnenlicht glänzte. Die Gräfin salbte Annas Poloch ein und Anna wusste, was geschehen würde.

Mit einem Aufschrei des Entzückens stieß der Graf sein steifes Glied in das Kätzchen des Mädchens und fickte sie kraftvoll und ohne Unterbrechung. Anna fühlte, dass die große Erregung ihr Kätzchen erfasste und es ganz nass werden ließ. Als ihre Erregung größer wurde, ergriff der Graf ihre beiden Lenden, zog sein Glied aus ihrem Kätzchen und schob es langsam aber unaufhaltsam tief in ihren Po. Anna schrie so laut sie konnte bei jeden Stoß, als er sie fickte. Sie wollte nicht weinen, hielt ihre Tränen zurück und gab sich den wilden Stößen des Grafen hin, bis er mit dem Schrei eines brünstigen Hirsches seinen Samen in ihren Po entlud.

Anna wachte auf. Sie wusste im ersten Moment nicht, wo sie war. Dann fiel ihr ein, dass der Graf sie vor dem Bett, auf den Boden kniend, zugeritten hatte. Schließlich sah sie die Gräfin und ihre Schwester nackt in ihren hauchzarten Negligés am Frühstückstisch sitzen und sich unterhalten. Sie war wohl wieder eingeschlafen und fühlte sich auch sehr ermattet. Nach und nach hörte sie, über was die beiden Frauen sich unterhielten.

,«Wie oft ist sie gefickt worden?»

«Wenn du das genau wissen willst, dann müsste ich in ihrem Stutenbuch nachlesen, in das sie jedes Mal eintragen soll, wann und wie sie gefickt wurde.»

«Oh. Isabelle. Du lässt sie ein Buch führen?»

«Ja. Ich hatte das mal von irgendeiner der Damen bei einer Soirée gehört, die mir erzählte, dass sie ihre Luststute zwang jedes Mal aufzuschreiben, wann sie gefickt wurde. Wir machen es auch im Gestüt mit den Stuten. Ich fand das eine gute Idee. Ich dachte, du kennst das!»

«Nein. Isabelle. Aber das ist ein großartiger Hinweis. Ich kann doch noch von dir lernen. Das werde ich sofort, wenn ich zurück bin von der kleinen Louise verlangen. Das ist ja herrlich.»

«Also, Claire, Anna ist, seitdem sie hier ist, ganz sicher jeden Morgen gefickt worden, denn darauf kann Maximilian nur sehr schwer verzichten. Sicher ist auch, dass sie oft Mittags beim Mittagsschläfchen, das Maximilian hält, vorher gefickt wurde. Ja und Abends ist es oft das eine oder andere Mal, wenn Maximilian morgens oder mittags verhindert war, nachgeholt worden.»

«Das ist sehr gut. Der Kern der Erziehung. Gerade so junge Mädchen müssen die ersten Wochen tagtäglich regelmäßig gefickt werden. Und was auch wichtig ist, sie müssen streng dazu erzogen werden. Durch einen ganzen Tag in einer Atmosphäre der permanenten Erotik, das klare Bewusstsein zu erhalten, dass sie hier ist, um sich gehorsam ficken zu lassen.»

«Das ist Bestandteil meine Erziehung, Claire. Morgens nach dem Morgenritt ist sie verpflichtet zwanzig Kniebeugen zu machen und ich habe es ihr offen erklärt, dass es nur dazu dient, dass sie gut auf dem Glied des hohen Herrn reiten kann. Ich unterrichte sie täglich, nicht nur in Französisch, nein, immer gemischt mit Anweisungen, wie sie sich ficken lassen muss. Dann erhält sie Reitunterricht, auch mit dem Mädchensattel mit den Noppen, du kennst das ja. Sie muss auch täglich laufen und bekommt jedes Mal gesagt, warum sie laufen muss, um ihre Muskeln zu lockern, damit sie das Glied besser aufnehmen kann. Und, sie bekommt von mir ausschließlich galante und sogar frivole Bücher, die sie in ihrer Freizeit lesen kann.»

«Ich sehe schon, Isabelle. Du bist die Perfektionistin, das warst du früher auch schon.»

«Na. Untertreibe nicht, Claire. So perfekt wie du Annas Po gezeichnet hast - das ist eine Kunst. das kann nicht jeder.»

«Ja, da bin ich auch stolz drauf. Das kann wirklich nicht jeder. Ich vertraue dir etwas an. Seitdem es sich in gewissen Kreisen herumgesprochen hat, dass ich das beherrsche, werden Charles und ich öfter von seinen Freunden eingeladen, damit ich die jeweilige Luststute oder sogar die Mätresse peitschen soll. Vor einem halben Jahr hatte Charles einen Freund mit seiner

Mätresse und seiner Stute eingeladen. Der hatte mich gebeten, nachdem ich seine Stute gezüchtigt hatte, auch seine Mätresse zu peitschen. Die war vollkommen überrascht, dass sie auch gezüchtigt werden sollte und schrie und strampelte mit ihren Beinen, als wir sie auf unseren Zuchtbock festbanden. Auf Wunsch ihres Herrn, durfte ich sie richtig auspeitschen, da sie wohl oft übermütig geworden war. Er wollte, dass ich ihr eine nachhaltig wirkende Lektion erteile. Ihr Popo war dunkelrot eingefärbt, als ich fertig war und sie schwor ihrem Herrn mit Tränen in den Augen, nie mehr übermütig zu sein. So schön kann Erziehung wirken. Ich sehe es auch als eine künstlerische Herausforderung an, den Po eines Mädchens oder einer jungen Frau so zu zeichnen, dass es ein formvollendetes, harmonisches und stilvolles Bild entstehen lässt. Es gibt so viele Hohe Herrn, die es entweder gar nicht können oder ihre Schläge landen auf den Schenkeln oder dem Rücken. Ich sage vorher offen, wenn ich dazu eingeladen werde, dass ich es nur mache, wenn ich es mit meiner rücksichtsvollen Fürsorge nach meiner Art und mit meiner Reitgerte ausführen kann. Ich sage den Mätressen und ihren Herrn, dass das, was ich und auch einige andere Damen der Gesellschaft beherrschen, einen wesentlichen Anteil an der Entwicklung zu der hohen Kultur der lustvoll anmutigen Züchtigung bei Soirées in Frankreich hat. Eine stilvolle und elegante Art der Züchtigung und eine kunstvolle Zeichnung sei mein Ziel, nicht brutales unüberlegtes Schlagen. Es wird von allen akzeptiert und begeistert gewürdigt.»

«Da hast du recht. Ich kann es nicht so wie du, hatte nur selten die Möglichkeit. Maximilian kann es, er ist ja auch ein exzellenter Reiter. Natürlich ist es bei mir Bestandteil der Erziehung. War es auch bei Anna.»

«Ich denke, Anna muss öfter gezüchtigt werden?»

«Ja, Claire. Maximilian hat ihr ein paar Mal Hiebe gegeben und ich auch, um ihr die Konsequenzen aufzuzeigen, aber es hinterließ keine Striemen. Wenn du die Züchtigung bei deiner Erziehung intensiver nutzt, kräftiger und regelmäßiger peitscht, so habe ich dafür vollstes Verständnis und erkenne an, dass es manchmal das beste Mittel ist, gerade jungen Mädchen über innere Zweifel hinwegzuhelfen. Sie benötigen nun mal naturgemäß eine äußerst strenge Erziehung, um zu erkennen, was ihre Aufgabe ist und wie sie zu dienen haben. Man kann sicherlich sagen, dass es eine außergewöhnliche sensible Erziehung ist, die man beherrschen muss, um junge unerfahrene Mädchen dahin zu führen, dass sie sich gehorsam ficken lassen. Aber bei Anna hatten wir ja erst begonnen mit der Dressage.»

«Da pflichte ich dir bei. Isabelle. Ziel dieser

sensiblen, aber strengen Erziehung, die natürlich Zeit braucht, muss sein, dass ein solches Mädchen allein beim Anblick der Peitsche in Erregung gerät, ihr Kätzchen unter scharfen Peitschenhieben feucht wird, da sie dann sicher weiß, dass sie gefickt wird.»

«Es macht immer wieder Spaß, Claire, sich mit dir über Erziehungsfragen zu unterhalten. Es ist wunderbar für mich, von deinem Erfahrungsschatz zu profitieren. Wann haben wir uns das letzte Mal gesehen, was es vor zwei oder drei Jahren?»

«Es war vor drei Jahren. Bei eurem Besuch in Besancon.»

«Ach ja. Schon so lange her. Wie die Zeit vergeht. Aber du bist mit deinem Charles glücklich, nicht wahr?»

«Ja. Er erfüllt mir alle Wünsche. Ich bin gerne seine Mätresse. Seine Angetraute hat er seit Jahren nicht gesehen, sie lebt in der Provence. Dafür bekommt er von mir auch genügend junge Mädchen, die sein Gemüt erhellen.»

«Wie viele sind es im Jahr. Wenn ich dich das fragen darf?»

«Höchstens zwei im Jahr. Ich nehme nur jungfräuliche Mädchen in die Ausbildung. Andere und ältere würden zu viele Probleme bereiten. Deswegen freue ich mich auch auf eine baldige Rückkehr, um die eigentliche strenge Erziehung der kleinen Louise beginnen zu können. Ich kann mich da ganz auf meinen Charles verlassen. Wir haben uns abgesprochen, dass er sie nur fickt und wenn notwendig mit der Hand züchtigt. Da ich erfahrener bin, werde ich nach meiner Rückkehr mit der Züchtigung durch die Reitgerte beginnen. Ach, Isabelle. Louise hat einen solch süßen Po; ich kann es kaum abwarten ihn zu zeichnen.»

«Wie oft züchtigst du denn? Das hört sich ja schlimm an!»

«Ach, nein, Isabelle. Das habe ich im Überschwang meiner Freude vielleicht zu drastisch ausgedrückt. Nein, ich sensibilisiere zuerst ein junges Mädchen sehr behutsam und rücksichtsvoll auf meine Bedürfnisse und forme, leite und erziehe sie dann Schritt für Schritt auch die ausgefallensten und extravagantesten Wünsche meines Herrn zu befriedigen. Natürlich geht dies nur mit einer regelmäßigen Züchtigung durch die Reitgerte. Sicherlich bei Verweigerung und Fehlverhalten, aber auch vorbeugend - und natürlich auch ab und zu um ihre Schönheit zu unterstreichen und ihren Po zu zeichnen, werden sie gezüchtigt. Abgesehen davon, haben wir seit einem Jahr als Hausdame eine ältere, aber sehr kultivierte ehemalige Zofe eines Herzogs aufgenommen, die ein sehr großes Verständnis für meine Art der Ausbildung junger Mädchen aufbringt.»

«Auch für die strenge Erziehung?»

«Ja, Isabelle. Auch für die Züchtigung. Es ist natürlich für mich ohne Frage eine großartige Hilfe, eine solch verständnisvolle Frau im Haus zu haben.»

Die Gräfin lachte. «Das haben wir auch. Unsere langjährige Mamsell ist immer für Anna da, wenn es um die kleinen tagtäglichen Schwierigkeiten geht. Sie ist dann so ein ruhender Pol für sie und Anna hat damit eine verlässliche Freundin hier im Haus. Nur, das Züchtigen, das behalte ich mir vor. Claire, ich sehe gerade, Anna ist aufgewacht. Anna, wie geht es dir, mein Schatz?»

Isabelle stand auf und ging zu Anna ans Bett. «Hast noch ein wenig geschlafen. Nicht wahr? Aber ist gut so. Du warst sehr gehorsam. Möchtest du etwas frühstücken?»

«Ja Madame», antwortete Anna und stand auf. Sie ging zu Claire und wünschte ihr einen guten Morgen.

Die Schwester ergriff Annas Hand, drehte sie und besah sich Annas Po: «Wunderbar. Sehr schöne Zeichnung. Anna, willst du sie sehen?»

Claire stand auf und zog Anna an der Hand mit sich.

«Claire. Willst du es ihr wirklich zeigen?»

«Ja. Isabelle. Sie muss es sogar sehen. Komm, Anna, wir gehen in das kleine Ankleidezimmer meiner Schwester.»

Im Ankleidezimmer stand ein mannshoher Wandspiegel neben dem Frisiertisch, der bis zum Boden reichte. Die Schwester stellte die nackte Anna vor den Spiegel und drehte sie herum. Mit Schrecken erkannte Anna die quer über ihre beiden Pobacken laufenden roten Streifen. Im Spiegel sah sie auch die Gräfin und ihre Schwester, die in ihren durchsichtigen Negligés hinter ihr standen und schmunzelten.

«Anna. Siehst du es?»

«Ja. Madame.»

«Präge dir das, was du siehst, für alle Zeiten ein. Das ist der gezeichnete Popo eines Mädchens, dass die liebreizenden Hiebe der Peitsche spüren durfte. Wenn ich ein Mädchen wegen Ungehorsam richtig züchtigen muss, dann sind es ein Dutzend rote Striemen.»

Claire umarmte Anna von hinten, erfasste ihre Pobacken und streichelte auf der roten Linie entlang.

«Spürst du noch etwas, Anna?»

«Nein, Madame. Es tut nicht mehr weh.»

«Anna. Du kannst mehr als stolz darauf sein. Nicht jedes Mädchen hat so gehorsam diese Zeichnung hingenommen, wie du. Sei wirklich stolz. Trage die Spuren der Züchtigung mit dem gleichen Stolz auf deinem Körper, wie das Lob in deinem Herzen. Du warst sehr tapfer und dem Grafen hast du heute Morgen eine besondere Freude gemacht, als er dich in deinen wunderschönen gezeichneten Popo ficken konnte. Bedenke immer, auch das kann einen Popo zieren, denn es ist deine Aufgabe dem Glied deines Herrn einen attraktiven Popo anzubieten, damit er sich befriedigend entladen kann. Alle hohen Herrn in Frankreich sind ‹*Chevaliers de la rose*›. Weißt du, was das heißt?»

Anna schüttelte den Kopf.

«Dein enger Popo ist wie die Blüte einer Rose, daher der Name. Die Liebhaber der Rose, bedeutet das. Was heißt: ‹*La jeune fille doit servir le Seigneur*›?»

«Das Mädchen muss dem Hohen Herrn dienen», antwortete Anna brav.

«Sehr gut, Anna. Und dann merke dir diesen Satz: ‹*La jeune jument doit servir le chevalier de la rose?*»

«Die junge Stute muss dem Liebhaber der Rose dienen!»

«Sag mir: ‹*J*›*aime un vit raide mon dans ma rose.*»

«Ich liebe einen steifen Schwanz in meiner Rose, Madame.»

«Phantastisch, Anna. Sehr gut. Du hast wirklich schon viel gelernt. Einen steifen Schwanz im Po, in deiner Rose und die Züchtigung mit der Reitgerte sind notwendige Instrumente deiner Erziehung und dieses Miteinander wird dir fürsorglich und besonnen helfen, deine Orientierung zur Lust und Sinnlichkeit zu finden. *Le Dressage de Haute École est l›art de promouvoir l›aesthetic movement et le désir des jeunes filles.* Die Dressur der Hohen Schule ist die Kunst, die ästhetische Bewegung und die Lust junger Mädchen zu fördern, Anna. So sagen es bei uns alle edlen Damen und Freundinnen der Libertinage. Irgendwann wirst du die wahre Liebe erkennen, die sich in der Züchtigung durch meine Schwester oder dem hohen Herrn ausdrückt. Also, sei stolz darauf, was du siehst.»

Anna nickte und Isabelle sagte: «So, Anna. Du kannst in dein Zimmer gehen, dich waschen und anziehen. Dann geh zur Mamsell und frühstücke unten. Claire und ich werden uns herrichten und du wirst uns später in der Bibliothek finden.»

«Musstest du ihr das so verdeutlichen, Claire?»

«Was meinst du?»

«Na, dass das Zeichnen keine Bestrafung für irgendetwas ist, sondern allein dazu dient den Popo für die Männer attraktiver zu machen.»

«Deine Anna ist ein sehr intelligentes Mädchen. Absolut außergewöhnlich. Sonst hätte ich das auch nicht getan. Ich denke, genau dies ist ihr jetzt bewusst geworden. Da wird sie noch einige Zeit drüber nachdenken, aber sie wird erkennen, dass es nun mal die Forderungen der Männer sind, die sie zu erfüllen hat. Hast du mitbekommen, dass ich sie gestern Abend zuvor gefragt habe, ob sie gezüchtigt werden will. Und sie hat Ja gesagt. Das war sehr mutig von ihr, zumal sie nicht mal ahnen konnte, dass ich sie zum Orgasmus bringen werde.»

«Ja. Claire. Das habe ich mitbekommen. Du hast sie ja gestreichelt wie eine Wilde!»

«Sicher. Ich kann das. Bei mir ist noch jedes Mädchen bei einer Zeichnung gekommen.»

«Ja, das glaube ich dir. Es war schön, denn die Schreie, die Anna dann ausstieß, waren keine Schmerzensschreie, sondern reine Schreie der Lust. Ich finde es auch durchaus reizvoll die Wirkung nicht nur zu sehen, sondern auch zu hören!»

«Genau, Isabelle. Und dahin muss sie geführt und erzogen werden.»

«Das werde ich. Sie war sehr tapfer. Ich hatte dir gesagt, dass Anna ein ehrgeiziges Mädchen ist, die, so glaube ich, immer mehr erkannt und akzeptiert hat, was ihre Aufgabe ist und dass dieses Leben ihr etwas bietet, was sie früher nicht mal erträumen konnte. Ich glaube, dass ich sie bereits sensibilisiert habe, den Akt als solchen als schön zu empfinden. Sie hatte mir gestanden, dass es sie sehr erregt hatte, wie sie zusehen durfte, als meine Zofe von Maximilian gefickt wurde. Auch als ich ihr während einer Unterrichtsstunde meine Mappe mit den obszönen Zeichnungen und Radierungen von fickenden Paaren gezeigt habe, konnte ich selbst fühlen, wie feucht ihr Kätzchen wurde. Ich habe ihr auch einmal im Bett Auszüge aus dem Buch *Ragionamenti* von Pietro Aretino vorgelesen. Die Passagen, in denen die Mutter und ihre Freundin der Tochter aus ihren Erfahrungen berichten und erklären, wie wunderbar es ist, sich den gnädigen Herren zu allen körperlichen Vergnügungen hinzugeben, um deren Gunst zu erlangen und damit wertvolle Geschenke zu erhalten. Ich hatte Anna dabei gestreichelt und sie ist ganz schnell zum Orgasmus gekommen.»

«Mon Dieu, Isabelle. Großartig. Was ist das für ein Buch?»

«Es ist in Italienisch und über einhundert Jahre alt. Ich kann ja etwas Italienisch. Übersetzt heißt es ‹*Das vernünftige Gespräch der Nanna und Antonia*›. Das ist die Mutter und deren Freundin, und sie sind beide beeindruckende Anhänger der Libertinage. Sie erziehen Nannas Tochter zu einer Kurtisane, das ist die italienische Bezeichnung für Luststute.»

«Sehr interessant. Mal sehen, ob es unser Bibliothekar in Besancon besorgen kann. Aber, das ist genau richtig, was du machst, Isabelle. So sensibilisierst du sie. So erkennt sie früh, wie schön es ist und welche Vorteile es mit sich bringt, wenn sie sich immer brav ficken lässt.»

«Sag mal, Claire, dieses schwarze Mieder, das du gestern Abend anhattest, das sieht sehr erotisch aus. Woher hast du das?»

«Wie gesagt. Ich hatte gesehen, dass Madame Gourdan ein solches Mieder trug und hatte sie sofort danach gefragt. Ich denke, bis jetzt gibt es das nur in Paris. Möchtest du es haben. Ich schenke es dir. Ich habe ja noch zwei und werde mir bei nächsten Mal noch mehr kaufen. Es müsste dir passen, weil es ja hinten im Rücken offen ist und nur geschnürt wird.»

«Das würdest du tun? Ich wäre dir sehr dankbar.»

Claire stand auf. «Ich hole es, dann kannst du es anprobieren.»

Die Gräfin zog ihr Chiffonkleid aus und ließ sich von ihrer Schwester das Mieder reichen. Flink legte sie es an und Claire schnürte es im Rücken fest.

«Es passt dir. Siehst du, ich habe extra hier oben die Stützen umarbeiten lassen. Das hatte die Schneiderin im Nu gemacht. Es presst die Brüste sehr nach oben und hält die Nippel frei. Ich freue mich schon darauf, so ein Mieder bei der nächsten Soirée zu tragen. Den Damen werden die Augen ausfallen.»

«Ich hatte von dieser Art Mieder gelesen. Warte, ich zeige dir das Buch.»

Die Gräfin ging zu einem Glasschrank, zog aus der Reihe der Bücher ein in Leder gebundenes Exemplar heraus und reichte es ihrer Schwester. «Schlag es auf und lies die erste Seite!»

Claire nahm das Buch vorsichtig in die Hand und schlug es auf. Dann begann sie laut zu lesen: «*Nutzbares, galantes und curiöses Frauenzimmer Lexicon. Worinnen nicht nur die Frauenzimmer, gelehrte Weibes-Bilder, Künstlerinnen, Poetinnen und andere Sectirischen und begeisterte Weibespersonen, absonderliche Gewohnheiten und Gebräuche, sonderbare Redensarten und Termini, Spiele und andere Ergötzlichkeiten, Galanterie, Seidne, Wollne und andere Zeuge, so zu ihrer Kleidung dienlich, weibliche Strafen, absonderliche Züchtigungen, und alles dasjenige, was einem Frauenzimmer vorkommen kan, und ihm nöthig zu wissen, erkläret finden. Ordentlich nach dem Alphabeth kurtz und deutlich abgefaßt, dem weiblichen Geschlechte insgesamt zu sonderbaren Nutzen und Ergötzlichkeit auff Begehren ausgestellet. Von Amaranthes. Leipzig, 1715, bey Joh. Friedrich Gleditsch und Sohn.*«

«Ist das nicht lustig? Er beschreibt irgendwo in der Mitte, dass es sogenannte ‹*Steife Mieder*› gibt, die im Rücken geschnürt werden, die Taille verengen und die Brüste der Frauen anheben.»

«Das ist ja wirklich ein außergewöhnliches Buch, Isabelle.»

«Ja, sehr interessant. Es steht etwas über Seidenwäsche geschrieben und auch Kochrezepte. Aber es beschreibt auch äußerst offen, dass das Eheweib sich der Züchtigung durch ihren Gatten nach göttlichen Gesetz hingeben muss, da nur durch straffes Führen der Zügel ihre Lüsternheit zum Wohle der absonderlichen, aber natürlichen Gewohnheiten des Mannes gelenkt werden könne. Ausführlich behandelt es auch das Thema der Erziehung von Töchtern und Mägden zu Tugend und Gehorsam und empfiehlt, sie regelmäßig mit der Rute, dem Stock oder der Gerte zu züchtigen.»

«Das ist wirklich ein interessantes Buch, Isabelle. Vor ein paar Monaten war der Bischof von Belfort bei uns zu Gast bei einer Soirée im sehr kleinen Kreis. Beim Dinieren erzählte er uns, dass er des Öfteren von der Äbtissin eines nahe gelegenen Klosters gerufen wird und neu hinzugekommene Novizinnen mit der Rute züchtigen muss. Er hielt einen richtigen Vortrag, wie wichtig die Züchtigung junger Mädchen ist und später war er begeistert dabei, meine Antoinette zu züchtigen und anschließend zu ficken. Ich habe ihn eingeladen, dass er das nächste Mal ein gern gesehener Gast bei uns ist.»

«Welch Ehre für dich, Claire.»

«Ja, da bin ich stolz drauf. Ich habe mich mit ihm blendend verstanden. Er hat sehr viel Verständnis für meine Erziehungsmethoden gezeigt und ich glaube, jedenfalls hat es sich so angehört, dass er überlegt, mir eine der Novizinnen zur Ausbildung zu übergeben. Er sagte mir im Vertrauen, dass er zu einer Ausbildung aufgrund seiner immensen weltlichen und geistlichen Aufgaben kaum Zeit dazu habe. Vor meiner Abreise ließ er mich unter dem Siegel der Verschwiegenheit wissen, dass ich ihm Bescheid geben soll, wenn ich wieder zurück bin und er mir die Novizin bringen kann.»

«Mein Gott, Claire. Ich bewundere dich. Er wird dich dann sicher in seinen Kreisen empfehlen. Zahlt er gut?»

«Das kannst du glauben. Sehr gut sogar. Drei Monate lang soll ich sie erziehen. Ich denke, ich werde auf meiner Rückreise bei ihm Station machen, denn Belfort liegt auf dem Weg nach Besancon.»

Isabelle gab ihrer Schwester einen Kuss auf die Wange. «Komm. Wir wollen uns anziehen und hinuntergehen. Darf ich dein Mieder anlassen? Ich glaube, ich habe ein passendes Kleid dafür.»

«Aber natürlich, meine liebe Schwester.»

Griff der Kleopatra

Anna traf die Mamsell im Nebenzimmer der Hauptküche an und setzte sich zu ihr.

«Guten Morgen Anna. Wie geht es dir?»

«Guten Morgen, Martha.»

«Du sagst mir nicht, wie es dir geht? Ist etwas?»

«Es geht Martha. Es war anstrengend.»

«Ja, das sieht man dir an. Ich werde der Gräfin vorschlagen, dass ich mal einen Tag mit dir in den Wald gehen kann, um Pilze zu sammeln. Das macht Spaß und ist erholsam.»

«Das würdest du tun? Danke, Martha. Du bist so lieb.»

Ein Tränchen rollte über Annas Wange. Die Mamsell nahm ein Stofftaschentuch und wischte Anna die Augen trocken: «Nicht weinen, meine Kleine. Was haben sie denn mit dir gemacht?»

«Mein Po tut mir weh. Der Graf war zweimal in mir. Ich habe mich nicht getraut, es der Gräfin zu erzählen.»

«Dann komm mit in die Kammer. Ich habe Salbe.»

Als Anna sich mit dem Rücken zur Mamsell vor ihr gebeugt hatte und den Rock hochschlug, meinte die Mamsell erstaunt: «Oh! Sie haben dich gezeichnet.»

«Du kennst das Wort?»

«Ja, Anna. Ich kenne es. Tut es arg weh?»

«Nein. Mein Po. Sein Glied ist so dick. Es tut immer so weh.»

«Ach so. Ich dachte die Striemen. Na gut, dann werde ich dein Löchlein eincremen. Tut das gut?»

«Oh, ja. Das tut richtig gut. Danke Martha. Du hilfst mir immer.»

«Ich bin immer für dich da.»

Nach einer Pause sagte Anna: «Du, Martha. Darf ich dich was fragen?»

«Du darfst mich alles fragen.»

«Du hast gesagt, du kennst das. Ich meine, die Zeichnung.»

«Ja, ich weiß, dass es in Frankreich wohl üblich ist.»

«Warum sagt man Zeichnung?»

«Ach Anna», lachte die Mamsell, «Wie ein Bild, das gezeichnet ist. Ein gezeichneter Popo ist wie ein Bild, er ist schöner.»

«Schöner?»

«Na ja. Für die Männer. Sie mögen das.»

«Findest du es schön?»

«Ach Anna. Wenn der hohe Herr es schön findet, dann sei stolz, dass du ihm damit eine Freude machen kannst. Irgendwann wirst du es sogar selbst als schön empfinden.»

«Meinst du?»

«Anna. Denk jetzt noch nicht darüber nach.

Du wirst ja mittlerweile gemerkt haben, wozu die Gräfin dich erzieht.»

«Ja. Das weiß ich. Ich soll zu einer Luststute erzogen werden.»

«Ja, Anna. Das stimmt. Und es ist gut, dass du dir dessen bewusst bist.»

«Sag. Martha: Ist es schön, eine Luststute zu sein?»

Die Mamsell musste wieder lachen. «Die Gräfin war eine Luststute, ihre Schwester auch, und sie führen seitdem ein herrschaftliches Leben. Sind beide Gräfinnen geworden und leben ohne Not.»

«Ist es schwer, Luststute zu werden?»

«Ich denke, du hast den schwierigsten Teil schon hinter dir. Hast du denn bisher schon mal ein großartiges Gefühl beim Zureiten erlebt?»

«Du meinst, einen Orgasmus?»

«Oh. Du weißt das Wort?»

«Ja. Die Gräfin hat es mir so erklärt. Sie nennt es auch ‹Kommen›.»

«Und, bist du schon mal gekommen?»

«Ja, Martha. Mehrmals und es war wunderschön.»

«Auch durch das Glied des Grafen beim Zureiten?»

«Ja.»

«Ach, Anna. Lass dich umarmen. Ich freue mich für dich. Wenn du dies schon erlebt hast, dann wirst du es in Zukunft immer öfter und leichter erleben. Es ist einmalig schön, von einem Glied zum Orgasmus gebracht zu werden.»

«Die Gräfin hat mich auch schon öfter gestreichelt.»

«Und? Bist du gekommen?»

«Ja, Martha. Sehr oft hat sie es schon gemacht. Aber sie haben mich dabei auch schon mal gezüchtigt.»

«Ich verstehe, Anna. Ich weiß, dass die Gräfin und der Graf dies tun. Aber, glaube mir, solche Schläge machen die Gefühle noch schöner. Sicher, es ist nicht immer leicht für ein junges Mädchen, dazu erzogen zu werden und es dauert lange, bis man daran Freude empfindet.»

«Meinst du?»

«Davon bin ich bei dir fest überzeugt. Lass dich gehorsam erziehen, dann wirst du sehr oft kommen dürfen und die Freuden eines Orgasmus erleben. Aber bedenke, nicht jedes Mädchen bekommt überhaupt die Möglichkeit, erzogen zu werden. Geh jetzt in die Bibliothek, die beiden hohen Damen sind dort. Ich muss mich jetzt um die Küche kümmern.»

Anna trat in die Bibliothek und sah die Gräfin und ihre Schwester in der Sitzecke am großen Fenster sitzen.

«Anna», sagte die Gräfin, «schön, dass du da bist. Komm her, setzt dich zu Claire und mir.»

Bevor Anna sich setzten konnte, stand die

Schwester der Gräfin auf. «Anna! Komm einmal zu mir. Lass dich ansehen. Ich habe es gestern schon bemerkt. Du hast ein wundervolles Kleid an. Es steht dir sehr gut.»

«Danke. Madame.»

Claire ergriff Anna bei den Schultern: «Ein schöner Stecker. Aber ich denke, das Kleid wirkt schöner ohne ihn.» Sie löste die Nadeln und nahm den weißen Stecker, der Annas Brüste bedeckt hatte fort. Anna war erschrocken.

«So siehst du noch schöner aus, Anna. Zeig deine kleinen Brüste. Ist sie nicht schön, Isabelle?»

Claire hatte sie zu Isabelle gedreht und Anna bemerkte, wie sie die verborgenen Knöpfe des hinteren Schlitzes nach und nach aufknöpfte, bis hoch über ihren Po, dass der Faltenrock geteilt wurde und ihr Popo frei war. Geschickt hatte Claire die Seitenteile an den geheimen Knöpfen befestigt. Sie drehte Anna wieder herum, sodass Isabelle den nackten Popo von Anna betrachten konnte.

«Habe mir gedacht, Claire, dass du dieses Kleid noch kennst. Und es ist schön, den gezeichneten Popo zu sehen!»

Claire stellte sich neben Anna und tätschelte ihren Po.

«Ist es nicht süß? Ist die Zeichnung nicht perfekt? Die Striemen lassen schon etwas nach. Ein wunderschönes Bild. Dieser zierliche gezeichnete Popo.»

Claires Hand glitt von hinten zwischen Annas Schenkel und streichelte ihr Kätzchen.

«Na. Isabelle? Sieht es nicht besonders schön aus? Unsere Kleine wird auch schon wieder feucht. Anna, das ist schön, dass du feucht wirst. *‹Ses lèvres sont Le croissant de lune›!*»

«Claire! Was heißt das denn?»

«Das sagt man so. Ihre Schamlippen sind wie Vanillekipferln. Vanillekipferln sind eine köstliche Süßigkeit.»

Anna begann zu stöhnen, weil Claire sehr heftig rieb - dann hörte sie auf und zog ihre Hand zurück.

«Sie reagiert schnell, deine Anna. Sehr interessant.»

Anna, die gedacht hatte, dass die Seitenteile des Rockes wieder gelöst und ihren Popo bedecken würden, wurde enttäuscht.

«Anna. Der Rock bleibt heute so, wie er ist. Es ist eines der schönsten Kleider, die eine Luststute tragen darf und an diesen Anblick wollen wir uns heute erfreuen. Der Graf kommt jetzt nicht. Es gibt wohl Probleme. Er wird auch nicht zum Mittagessen kommen. Wir werden das Mittagessen jetzt serviert bekommen.»

Anna schaute sich irritiert um. *Ich soll mit dem nackten Popo hier beim Mittagessen teilnehmen?*

Die Mamsell kam mit zwei Mägden herein, um das Geschirr zum Eindecken zu bringen.

Erschrocken hatte Anna ihre Hände vor ihre Brüste geschlagen. Claire, die schräg neben ihr stand, zischte ein unglaublich strenges «Anna!» zu ihr. Anna begriff, was sie wollte und ließ gehorsam die Hände fallen. Sie sah die Blicke der Mägde auf ihre Brüste und lief hochrot an.

«Madame», fragte die Mamsell, ohne sich um Anna zu kümmern, «Soll ich für den Grafen auch Eindecken lassen?»

«Nein Martha. Nicht notwendig. Er kommt später und dann wird er selbst entscheiden, ob er noch essen will.»

Die Mägde und die Mamsell deckten schnell ein und schauten verstohlen zu Anna. Die aber ließ die Blicke über sich ergehen und ertappte sich bei dem Gedanken, dass sie ja auch viel schöner sei, als diese Mägde. Beim Hinausgehen, warf die Mamsell Anna ein freundliches Lächeln zu und erklärte der Gräfin: «Das Essen wird auch gleich serviert.»

Anna hatte die Blicke auf ihre Brüste beim Servieren und beim Abräumen stolz ertragen. Sie hatte auch bemerkt, dass die Schwester der Gräfin sie während des Essens ab und an sehr nachdenklich ansah. Anna versuchte daher brav aufrecht zu sitzen und das Besteck so zu benutzen, wie es ihr die Gräfin beigebracht hatte.

Nach dem Essen ließen sich die Damen noch eine Karaffe Wein bringen und begaben sich zur Sitzecke. Auch Anna wurde aufgefordert Platz zu nehmen und musste sich mit ihrem nackten Po auf den Polstersessel setzen.

«Isabelle, halte mich nicht für verrückt. Aber ich möchte dir einen Vorschlag machen.»

Die Gräfin lachte: «Was hast du denn wieder für eine verrückte Idee?»

«Isabelle. Ganz ernsthaft. Ich möchte Anna gerne nach Frankreich mitnehmen.»

Die Gräfin pustete die Luft aus: «Da wirst du aber Schwierigkeiten mit meinem Mann bekommen.»

Anna hatte das, was die Schwester gesagt hatte mit Erstaunen und auch mit Entsetzen gehört. Sie wusste nicht, was sie denken sollte. Ihre Gedanken rotierten. In dieser Welt hier im Schloss war sie jetzt heimisch geworden. Andererseits löste das Wort Frankreich bei ihr Neugierde aus. ‹*Was kann das bedeuten? Würde der Graf mich den gehen lassen?*› Sofort wusste sie, dass er das nicht tun würde, denn sie war sein Eigentum, seine Leibeigene.

«Isabelle. Ich überlasse euch das Haus in Melk, meinen Anteil am Erbe. Ich kann mit dem Haus nichts anfangen. Ihr könnt es verkaufen, Ihr habt hier auch die besseren Beziehungen. Ich schätze, das Haus kann mindestens 5000 Louidor bringen.»

Anna war entsetzt. Sie begriff, dass über sie verhandelt wurde. Dass Claire sie quasi kaufen wollte und im selben Moment wurde ihr bewusst, dass sie als Leibeigene wahrscheinlich nach ihrer Erziehung durch die Gräfin sowieso verkauft werden würde. Wahrscheinlich hat die Gräfin dies mit allen Mädchen für den Grafen vorher auch gemacht. Etwas resignierend sackte sie in sich zusammen.

«Claire. Ich denke, das ist zu früh. Anna ist erst seit knapp drei Wochen hier und gefällt meinem Gatten sehr gut und ich denke, dass er sie sehr wohl noch länger behalten will. Anna, hast du gehört, was meine tollkühne Schwester vorhat?»

«Ja, Madame.»

«Würdest du denn mit meiner Schwester nach Frankreich gehen wollen?»

Anna bemerkte, dass die Gräfin sie zum ersten Mal sehr persönlich ansprach und eine Meinung von ihr hören wollte. Bisher hatte sie zu gehorchen. Anna überlegte und sagte dann tapfer: «Madame, wenn es genehm wäre, würde ich gerne mit ihrer Schwester nach Frankreich gehen.»

«Das habe ich mir fast gedacht!» Isabelle dachte nach, «Deine Erziehung ist wohl schon weiter fortgeschritten, als ich gedacht habe. Claire, was sagt du zu Annas Entscheidung?»

Die Schwester der Gräfin sah Anna lange in die Augen, dann sagte sie streng: «Anna hat nicht zu entscheiden. Sie wird sich bewusst sein, dass sie auch bei mir tagtäglich gefickt wird, denn das wird ihre Aufgabe sein. Sie wird von mir dazu erzogen werden, dass Ficken und die Reitgerte im Mittelpunkt ihres Verlangens stehen werden. Dass es für sie nichts Schöneres gibt, als gezüchtigt und gefickt zu werden. Nicht wahr Anna?»

«Ja, Madame», antwortete Anna kleinlaut.

«Bei mir erhältst du ‹*Le Dressage de haute école classique*›, die klassische Dressur der Hohen Schule. In der kleinen Broschüre zur ‹*L›education*› steht als Einleitung folgender Satz: ‹*Le dressage de haute école classique impose au jument la rigueur très importantes et la cravache pour atteindre de la beauté de l›association, se faire jouir le orgasme. Elle allie la grâce de l›obéissante avec la élégance du la force masculine*›. Ich will es dir übersetzen. Es heißt: ‹Die klassische Dressur der Hohen Schule erfordert für die Stute die wichtige Strenge und die Reitgerte, um die Schönheit der Vereinigung, den gemeinsamen Orgasmus zu erreichen und zu zeigen. Sie verbindet den Reiz des Gehorsams mit der Eleganz der männlichen Kraft›. Anna, jetzt hör gut zu. Ich erziehe eine Luststute kompromisslos und entschieden, das heißt, wenn sie Ihre Erziehung nicht begreifen will, wird sie solange gezüchtigt, bis sie ihre Aufgabe akzeptiert und gehorsam der Libertinage dient. Sei dir dessen bewusst.

Bisher habe ich alle jungen Mädchen erfolgreich erziehen können. Nur dann können sie den außergewöhnlichen und ausgefallenen

Ansprüchen eines neuen hohen Herrn genügen. Die Libertinage macht dich frei vom falschen moralischen und traditionellen Denken, sie gibt dir die Freiheit deine Lust ausleben zu können und dies kannst du nur, wenn du streng dazu erzogen wirst, dass du mit deinem Körper und seinen drei Öffnungen jedem Verlangen der hohen Herren mit Freude dienen darfst. Erziehung heißt Erkenntnis. Du sollst erkennen, wo die hohen Werte des wahren Lebens zu finden sind. Als eine erfahrene Erzieherin, die du in mir sehen kannst, kann ich dir zusichern, dass ich dir Achtung und Liebe entsprechend deinen Anlagen und Fähigkeiten entgegenbringen werde und ganz besonders deine Bedürfnisse während den schwierigen Phasen der Erziehung berücksichtigen werde. Als deine Erzieherin verstehe ich mich als ein Helfer, der dir auf den Weg zur Entwicklung einer selbstständigen Persönlichkeit beisteht. Zu einem reifen Mädchen, das die Erkenntnis erlangt, dass gehorsames Dienen ihr Befreiung und Glück beschert. Die Schulung deiner Sinne ist von elementarer Bedeutung und steht dabei im Mittelpunkt. Nach strengen Regeln wirst du Sinneserfahrung machen, die du bisher nicht kennst und dazu ist die Reitgerte ein notwendiges Erziehungsmittel. Die Reitgerte ist nicht nur als ‹*Symbol der Strafbereitschaft*› in allen unseren Zimmern und Gemächern an zur Tradition gewordenen Stellen zu finden und soll dir immer den Wert der Erziehung aufzeigen. Sie ist auch das praktische Erziehungsmittel, mit denen dein nackter Po nach vollzogener Züchtigung mit seiner Zeichnung meinem hohen Herrn und mir zeigt, dass du das Wesen deiner Erziehung begriffen hast und dich nicht nur gehorsam ficken lässt, sondern auch deine erlernten Künste ergeben anbietest. Aber ich denke, Anna, dass du den wahren Wert einer Erziehung schon begriffen hast und du über Anlagen und Fähigkeiten verfügst, die weitere Erkenntnisse in dir reifen zu lassen. Das waren jetzt alles sehr nüchterne und strenge Sätze von mir, die aber notwendig waren, damit du erkennst, dass, wenn du mir mitgegeben wirst, du meinem hohen Herrn und mir als Herrin gehören wirst. Dennoch, da ich dich sehr gerne mitnehmen würde, frage ich dich. Würdest du dich von mir gehorsam erziehen lassen. Zur *‹Dressage de haute école›?* Zu einer Luststute?»

Anna, die die ganze Zeit den Worten der Schwester zugehört und in ihrem Innern von Angst und gleichzeitig auch Verlangen erfasst worden war, antwortete tapfer: «Ja, Madame. Ich möchte von Ihnen zu einer Luststute erzogen werden.»

«Gut, Anna. Ich freue mich über deine klare Antwort. Isabelle! Du hast es gehört.»

«Ja. Ich habe es gehört und es wundert mich nicht.»

Claire wandte sich wieder an Anna: «Anna! Gestern Abend, als ich dich gezüchtigt habe, was hat du da empfunden? Sage es mir offen.»

Unsicher schaute Anna zur Gräfin, aber die sagte nichts, sondern lächelte sie an. Anna war sich bewusst, dass sie zum ersten Mal nach ihren Gefühlen gefragt wurde.

«Madame», begann Anna zögerlich. «Ich weiß nicht recht, was ich sagen soll.»

«Anna. Ich möchte von dir nicht hören, was du meinst, antworten zu müssen. Ich verlange von dir jetzt, mir aufrichtig und ehrlich deine Empfindungen zu beschreiben. Was war schön? Was war nicht schön?»

Stotternd begann Anna: «Schön war das Gefühl. Ich meine das Gefühl wie ich, äh, ich meine wie ich meinen ...»

«Du meinst, wie du deinen Orgasmus bekommen hast?»

«Ja, Madame.»

«Magst du es, einen Orgasmus zu bekommen?»

«Ja. Madame. Das mag ich.»

«War das gestern ein besonders schöner Orgasmus?»

«Ja, Madame. Er war sehr lange.»

«Ja. Das stimmt. Er war sehr lange. Was war denn nicht schön für dich. Sage es ehrlich.»

Anna zögerte. «Der Schmerz. Es war so plötzlich.»

«Weil es unerwartet war?»

«Ja. Es hat sehr weh getan.»

«Aber dein Orgasmus, das schöne Gefühl, hat nicht aufgehört, als ich dein Kätzchen wieder gestreichelt habe, oder?»

«Ja, Madame. Es hat nicht aufgehört.»

«Und der zweite Hieb auf deinen Po. Hat der auch so weh getan?»

«Madame. Ich weiß nicht. Ich habe ihn gespürt, aber er hat nicht so weh getan, wie der Erste.»

«Weil dein Orgasmus viel stärker geworden war. Stimmt das?»

«Ja. Madame.»

«Anna. Ich will, dass du das weißt. Der zweite Hieb, den ich dir geben musste, war viel härter, als der Erste. Und die drei letzten auch. Der Schmerz des ersten Hiebes hat deinen Orgasmus so sehr gesteigert, dass du die weiteren Hiebe weniger gespürt hast, weil deine Empfindungen so gewaltig und großartig durch den Orgasmus geworden waren. War das ein großartiger Orgasmus für dich? Antworte mir!»

«Ja, Madame. Es war ein sehr großer Orgasmus.»

«Deine kindliche Sprache ist süß. Möchtest du gerne mehr großartige Orgasmen mit diesen schönen Gefühlen erleben?»

«Ja, Madame.» Anna machte eine Pause, dann sagte sie tapfer: «Madame. Ich möchte gerne mehr von diesen schönen Gefühlen erleben.»

«Anna. Das ist schön, von dir zu hören. Ich verspreche dir, wenn du brav dienst und dich gehorsam erziehen lässt, dann wirst du unendlich viele schöne Momente der Liebe erleben und unzählige Orgasmen bekommen. Du hast jetzt das erste Mal in deinem Leben erlebt, wie schön sich ein Orgasmus und das unbeschreiblich lustvolle Empfinden in deinem Körper durch zarte Hiebe mit der Reitgerte steigern lässt. Du bist ein junges Mädchen und das ist alles neu und ungewohnt für dich, aber du wirst schnell erkennen, wie leicht der gefühlvolle Hieb der Reitgerte dir helfen wird, deine Sinnlichkeit und Lust in ungeahnte Höhen treiben kann. Da ist das Ziel deiner Erziehung und ich werde dich dazu formen und dir beistehen, weil dadurch das wirklich Weibliche in dir geweckt wird. Du brauchst einen Herrn und eine Herrin um Fortschritte zu machen, um zielgerichtet zu bleiben und um einen höheren Grad als Luststute zu erreichen. Deine natürliche Sinnlichkeit und dein Empfinden kann nur durch strenge Erziehung, Disziplin, Strafe, Aufmerksamkeit und Rücksichtnahme erreicht werden. Du wirst erkennen, dass deine Bedürfnisse und dein Verlangen, die Bedürfnisse deines Herrn und deiner Herrin sind und wirst deshalb mit Freude dienen und dich jederzeit mit Lust hingeben. Ich würde dich sogar noch zu mehr erziehen. Dinge mit dir zu tun, die du dir bis jetzt nicht vorstellen kannst. Die manchmal eine Hürde in dir aufbauen werden. Aber es gibt für jede Herrin Mittel und Wege, diese Hürde zu überwinden und eine Stute dorthin zu lenken, wo sie die geheimsten sexuellen Wünsche erfüllt - unter gewissem Zwang, aber später dann ganz von allein, weil auch du, Anna, als Luststute schließlich großen Gefallen an dem erotischen Spiel der Züchtigung gefunden haben wirst! Aber auch für alle anderen ist es ein Gewinn zu sehen, wie du dich entwickelst. Zunächst an seelischer Reife und dann nach und nach an Lust. Man lernt sich viel besser einzufühlen, Anna, wenn man streng zur Unterwerfung erzogen wird. Im Akt der Unterwerfung und vollkommener Hingabe selbst liegt eine Schönheit, die nicht nur mich immer wieder erfasst, sondern auch du lernen wirst zu schätzen. Ich als Herrin weiß, was es für eine gehorsame Stute bedeutet, sich wirklich in die Hände einer Frau zu begeben, die sie dazu erzieht, mit ihrer Lust und ihrem Körper anderen Männern zu dienen. Mit großem Stolz wird du deine Unterwerfung genießen, weil du dafür Zuneigung, Achtung und Respekt von mir geschenkt bekommst! Die Züchtigung bei der Erziehung ist meine Art Liebe auszudrücken und zu schenken.»

Anna wusste nicht, was sie denken sollte, als sie all diese Sätze der Schwester der Gräfin hörte. Aber sie schob innerlich alle Zweifel an ihrer Entscheidung zurück. Sie war sich bewusst, dass es in Frankreich für sie nicht einfach werden würde. Dass sie fleißig die Sprache lernen musste, um die Sitten und Gebräuche schnell besser zu verstehen und sie sehr wahrscheinlich öfter gezüchtigt würde. Zugleich aber dachte sie an die schönen Schlösser, die eleganten Kleider, die hohe Gesellschaft - und sie dachte an die schönen aufregenden Momente mit den höchsten Gefühlen, wenn sie gefickt würde. An einen stattlichen edlen Marquis, dem sie sich gerne hingeben würde.

«Isabelle. Anna ist ein sehr kluges und sehr sinnliches Mädchen. Ich denke, sie hat eine ganz natürliche devote Veranlagung, die, wenn sie richtig gefördert wird, aus ihr eine großartige Luststute werden lassen kann.»

Isabelle war vorhin, als Claire mit Anna sprach, die ganze Zeit schweigsam gewesen. Sie wusste, dass so oder so die Zeit kommen würde, dass es ihren Gatten nach einem neuen Mädchen gelüstet und sie Anna weggeben musste. Einen Moment empfand sie Enttäuschung, denn sie dachte an die vielen wunderbaren lustvollen Stunden, die sie selbst mit Anna noch haben könnte. Andererseits kannte sie sich nur zur Genüge, dass auch sie die größte Lust dabei empfand, junge unerfahrene Mädchen zu erziehen. Der Verkauf des Hauses in Melk würde sie und ihren Gemahl auf Jahre hinaus sorglos machen. Das ist Anna sicherlich wert.

«Ach Claire. Ich kann deinen Wunsch verstehen. Ich kann auch Anna verstehen und denke, dass es vielleicht auf Grund ihrer außerordentlichen Begabung sinnvoller ist, ihre Erziehung in Frankreich fortzusetzen. Denn hier in dieser hinterwäldlerischen Gegend würde es niemals so gewürdigt werden, wie in Frankreich. Aber, wie gesagt, die Entscheidung trifft Maximilian.»

«Isabelle. Das weiß ich. Aber ohne deine Unterstützung würde er nie zustimmen. Deswegen wäre ich dir sehr dankbar, wenn du mir diese Unterstützung gewähren würdest. Und, nebenbei bemerkt von dem Geld kannst du deinem Mann eine schöne neue Jungfrau kaufen.»

Die Gräfin lachte: «Auch könnten wir das Geld vom Verkauf des Hauses gebrauchen. Wir warten mit Spannung auf den großen Pferdemarkt im Herbst in Trakehnen und wollen 10 oder 12 Stuten verkaufen. Voriges Jahr war es nicht so gut gewesen, weil das Militär nicht genügend Geld und die Preise gedrückt hatte. Ich denke, dass Maximilian das bewusst ist. Das Leben hier fernab höfischer Zivilisation ist schwer.»

«Das glaube ich dir, Isabelle. Ich würde es hier auf Dauer nicht aushalten.»

«Ja. Du warst immer lebenslustig, Claire. Sobald du es begriffen hattest, wolltest du die *‹noblesse imperiale›*, die hohe Gesellschaft auskosten.»

«Da hast du recht, Isabelle. Es bedeutet mir viel. Daher ist es auch mein Ziel, es den jungen

Mädchen beizubringen, wie viel es einem bedeuten kann und wie schön das Leben der Libertinage in edler Gesellschaft sein kann.»

«Na ja, dann kannst du Anna den Griff der Kleopatra beibringen. Du beherrschst das ja perfekt.»

«Oh. Anna hat davon gehört?»

«Ich habe es ihr gesagt. Sie ist ganz wissbegierig.»

Claire wandte sich an Anna. «So, du möchtest *‹Le pompoir de la Reine Cléopâtre›* kennen lernen. *‹La contracter de muscles du vos vagin›*?»

Anna verstand es und antwortete mutig: «Oui, Madame.»

«Ja? Herrlich, Anna. Süß! Das freut mich. Eine Luststute, die das kann ist ein Juwel. Allein mit den Muskeln des Kätzchens einen steifen Schwanz zum Erguss zu melken, ist eine der höchsten Liebeskünste, die eine Luststute erreichen kann. Allerdings sei dir bewusst, Anna, das ist ein langer und beschwerlicher Weg. Mit täglichen Übungen werde ich dich streng dazu erziehen müssen und mit Hilfe der Reitgerte, die du dabei spüren wirst, werde ich die Veranlagung und Begabung deiner Blume zum Aufblühen erzwingen. Du wirst Gefallen daran finden, wie die Züchtigung dir bei dieser Erziehung hilft, dein Kätzchen zu beherrschen. Ich werde dich spüren lassen müssen, dass dir nur die regelmäßige und intensive Züchtigung hilft, den Griff der

Kleopatra zu erlernen. Da du dir dies wünschst, wird es mir eine ganz besondere Freude sein, dir diese Erziehung zu schenken.»

Pferdehandel

Der Graf erschien. Freudig kam er zu seiner Frau, küsste sie, ging zu Claire, die einen Kuss auf die Wange erhielt und dann zu Anna, der er begeistert die nackten Brüste streichelte. Er erzählte, dass das Fohlen Probleme hatte aufstehen zu können und nicht saugen konnte. Aber jetzt sei wohl alles in Ordnung. Er ließ sich nieder und von Anna ein Glas Wein einschenken. Dabei sah er ihren nackten Popo. «Sehr schön, Anna. Dein Popo. Den werde ich mir nachher vornehmen. Aber ihr Lieben, was habt ihr alles beredet?»

Zögernd erzählte die Gräfin ihrem Mann von Claire›s Vorschlag. Er hörte ruhig zu und trank zwischendurch von seinem Wein. Schweigend nahm er auch die Bemerkungen seiner Frau, bezüglich des finanziellen Vorteils durch den Hausverkauf zur Kenntnis und nickte, als sie auf die schwierige Situation des Pferdehandels zurzeit hinwies.

Maximilian stand auf und schritt ein paar Mal auf und ab. «Nein. Anna ist ein sehr schönes Mädchen, das mir viel Freude macht. Sie ist eine brave und gehorsame Stute und ich will sie auch weiterhin ficken. Nein. Anna bleibt hier. Und wenn der Pferdeverkauf gut wird, dann ist sowieso alles in Ordnung. Das Haus könnt ihr beiden ja zusammen verkaufen und euch den Ertrag teilen.»

Geschickt warf Isabelle ein: «Maximilian. Ich hätte da noch einen Vorschlag zu machen. Du weißt, mit Anna kamen noch zwei neue Mägde. Eine davon, sie ist auch hübsch, jung und anmutig, ist eine unberührte Jungfrau. Ich habe sie im hinteren Trakt separiert und sie nur leichte Arbeiten machen lassen. Sie ist vollkommen unvorbereitet und unwissend, dass du sie einmal entjungfern wirst.»

Der Graf stutzte und blieb stehen. «Du sagtest Jungfrau? Eine richtige Jungfrau? Unter meinem Dach?»

«Ja, mein Gemahl. Für dich.»

«Und das sagst du mir erst jetzt?»

«Verzeih, aber dir gefällt Anna so sehr, da dachte ich, ich verwahre sie für dich.»

«Claire. Hast du das gehört? Das ist typisch Isabelle. Sie hat alles im Griff - auch mich. Wo ist die Jungfrau?»

«Maximilian. Ich entnehme daraus, dass du in den Handel mit Claire einschlägst?»

«So, wie es unter Pferdehändlern üblich ist. Per Handschlag.»

«Maximilian, ich danke dir für das Entgegenkommen und die Erfüllung meines Wunsches. Ich werde morgen abreisen und Anna mitnehmen. Bis Morgen kannst du dich noch gerne an ihr erfreuen.»

«Halt. Claire», Isabelle wusste, wie sie ihren Mann bei Laune halten konnte und er seine Entscheidung nicht revidieren würde. «Maximilian. Ich hätte da einen Vorschlag zu machen. Heute Abend werden wir alle zusammen eine aufregende Nacht verbringen. Heute Abend werde ich dir die neue junge Magd in dein Bett legen und du wirst sie entjungfern. Claire, ich und Anna werden gerne dabei sein und ihre Arme und Beine halten, wenn du in sie eindringst.»

«Mein Gott. Was für ein Vorschlag meines Weibes. Ja, ich willige ein. Claire, komm zu mir auf einen Handschlag, der alles besiegelt.»

Claire und Maximilian gaben sich den Handschlag und küssten sich auf den Mund.

Die Schwester der Gräfin ging zum Grafen und küsste ihn lange auf den Mund.

Maximilian drehte sich um. «Aber jetzt wird Anna gefickt. Komm her, mein Mädchen. Mein Weib und ihre Schwester haben mich so sehr aufgegeilt, dass ich dich ficken muss.»

Er ergriff Anna an ihren beiden Händen, führte sie zur nächsten holzvertäfelten Wand, ließ sie ihre Arme hochheben und an die Wand lehnen.

«Gehorche und strecke mir deinen Po entgegen, meine kleine Luststute. Du wirst jetzt gefickt.»

Anna gehorchte. In Gedanken aber war sie

schon in Frankreich, sah sich in schönen Kleidern und begleitete einen edlen Herrn zu einer Soirée.